本书编委会名单

廖仲恺家族·东江历史文化丛书 六

廖承志研究备览

成晓军 包国滔
郭平兴 宋振凌
邹永祥
编著

中共惠州市委
党史研究室
惠州市廖仲恺
何香凝研究会
合编

暨南大學出版社
JINAN UNIVERSITY PRESS
中国·广州

图书在版编目（CIP）数据

廖承志研究备览／成晓军等编著．—广州：暨南大学出版社，2013.8
（廖仲恺家族·东江历史文化丛书）
ISBN 978－7－5668－0675－8

Ⅰ.①廖…　Ⅱ.①成…　Ⅲ.①廖承志（1908—1983）—人物研究
Ⅳ.①K827＝7

中国版本图书馆 CIP 数据核字（2013）第 169927 号

出版发行：暨南大学出版社

地　址：中国广州暨南大学
电　话：总编室（8620）85221601
　　　　营销部（8620）85225284　85228291　85228292（邮购）
传　真：（8620）85221583（办公室）　85223774（营销部）
邮　编：510630
网　址：http：//www.jnupress.com　http：//press.jnu.edu.cn

排　版：弓设计
印　刷：佛山市浩文彩色印刷有限公司

开　本：787mm×960mm　1/16
印　张：18.75
字　数：356 千
版　次：2013 年 8 月第 1 版
印　次：2013 年 8 月第 1 次

定　价：39.80 元

目 录

上 编

中 编

下 编

上　编

家族重要成员简介

成晓军

曾祖父廖景昌

廖景昌（生卒年不详），廖承志的曾祖父。其祖先是汉族人，生活在黄河流域，西晋末年为逃避战乱迁居福建省上杭县。清道光年间，举家迁居广东省归善县鸭仔埗乡窑村（今仲恺区陈江街道幸福村）。最初，廖景昌以耕田为业，后前往香港经商。娶妻杨氏，生有二子。长子廖竹宾，次子廖志岗（维杰）。因受客家人重教崇文传统风尚的影响，廖景昌很重视对两个儿子的教育，让他们自幼学习经史，并接受新式学校教育。

祖父廖竹宾

廖竹宾（？—1894），廖承志的祖父。他早年在父亲督教下学习经史，并被送入香港圣保罗书院接受西方新式教育，通晓英语。毕业后，进入香港汇丰银行工作。大约在1871年至1872年间，因香港汇丰银行在美国商务的发展，廖竹宾被派往美国旧金山协助汇丰银行在当地的业务，举家迁居美国。1875年，香港汇丰银行旧金山分行正式设立，廖竹宾受聘担任该分行副经理等职。由此，他成为美国旧金山一位颇有社会地位的华侨商人。廖竹宾虽身在异国，生活富裕，但他心怀祖国，不满美国当局歧视华侨华人的行径，时刻关注着海外华侨华人的艰难境遇。从1875年开始，他多次出面协助筹款并出资兴建华侨华人医院，解决华侨华人看病就医的困难。1885年，他主持筹建了旧金山首家华侨华人子弟学校，从国内聘请一些具有秀才、举人资格的人执教，为旧金山华侨华人子弟学习、传袭中国文化提供了方便。廖竹宾虽侨居海外多年，但常常以身为一个炎黄子孙而自豪。他不仅教育子女应以“国学为先”，不要忘记中国的语言和文字，而且要求他们谨守善良、诚实、勤奋、刻苦、俭朴等中国传统美德。

廖竹宾娶梁氏为妻，生二子一女，即长子廖恩焘、次子廖恩煦（仲恺），女廖静仪；娶张氏为妾，生一子廖恩勋。

叔祖父廖志岗

廖志岗，又名维杰，字紫珊。他是廖承志的叔祖父。在父亲廖景昌的督教下，廖志岗自幼接受过传统儒学教育，后又进入新式学堂接受西方教育，通晓洋务，曾任香港招商局总办和香港电报局总办等要职，是一位在香港地区具有很大影响的洋务官绅。他娶有一妻六妾，生有 9 个儿子和 18 个女儿，家境殷富。

外祖父何载

何载（？—1922），字炳桓，广东省南海县棉村（今广州市荔湾区东漖镇海南村）人，廖承志的外祖父。何家世代务农，到何载父亲时因转到佛山镇经商，家境逐渐有所积蓄。何载年轻时来到建埠不久的香港，开了一家小杂货店谋生。随后，开设茶行，进而经营房地产，最终成为拥有百万资产的大商人。何载妻妾较多，共有 12 个儿女。廖承志的母亲何香凝是何载的第九个孩子。何载生活富有，对儿子们的入学教育非常重视，专门请来私塾先生在家里设馆授学。虽然他对女儿们的读书学习不很热心，谨守“女子无才便是德”的古训，不让何香凝进家塾念书，但他对聪明伶俐、性格倔强的爱女不愿缠足的行为，作出了“就由她去吧”的认可。同时，何载很赞赏女儿何香凝学习刻苦、生活节俭的品质，在女儿 17 岁时就让她充当自己的经济助手，参加管理家庭财政和收租账目的实践锻炼。

父亲廖仲恺

廖仲恺（1877—1925），字恩煦，廖承志的父亲。廖仲恺出生时，父亲廖竹宾已是美国旧金山一位颇有社会地位和富有的华侨商人。富有的家庭生活，并未使廖仲恺成为一位花花公子。在父亲的督教下，他自幼刻苦学习儒家经史，并时刻接受爱祖国爱家乡的熏陶。同时，他又进入美国英文学校，接受西式教育，受到资本主义文化的影响。1894 年，因父亲在美国病逝，廖仲恺陪同庶母张氏及妹妹静仪一道守护父亲灵柩从美国回到香港。在叔父廖志岗家寄住一段时间后，母亲梁氏病逝。从此，廖仲恺和弟妹在生活上得到叔父的支持关照。在叔父的安排下，廖仲恺于1895年回到家乡归善县，师从著名学者梁缉椒攻读经史，进一步打下了较坚实的国学基础。1896年，廖仲恺在叔父的支持下，进入香港皇仁书院深造，较系统地接受西方文化的教育与训练。次年10月底，他与何香凝于广州结婚。婚后他们寄住在胞兄廖恩焘家的天台小屋，自称小屋为“双清楼”。

20世纪初，中国民主革命风潮不断兴起，廖仲恺在时代风潮的感染和促发下，决定与妻子何香凝一道赴日本留学。1903年1月，廖仲恺先期抵达日本东京，进入日本学校补习日语；4月，妻子何香凝抵达日本东京，进入东京目白女子大学，后转入东京女子师范学校预科。在留学期间，廖仲恺结识了孙中山。在孙中山的影响下，他与妻子何香凝积极参加留日学生的各种进步活动，并双双成为中国资产阶级政党中国同盟会的首批会员和重要骨干，他们的住处也成为同盟会联络各界的重要场所。在留学日本期间，廖仲恺还利用其扎实的中西学基础和坚实的资产阶级民主革命理论素养，翻译、宣传有关西方社会政治、经济学说，重点阐释同盟会纲领民族、民权、民生“三民主义”的内涵，强调推翻中国封建君主专制，代之以民主共和制的必要性和重要性。1909年6月，廖仲恺毕业于东京中央大学政治经济科，旋即回国参加清政府组织的留学生科举考试，中法政科举人。是年秋，他被派往吉林巡抚陈昭常衙署从事翻译工作。1911年10月武昌起义后，廖仲恺于次月从东北回到广州，就任广东军政府财政部副部长职务；1912年初改任军政府参议。5月，担任广东都督府财政司长。1913年8月“二次革命”失败后，廖仲恺举家避居日本，担任中华革命党财政部副部长。1916年4月，他从日本回国，积极协助孙中山组织“护法运动”。至1922年6月前，廖仲恺先后担任中华民国军政府代理财政总长、中国国民党财政主任、广东省财政厅厅长、护法军政府财政部次长等职，并在此期间发表多篇有关财政经济方面的文章。

1922年6月16日，陈炯明率部叛变，廖仲恺被囚禁一个多月时间，经何香凝等人营救获释后，赴上海会见马林，9月底抵达日本东京。自1922年底至1923年底，廖仲恺协助孙中山，为力促国民党改组、国共合作局势的形成作出了重要贡献。国民党“一大”以后，廖仲恺全力支持、保护工农劳苦大众的合法权益，利用各种途径为国民革命运动的深入呕心沥血，置个人荣辱得失于不顾，从而引起国民党右派势力的忌恨，于1925年8月20日遭刺杀，为中国民主革命流尽了最后一滴血，献出了宝贵的生命。廖仲恺给后人留下的人格风范、清正廉洁作风、致力于振兴中华等“仲恺精神”，激励着年轻的廖承志立志继承父志，将为献身共产主义事业不惜牺牲一切而奋斗的信念发挥到了极致。

母亲何香凝

何香凝（1878—1972），廖承志的母亲。她出生于香港一个富裕的商人家庭，有兄弟姐妹 12 人，排行第九，仆婢们称她为“九小姐”，亲戚们在她晚年尊称她为“九姑婆”。何香凝虽然是富商之女，在香港这新兴的“洋场”长大，但她特立独行，爱好读书。七岁时，何香凝进入“女书馆”读书，两年后被迫辍学，此后长期坚持自学，且经过斗争，保全了“天足”。1897 年 10 月，她与廖仲恺结婚，并于 1902 年冬变卖陪嫁妆奁饰物，坚决支持丈夫留学日本。1903 年，何香凝入东京补习学校学习日语，后入东京女子师范学校读预科。在留学日本期间，她在孙中山伟大人格和民主革命思想的感召下，成为中国同盟会首批入会的女会员。何香凝不仅天资聪颖，绘画艺术出众（同盟会会旗图案为她所设计），而且是一位坚定的民主主义革命家。东京同盟会的许多秘密活动在她的住处进行，各地华侨华人的联络工作也大多由她承担，被孙中山亲切地称为“奥马双桑”，意即受人爱戴的革命老妈妈。1911 年 2 月从日本回到香港，迎接辛亥革命高潮的到来。1913 年 8 月“二次革命”失败后，与丈夫廖仲恺携儿女逃亡日本，并加入中华革命党，积极支持孙中山的民主革命事业。1916 年 4 月从日本归国，坚定地站在孙中山重建广东革命政府的战线之上。1922 年 6 月陈炯明发动叛变期间，她除了关照孙中山和宋庆龄顺利脱险外，为营救被陈炯明囚禁的丈夫廖仲恺，不顾自身安危，大义凛然，严词谴责陈炯明的无情无义，最终迫使陈炯明释放廖仲恺。此后，她旗帜鲜明地主张国共合作，并为实现这个目的作出了重要贡献。

1925 年 8 月，丈夫廖仲恺被刺身亡后，何香凝化悲痛为力量，更加坚定地为实现中国新民主主义的胜利而奋斗，为新中国的成立作出了重要贡献，发挥了重要作用。如在蒋介石发动“四一二”反革命政变后，发表《扶助农工的感想》，坚决捍卫孙中山的扶助农工的政策；与毛泽东等联名发表《讨蒋通电》，声讨蒋介石的倒行逆施。尤其是在 1928 年底，她公开发表声明，辞去国民党中央执行委员，毅然抛弃国民党政府加给的一切职务，不与国民党右派同流合污。1931 年“九一八”事变后，何香凝利用自己的地位和身份，运用不同途径，急切呼吁各界奋起挽救民族于危亡。1937 年 7 月全面抗战局势开始后，何香凝更是身体力行，或是发表演说，或是发表文章，或是亲临前线慰问、鼓励将士奋勇杀敌，或是唤醒工农劳苦大众的民族精神。她的抗日御敌爱国思想言行，在海内外产生了深远影响。抗日战争胜利后，何香凝坚决反对内战分裂。1946 年 4 月，她与李济深等力促筹备多年的“中国国民党民主促进会”正式宣告成立，他们利用这一组织广泛联络团结一切民主进步势力，充分揭露蒋介石国民党政府制造内战、分裂中国的阴谋。1949 年 4 月中旬，她应中共中央之邀，出席于是年 9 月 21 日至 30 日在北平召开的中国人民政治协商会议第一届全体会议，被推选为中央人民政府委员会委员和政协全国委员会委员。10 月 19 日，又被任命为国家华侨事务委员会主任委员。

自 1950 年至 1972 年 9 月她去世前这 20 多年间，何香凝先后担任过国家华侨事务委员会主任委员、政协全国委员会副主席、民革中央委员会主席、全国人大常委会副委员长等重要职务，为新中国社会主义建设事业的深化，尤其是为团结广大海外华侨华人关心、支持、投身中华民族复兴的宏伟大业，作出了重要贡献，深受各界人民的推崇和爱戴。

伯父廖恩焘

廖恩焘（1863—1954），字凤舒，廖承志的伯父。他自幼接受过传统的儒学教育，大约在九岁的时候随父母定居美国旧金山，进入英文学校接受西方教育。1879 年即他 17 岁时由父亲安排回国，进入东莞籍举人陈伯陶的学馆研习国学。1887 年，廖恩焘在叔父廖志岗（维杰）的帮助下，步入清朝政府外交领域，从此先后担任中国驻古巴、朝鲜、日本、智利、巴拿马、马尼拉等国领事、总领事、代办，并担任过国民党政府江苏金陵（今南京）关监督、国民政府委员会委员。1933 年退休，1954 年病逝于香港。

廖恩焘比廖承志的父亲廖仲恺年长 14 岁，兄弟二人生活在一起的时间很少，所以关系并不密切，但其后裔多有往来。著名美籍人士陈纳德将军和妻子陈香梅，是廖恩焘的外孙女婿和外孙女。

叔父廖恩勋

廖恩勋，廖仲恺同父异母弟弟，廖承志的叔叔。他早年接受过中西式教育，尤其在科教方面的基础比较扎实。尽管父亲廖竹宾去世后家道中落，但他在叔父和两个哥哥的关照下生活比较悠闲。1925 年 4 月下旬，杨希闵、刘震寰为首的滇桂军叛乱被平定之后，廖恩勋受广州国民政府委派接收海军制弹厂，改名为广州第一制弹厂。廖恩勋任厂主任一职，陈锦派任工程师。他们招回原有工人，仍以翻抄子弹为主要生产品，并通过工艺改革，试制新型炸弹。不久，他们又吸收停办了的汕尾制弹厂部分技术人员和工人，加紧了对新子弹试制的步伐。在廖恩勋的全力主持下，广州第一制弹厂经过艰苦的努力，终于试制新型子弹成功。在正式投入生产后，廖恩勋决定多招工人和技术人员，扩大生产。同时，采取有效措施，确保产品质量。当时，在广州及近邻所属子弹制造厂，除了广州第一制弹厂以外，还有石井新弹制造厂和石井旧弹制造厂两家工厂。三个厂的产品经评比结果表明，廖恩勋主持的广州第一制弹厂生产的产品，不仅成本低，而且质量好。从而，广州第一制弹厂被改为独立生产厂，廖恩勋因主持有方，由主任晋升为厂长。

岳父经亨颐

经亨颐（1877—1938），字子渊，号石禅，别号听秋，晚号颐渊，浙江上虞人，廖承志岳父。经氏世居驿亭，为上虞望族。他自幼受过严格的传统儒学教育，文史及篆刻等均具功底。1895 年底，他的父亲因病去世，加之中日甲午战争后《马关条约》的签订，中华民族危机日趋严重，使其思想发生了前所未有的变化。此外，他还受到伯父经元善维新变法思想的影响，积极投身维新变法运动。慈禧太后发动政变后，经亨颐随伯父经元善得到葡萄牙人的保护而避难澳门，直至 1900 年义和团运动发生后才回到家乡。大约在 1902 年前后，经亨颐在母亲杨氏的全力支持下东渡日本留学，与许寿裳、钱家治、陈寅恪等人一同入读东京高等师范学校。八年后毕业归国，受聘担任浙江省两级师范学堂教务长，1912 年出任校长。1913 年该校改称浙江省立第一师范学校，他仍任校长。自此至 1919 年，经亨颐专心经营此校，秉持“人格教育”的主张，重在培养有人品、有学识、有才能的有用人才。到 1919 年“五四”运动前后，浙江省立第一师范学校在经亨颐的主持下，成为浙江地区文化运动的中心。青年学生思想激进，观念开放，尤对旧道德和旧礼教抨击不遗余力，其所办刊物《浙江新潮》因内容激进，引起地方军阀与地方当局的忌恨。于是，经亨颐被迫去职。随后，他返回故乡上虞，得乡绅鼎力资助，于 1922 年秋创办春晖中学，切实贯彻“反对旧势力，建立新学风”的办学方针，次年招收女生，开启浙江省男女同校之先河。该校自定学则，教学内容和方法别具一格，并且实施民主管理，教风、学风均出现新的气象，培养出数以千计的有用人才，引起全国教育界的关注。在主持春晖校务期间，经亨颐将驿亭故居辟为“大同医院”，把自家田产悉数捐作办院基金，为附近乡人看病治病提供了便利。1925 年，经亨颐兼任浙江省第四中学（校址在宁波）校长，一年后去职。1927 年，先后被任命为国立中山大学副校长、代校长职务，但因张人杰横加干涉，不久愤然离职，回归故里，从此未再涉足教育界。

1928 年 2 月，经亨颐当选刚成立不久的南京国民政府要员。此后，他虽有意参与政治或重新涉足兴学育人领域，并曾一度作为呼声很高的教育部部长人选而被人们所期盼，终因不愿趋炎附势而未得其果。

经亨颐自50岁时始学画，但其画作独具一格，受到业内人士重视。他的书法功底颇深，又善制印章，“故移笔作画，无师自通”。他与何香凝、于右任、张大千、丰子恺等人共创“寒之友社”，相互切磋，“风雨泼墨，诗酒联欢”。1938年秋，经亨颐因病于上海逝世，享年61岁。有《颐渊篆刻诗书画集》行世。

夫人经普椿

经普椿（1917—1997），浙江省上虞县人，廖承志的夫人。她生长于书香门第，自幼接受过系统的家学陶冶和学校教育，聪明好学，知书达理，志趣高远。由于父亲经亨颐与廖承志的母亲何香凝同为国民党左派，又对书法绘画艺术有相同的爱好，尤其是“寒之友社”社址设在自己家里，而何香凝的家就在二楼，所以她有机会了解接触到许多有关国民党左派与共产党人往来的实情，更有机会得到何香凝的亲切关怀。1933年3月下旬廖承志在家中被国民党特务逮捕入狱后，经普椿遵父命悉心安慰照顾何香凝老人。尽管廖承志被营救出狱后，很快离开上海奔赴川陕苏区，经普椿与廖承志密切交往的时间很短暂，然而共同的家世和家庭地位，父母辈建立的深厚友情，特别是经普椿与廖承志二人所具有的远大革命志向，使他们相识相爱，并且很自然地得到双方长辈的认可和支持。廖承志离开上海赴川陕苏区后，通过各途径给经普椿写信表达爱慕之情，但都被经普椿的哥哥私自扣押。而经普椿尽管得不到廖承志的音信，又被迫回到故乡上虞，但她对比自己年长近十岁的恋人廖承志的人品和学识充满了深深的敬慕之情，坚决反对哥哥逼她出嫁的行为，苦等了廖承志四年多时间后，终于1938年1月11日在香港与廖承志结婚。婚后，经普椿不仅操持家务，照顾老人，而且常常协助廖承志开展革命活动。1942年5月，廖承志在广东乐昌被国民党特务逮捕入狱，至1946年1月出狱这四年时间，经普椿默默忍受着思念丈夫的痛苦，坚强地肩负着抚育孩子、照顾婆婆的重任。在逃难内地、生活环境极其艰苦的境况下，经普椿没有任何怨言，更曾在广西亲手种植瓜果蔬菜，解决老人和孩子的吃饭问题。

抗日战争结束后，经普椿征得婆婆何香凝同意，只身从桂林赴重庆看望狱中的廖承志。但她不知廖承志被关押在何处，只好一边打零工如帮人洗衣服等度日，一边苦苦寻找廖承志的下落，直到1946年3月至4月间看到廖承志于《新华日报》上刊登的寻找爱妻经普椿的启事后，才与廖承志重逢。此时，距廖承志因中共中央多方努力，于1946年1月被营救出狱已有两三个月的时间了。1946年7月，经普椿随廖承志到达革命圣地延安，夫妻二人自此并肩战斗在迎接新中国成立的战场上。

新中国成立后，经普椿长期从事海外华侨华人事务，为协助廖承志团结、吸引广大海外华人、华侨、港澳同胞和国际友人，支持、关心祖国社会主义建设而做了许多卓有成效的工作。1954年，经普椿加入中国共产党。她先后担任过全国政协委员、全国妇联执行委员、中日友协理事、宋庆龄基金会名誉理事、中国国际友好联络会顾问等职务。

1997年9月20日，经普椿病逝于北京，享年80岁。经普椿逝世后，中共中央为她举行了隆重的遗体告别仪式，以示对她一生为中国民主革命的胜利、为新中国的发展强大作出积极贡献的充分肯定和表彰。

姐姐廖梦醒

廖梦醒（1904—1988），廖仲恺长女，廖承志的姐姐。廖梦醒出生时，父母均在日本留学并且成为中国民主革命的重要活动家。因此，她在幼小时候就有机会亲身受到孙中山等革命伟人人格风范的影响。1924年加入改组后的中国国民党，积极投身国共合作后形成的国民革命运动之中。1925年8月，父亲廖仲恺遭国民党右派刺杀逝世后，廖梦醒发誓继承父亲遗志，投身到反帝反封建的民主主义革命事业之中。蒋介石发动“四一二”反革命政变后，廖梦醒愤然撕毁国民党党证，公开宣布脱离国民党。随后，她前往日本留学，因宣传中国共产党的主张，遭日本警察拘捕并驱逐出境。1930年初夏，廖梦醒从法国回国，在上海与早已成为中国共产党党员的职业革命家李少石结婚。不久，夫妻二人奉命赴香港建立党的地下交通站。1931年春，廖梦醒由李少石、黄龙介绍加入中国共产党。

1933年，中共中央在上海组建“中国工人通讯社”，作为对外宣传机构。李少石奉命担任中共江苏省委宣传部部长兼“中国工人通讯社”负责人，廖梦醒则任此机构的翻译。因廖梦醒自幼打下了坚实的中英文基础，尽管翻译任务繁重，幼女需要照顾，但她总是忘我工作，出色地完成党组织交给的各项任务。1934年2月，其夫李少石被国民党当局逮捕，被关押在南京达三年之久。那三年，廖梦醒虽时刻思念丈夫，但仍坚持精心抚育幼小的女儿，并随母亲何香凝与宋庆龄等力促全国各界投身东北抗日救亡运动。1937年7月抗日战争爆发后，廖梦醒在上海参加中国妇女抗敌后援会工作，并参与筹建“保卫中国同盟”，担任宋庆龄的秘书。后奉命到重庆，担任宋庆龄与周恩来之间的联络工作。1945 年 10 月其夫李少石遭国民党士兵枪击，逝世于重庆沙坪坝。李少石的死，对廖梦醒是一个沉重的打击，她化悲痛为力量，全身心投入推翻国民党统治、创建新中国的事业之中。在三年解放战争时期，廖梦醒奉命在上海从事党的地下工作。

新中国成立后，廖梦醒除长期担任宋庆龄的秘书外，还先后担任过中国人民保卫世界和平委员会理事、中日友好协会理事、全国妇联执行委员、全国人大代表、全国政协委员、宋庆龄基金会理事等职。1984 年，经胡耀邦提议，中共中央有关部门批准廖梦醒享受副部级待遇。1988 年 1 月 7 日，廖梦醒病逝于北京。鉴于廖梦醒为中国民主革命和新中国社会主义建设作出的重要贡献，中共中央为她举行了隆重的遗体告别仪式，党和国家领导人李鹏、邓颖超、胡耀邦等人参加了遗体告别仪式。她著有《我的母亲何香凝》、《我认识的宋庆龄同志》等作品，编辑有《少石遗诗》等书。

姐夫李少石

李少石（1906—1945），又名李国俊、李振、默农等，广东省新会县第二区富冈村（今江门市蓬江区潮连镇）人，廖承志的姐夫。李少石的父亲是香港一个有地位的商人，对儿子的教育很重视，为其在学习和生活方面提供了很好的条件。1925 年，李少石以优异的成绩考入岭南大学，不久即加入了中国共产主义青年团。根据中国共产党第三次全国代表大会关于共产党员、青年团员应加入中国国民党，以利于发展革命统一战线的决议，李少石于此时又加入了中国国民党。入读岭南大学之初，李少石成为进步学生中的积极分子，针对英帝国主义制造的“沙基惨案”，与廖梦醒等人发动岭南大学工人举行罢工抗议，遭到校方开除学籍的处罚。随后，他到海员工会工作，与海员工会领导人、省港罢工委员会委员长苏兆征取得联系，协助苏组织海员开展反帝反封建军阀的斗争。1926 年春，李少石正式加入中国共产党。当时，他按照苏兆征的指示，发动香港海员罢工、广州海员随省港罢工工人及广州各界群众反帝大游行等活动，迫使英帝国主义停止华南海关进出口贸易。李少石由此在中国共产党内有了较高声誉，成为一位职业革命家。1927 年 4 月蒋介石反革命政变后，李少石奉命在香港、上海等地秘密从事党的地下工作。1930 年，担任香港交通站站长，并与廖梦醒结为夫妻，共同为党在香港的联络工作尽心尽力。1933 年，中共中央对外宣传机构“中国工人通讯社”组建后，李少石在兼任该机构负责人的同时，担任中共江苏省委宣传部部长重要职务。1934 年 2 月，李少石遭到国民党当局逮捕，被押解到南京囚禁达三年之久，直至 1937 年 7

月抗日战争全面爆发后才获释。此后，他受党组织指示在华南沦陷区开展起卓有成效的工作。

1943 年，李少石奉命到达重庆，任八路军驻重庆办事处秘书，全力协助周恩来工作。1945 年 10 月 8 日，在重庆遭国民党士兵枪击逝世，年仅 39 岁。为了表彰李少石为中国人民解放事业作出的贡献，抗议蒋介石国民党当局的倒行逆施，周恩来等代表中共中央为李少石举行了影响很大的出殡仪式。

李少石既是一位有影响的职业革命家，又是一位才华横溢的诗人。他的诗作，由妻子廖梦醒编辑成册，取名为《少石遗诗》，于 1979 年 12 月由三联书店出版问世。

廖承志与经普椿共生育儿女七人，依次为廖蒹、廖晖、廖茗、廖淳、廖钧、廖扬。现今他们都学有专长，事业有成。尤其是长子廖晖（恺孙），延续了祖父母、父母的人格风范和从政能力，长期担任着党和国家重要领导职务。

参考文献：

1. 蒙光励：《廖家两代人——廖仲恺　何香凝和廖梦醒　廖承志》，广州：暨南大学出版社 2007 年版。

2. 尚明轩等：《历史大相册——何香凝》，北京：中共党史出版社 2007 年版。

3. 周兴梁：《廖仲恺和何香凝》，郑州：河南人民出版社 1989 年版。

4. 张磊主编：《宋庆龄辞典》，广州：广东人民出版社 1996 年版。

5. 余炎光等编著：《廖仲恺年谱》，长沙：湖南出版社 1991 年版。

6. 伊妮：《千秋家国梦：广州高第街许氏家族》，广州：广东人民出版社 1994 年版。

7. 程德林等编：《影响历史的家族》，北京：知识出版社 1995 年版。

8. 余德富：《双清传略：廖仲恺与何香凝爱国革命的一生》，广州：广东人民出版社 1998 年版。

9. 闫恩虎：《客商概论》，上海：文汇出版社 2009 年版。

10. 尚明轩：《何香凝传》，北京：北京出版社 1994 年版。

11. 刘国铭主编：《中国国民党百年人物全书》，北京：团结出版社 2005 年版。

12. 江门市政协学习和文史委员会主编：《江门文史》第 42 辑，2007 年内刊。

13. 陈国治编：《绍兴名媛传略》，银川：宁夏人民出版社 2008 年版。

14. 王俊彦：《廖承志传》，北京：人民出版社 2006 年版。

15. 童富勇等编：《中国近代教育史资料汇编——教育思想》，上海：上海教育出版社 2007 年版。

16. 林亚杰主编：《广东文史资料存稿选编》，广州：广东人民出版社 2005 年版。

传奇人生

成晓军

廖承志自幼生长在民主革命风云激荡的时代环境下，“救国兴邦”的责任感在他的心灵深处留下了深刻印记。在父亲廖仲恺1925年8月被刺身亡后，廖承志继承父亲遗志，全身心投入到挽救民族危亡，推翻帝国主义、封建主义和官僚资本主义“三座大山”的民主革命洪流之中，于20岁时加入了中国共产党。为了完成党组织交给的各项任务，为了使劳苦大众获得自由和幸福，为创建人民当家做主的新中国，他先后七次被捕入狱，始终谨守共产主义信仰。在新中国成立后的社会主义建设时期，廖承志身兼数职，担任过多项党和国家重要领导职务，尤其在主管中央侨务工作期间，为保护、团结海外华侨华人、归国华侨和侨眷，做过许多卓有成效的工作，在国内外产生了重要影响。作为一位职业革命家、政治家，廖承志的兴趣十分广泛，在诗词和绘画艺术方面颇有专长，从另一个侧面为其丰富多彩的传奇人生增添了浓重内涵。

一、耳闻目染　见多识广——深受民主革命风潮影响的少年生活

公元1908年9月25日（农历九月初一），廖承志出生于日本东京大久保寓所。父母给他取名为“承志”，意即希望他将来继承父母的志向。

此时，廖承志的父亲廖仲恺和母亲何香凝，均已成为以孙中山为首的中国民族资产阶级统一政党中国同盟会的重要骨干。他们在日本留学的同时，积极开展民主革命活动，母亲何香凝更是内外忙碌，无暇专心照顾幼小的廖承志。于是，父母为他雇请了一位日本籍奶妈叶姨细心照料他的日常生活。在1911年2月随母亲归国前的两年多时间里，幼小的廖承志喝着叶姨的乳汁长得白白胖胖，日语天赋也在这时得到最初孕发。

1911年2月，廖承志随母亲何香凝及姐姐廖梦醒从日本回到香港，武昌起义后的11月间，又随父母和姐姐定居广州。自此至1913年8月这前后两年的时间里，廖承志既在父母的培育、指导下，中国语言、诗词以及绘画艺术方

面的兴趣受到最初熏陶和训练，又在父母辈诸多革命志士呵护、关心的过程中，感受到有关“民主”、“共和”、“革命”、“爱国”等字眼浅显含义的浸润。

1913 年 8 月初，旨在反对袁世凯专制集权的“二次革命”，因准备仓促等而宣告失败，廖承志和姐姐随父母转道香港并于是月中旬避居日本。自此至 1916 年 4 月，廖承志随父母和姐姐先后居住在千驮谷和涩谷，过着见闻日广、丰富多彩的童年生活。他与小伙伴阿梅做着有趣的游戏；在女佣人阿鹤的照料下饮食适时，起居有常；在父母的督教下，打下了语文、算术等知识基础，更对中国诗词和绘画艺术产生了浓厚的兴趣。

1915 年 9 月，廖承志考入日本东京晓星小学，跳过一年级直接入读二年级。此次在日本生活的近三年时间里，对廖承志幼小心灵产生重要影响的主要有两个方面。一是包括父母以及孙中山、朱执信在内的民主革命家的思想言行，在廖承志的内心深处留下终生难忘的印记。1915 年 10 月 25 日，廖承志和姐姐随父母参加了孙中山与宋庆龄的婚礼，此后他常常到离住处不远的“孙叔公”寓所聆听“孙叔公”讲述自己出生入死的人生经历和矢志振兴中华的远大志向。尽管对这些大道理，廖承志此时的理解不是很深刻，但他坚信父母和孙中山、朱执信等人都是为使中国统一、进步，为使中国人不受外国人欺负的大英雄。二是就读于日本东京晓星小学期间，日本民族歧视和偏见，把廖承志幼小的心灵深深地刺痛了。作为班上 31 个同学中唯一的中国学生，尽管廖承志在服饰、语言等生活方式上与日本学生没有什么差别，但在课堂上仍常常受到日本老师“你这支那猪，当然啥也不懂”的侮辱，在课外常常受到日本同学的谩骂和撕衣服、扔书包的欺负。经过父母的悉心开导，廖承志开始懂得，只有中国强大进步，中国人才不会受外国人欺负这个道理。祖国统一、强大，繁荣、进步，爱国、民主等字眼，通过父母和孙中山等志士仁人言行对他的潜移默化的影响，已经在廖承志的内心深处埋下了萌芽的种子。

1916 年 5 月初，因袁世凯已被迫于一月前宣布取消帝制，廖承志随父母和姐姐从日本回到上海。自此至 1925 年 8 月父亲廖仲恺被刺身亡这前后十年时间里，廖承志在读书学习的同时，从父母辈的人生经历中感受到时势的复杂多变，思想观念日渐成熟。

1921 年底，廖承志以其优异的家学根底进入广州培正小学读书；1923 年 3 月，15 岁的廖承志进入岭南大学中学部读书。尽管此时的廖承志处于少年时期，但父母辈对他的影响使他的思想言行进入到了一个飞速发展的时期。他不仅在渴求知识方面效果明显，而且在对时事政治、国家命运前途的思考方面，有了前所未有的深化。1922 年 6 月 14 日，父亲廖仲恺被广东省长兼粤军总司令陈炯明囚禁于广州北郊石井兵工厂，两个月后经母亲何香凝多方营救出狱。廖承志从父亲在囚禁期间坚贞不屈、矢志忠于孙中山和民主革命的风范中受到深刻影响，尤其是通过阅读父亲在狱中所作《诀醒儿、承儿》诗句中得到启发和激励，决心要像父亲、母亲那样以拯救天下为己任，承担起保护母亲和姐姐的责任。在岭南大学中学部读书期间，廖承志以其见多识广、善于思考而得到同学们的爱戴。读书之余，廖承志与倾向进步的司徒慧敏、李少石等上下年级同学密切往来，经常参加各种进步活动，并悉心了解国共合作的必要性和重要性，同情、支持工农运动，于 1924 年 8 月申请加入改组后的国民党。1925 年 6 月 23 日，廖承志与姐姐廖梦醒满怀激情参加了在广州东校场举行的工农兵声援上海惨案及支持省港罢工游行示威大会。他一路领呼着口号，前所未有地感受到工农兵大联合的兴奋和震撼。游行途中突然遭到英法军警的射击，"沙基惨案"发生，廖承志从血的教训中更加明白"孙叔公"和父亲坚持"联俄、联共、扶助农工"三大政策的含义所在，认识到只有把帝国主义赶走，中华民族才能独立强大。回校后，廖承志又与其他进步同学组织了一次罢课斗争，以示坚决反对帝国主义的政治信念。

二、人身自由受禁　坚定信仰不移——七次被捕期间体现出高尚的人格风范

1925 年 8 月 20 日，父亲廖仲恺遭到国民党右派的枪击而逝世，廖承志暗下决心要继承父亲未竟事业，为实现父亲的遗愿而不惜牺牲自己的一切。[1] 不久，廖承志在岭南大学中学部组织了一次全体员工的罢工，提出增加工资、取消强迫做礼拜和禁止吸烟等规定的要求。罢工获得胜利，但校方拟开除廖承志和李少石，最终因廖承志在广州的影响，校方"没敢开除"[2]，李少石却被开除。1926 年 6 月后，被岭南大学开除学籍后的姐姐廖梦醒加入了中国共产党，姐姐的恋人李少石也成为中国共产党内一位职业革命家，这对廖承志政治信仰的确立和深化产生了重要影响。

1927 年 4 月 12 日，蒋介石公开背叛国民革命，廖承志愤然撕毁国民党党证，宣布正式脱离国民党。用他自己的话说，此时他"已经跟共产党人站在一起"[3]。是年 7 月，廖承志与姐姐廖梦醒在母亲何香凝的安排下，离开广州避居日本。因姐姐廖梦醒宣传中国共产党的主张，遭到日本警察拘捕并被驱逐出境，廖承志受到牵连被捕，因证据不足很快获释，随后考入日本早稻田大学第一高等学院读书。在该校读书期间，廖承志经郑汉先介绍参加了中国共产党"东京特别党支部"组织的"社会科学研究会"，如饥似渴地阅读马克思主义

的相关书籍，并担负着传送进步书刊给留日学生的任务。[4]

1928 年 5 月，廖承志参加留日学生针对日本帝国主义制造的“济南惨案”而举行的声讨大会，遭到日本警察拘捕，被关押在东京荻洼警署拘留所近一个月。在被关押期间，廖承志面对日本警察的多次拷问，始终没有屈服，“我认识的全回国了，其余的一个也不认识”[5]。获释后，廖承志于是年 7 月间从日本回到上海。8 月，经关键、黄鼎臣介绍，廖承志在上海加入了中国共产党，在反日大同盟上海分会工作。11 月，廖承志受中共中央派遣到德国，负责做中国海员的宣传发动工作，公开身份为柏林第二大学政治经济学专业的留学生。[6]

1929 年，廖承志担任德国汉堡海员俱乐部书记，并参加反帝大同盟，先后到荷兰、比利时组织领导中国海员运动。[7]1930 年夏，他在莫斯科参加了职工国际第五次代表大会，随后相继到德国、荷兰、比利时等国做中国海员的宣传发动工作。1931 年 6 月，廖承志遭到荷兰当局逮捕，被警署关押六个星期后遭驱逐出境。[8]但廖承志并未妥协退让，三个月后又在德国汉堡组织两艘英国轮船上的中国海员罢工斗争，被德国警察驱逐出境。[9]

1932 年初，廖承志离开德国转道莫斯科回国，受中共中央安排，于是年 5 月在上海担任中华全国总工会宣传部长、全国海员总工会党团书记职务。

1933 年 3 月 28 日，廖承志因被叛徒出卖而在上海被国民党上海市公安局串通上海工部局拘捕入狱。在狱中，他与狱友陈赓饱含革命乐观主义激情，慷慨高唱《国际歌》，反击敌人的软硬兼施伎俩。当上海市市长吴铁城在审讯过程中，出示“我脱离共产党，服从三民主义”纸条要廖承志签字时，他把纸条撕得粉碎，并坚决表示“刀砍枪毙，悉听尊便”。[10]是年 4 月 1 日，廖承志经母亲何香凝和爱国民主人士柳亚子联名担保出狱。四个月后，廖承志奉命赴川陕苏区，担任川陕苏区省委常委、工会宣传部部长职务。由于廖承志不赞同张国焘肆意推行的“左”倾机会主义路线，于 1934 年底被张诬陷为“日本特务”、“蒋介石侦探”而遭到关押。直至 1936 年底这两年间，他戴着枷锁镣铐走完艰难的长征之路。这一次被捕被廖承志称为“特殊一次被捕”。面对随时被杀头的危险，面对同志们不理解、不信任的目光，廖承志以其大无畏的革命乐观主义精神，以其对共产主义信仰矢志不渝的人生动力，承受身心痛苦，紧随队伍到达陕北中央革命根据地。

廖承志的优秀品质和精神风范，以及他对共产主义信仰的矢志不渝，更为明显地体现在 1942 年至 1946 年这四年的牢狱生涯之中。

1942 年 5 月 30 日，当廖承志组织大批爱国民主人士和文化界人士从香港转移到内地的工作告一段落，转道惠州前往韶关与母亲会面时，被叛徒郭潜出卖，在广东乐昌县被国民党中统特务逮捕，先后被关押在广东、江西、重庆等地。面对敌人的威迫利诱和惨无人道的残酷折磨，廖承志没有丝毫畏惧，始终没有屈服。在狱中，他写下了许多充满革命英雄主义的诗篇。在《南柯子·辞世》一诗中写道："默默心情遥寄白云中，留得枯骨待残冬。待到冬过春还，遍地皆红。"[11]他坚信黑暗即将过去，光明定会很快到来。在狱中，他写下了舍小家为大家，鼓励亲人以国家、民族前途命运为重的书信和诗文。如在致母亲何香凝和妻子经普椿的书信中说，自己在狱中"生活仍没有问题，只是他们逼迫我投降，是可忍孰不可忍？倘必要时惟有宁死不辱而已"，特意嘱咐妻子经普椿："新生的孩子倘健在，可名为继英，取继续英勇事业的意思。你必须好好地抚养孩子们。"[12]在狱中，他"做好了随时牺牲的准备，根本就不想活着出去"，经历了敌人对他的无数次恐吓和酷刑，并曾针锋相对挫败了蒋介石的诱降，以斩钉截铁的语气表示："我活着是中国共产党党员，死做中国共产党的鬼。"[13]鉴于廖承志的突出表现，中共七大选举他为候补中央委员。

1946 年 1 月 22 日，中共中央趁全国政协会议开幕，据理力争，迫使蒋介石不得不下令释放关押已达四年之久的廖承志。

廖承志这七次被捕入狱和失去人身自由的经历，丰富了他传奇人生经历中的内涵。他之所以在身心遭受折磨乃至危及生命的关头，没有灰心丧气，没有妥协退让，没有屈服低头，坚决维护人格尊严、维护中共党员的尊严，就在于他具有坚定的共产主义信仰。1946 年 10 月 8 日，廖承志在延安党员干部会议所作《监狱斗争经验点滴》的讲话中重点谈到，在任何情况下，"相信我们所信仰的共产主义，是世界上唯一正确的世界观和思想方法，是战无不胜的世界观和思想方法"[14]；"我们要做一个崇高的革命理想主义者，在任何情况下都要为这个理想坚持下去，直到为这个理想牺牲"[15]。这既是廖承志对狱中斗争实践的理论总结，同时也是廖承志传奇人生中留给后人的一笔宝贵精神遗产。

三、敌后抗战　功绩卓著——华南抗日救亡运动的重要旗手

1936 年冬，廖承志忍辱负重走完长征，到达甘肃会宁后，经周恩来、任弼时等人营救获释，并被恢复党籍，随后任职于陕北中央根据地红色中华通讯社。1937 年 4 月，他奉命在延安筹备并出版中共中央政治理论刊物《解放》，发表《日本当前的政潮》等国际国内时评文章多篇，反复强调"今天中国的最大任务是在如何救亡，如何收复东北失地，为实行这目的如何加紧准备对日抗战"[16]。此时，廖承志已有四五年时间离开母亲和姐姐了，他在想念亲人的同时，站在关注国家民族前途命运的高度，给母亲和姐姐去信表示："我虽然

顾虑着你们的安全，但为祖国设想，更希望着你们坚决往前，不屈不挠地奋斗”；“共产党员的职责，挽救民族危亡的重任，需要我们离开亲人和家庭，奔赴抗战救国的最前线”；“整个中华民族的生存，也唯有依靠于中国的母亲们、女儿们、儿子们，能够忍受当前的难过，能够抹下满眶的热泪，去为祖国的命运拼至最后一滴血”。[17]

全面抗战爆发后，廖承志受中共中央派遣转道南京、长沙、汉口，于1938年1月初到达香港，担任八路军驻香港办事处负责人，组织领导华南地区抗日武装斗争，并动员、吸引港澳同胞及海外华侨华人投身抗日救亡运动。

1938年6月14日，宋庆龄等人发起并成立了“保卫中国同盟”这一组织，廖承志出任该组织中央委员兼秘书长职务。10月13日，廖承志考虑到严尚民、叶锋等人领导的香港惠阳青年回乡救亡工作团经过近半年工作，已在惠宝沿海广泛开展了救亡宣传和组织活动，为中共在惠阳等地组建人民抗日武装，开展敌后游击战打下了一定基础，遂与中共香港市委书记吴有恒、中共香港海员工作委员会书记曾生开会决定，由曾生等率领200多名共产党员前往惠阳坪山负责组建“惠宝临时工作委员会”和抗日武装队伍。[18]从此，东江地区有组织、有领导、有实力的人民抗日武装逐渐发展壮大起来。与此同时，廖承志遵照中共中央指示精神，相继组建了西江抗日武装和琼崖抗日武装，并于1939年春派遣刘谈锋等到广东南路开展活动，华南敌后抗日救亡运动由此开始联成一体。是年11月下旬，廖承志派遣廖锦涛率领澳门四界救灾回乡服务团到广州市游击第二支队工作，使该支队后来发展成为华南抗日战场的三大主力之一。[19]

1940年，廖承志为扩大抗日爱国统一战线的影响，利用各种有效方式做了许多工作。他创办《华侨通讯》油印刊物，广泛发动侨胞在各地华文报刊上发表支持新加坡爱国侨领陈嘉庚的抗日爱国热情的文章，且以毛泽东、周恩来的名义致电陈嘉庚，挫败了国民党的“倒陈”阴谋。[20]

1941年1月14日“皖南事变”发生后，廖承志与宋庆龄、何香凝、柳亚子等重要民主人士在运用各种方式谴责蒋介石和国民党顽固势力破坏团结抗战的行径的同时，及时向中共中央电告香港等地有关“皖南事变”的反应动态。鉴于内地大批文化界人士聚集香港，为了发挥他们在抗日救亡运动中的重要舆论作用，廖承志主持创办了《华商报》，“以救国会之姿态出现”，“我党重要文件应发表”，目的是为了“冲破”国民党的封锁“办这个报”。是年8月下旬，《华商报》销量已超过5 500份，“为香港晚报最大者”，在国内外产生了重要影响。是年下半年，日军开始在香港九龙外围和广东惠阳、宝安等地集结兵力，准备进攻香港。廖承志按照中共中央指示精神，与港英当局多次商谈合作抗日的问题，后因太平洋战争爆发而中止。12 月 8 日，香港遭日军侵占。为了保护聚居香港的大批爱国民主人士和文化界人士的人身安全，廖承志经请示中共中央后，开始有效地组织这些人士安全撤离香港的行动。

1942 年元旦，廖承志与连贯、乔冠华等护送爱国民主人士和文化界人士，秘密穿过日军海上封锁线抵达九龙，经东江游击队护送，乘船经过大鹏湾，至沙鱼涌登陆，到达惠阳石桥坑，然后将被疏散的人员分别沿东江、北江护送到内地。在此次行动中，被营救、疏散的人员达 800 多人，在国内外产生了巨大影响，同时为新中国储备了大批有用人才，但此次行动引起了国民党特务的密切注视。当廖承志护送部分爱国民主人士和文化界人士于是年 2 月初抵达韶关后，国民党中统特务盯住廖承志行踪，5 月 30 日，于广东乐昌县城将他逮捕。6 月 5 日，廖承志被押往江西省泰和县马家洲集中营囚禁，开始了长达四年的牢狱生活。

抗日战争时期，东江抗日根据地作为全国具有重要影响的一个敌后根据地，东江纵队作为华南抗日武装的一面旗帜，与廖承志所起的重要作用分不开。在廖承志卓有成效的组织领导下，不仅东江抗日武装和东江抗日根据地从小到大、从弱到强，而且秘密营救、疏散了一大批文化界精英和著名爱国民主人士；不仅吸引、组织了一大批港澳同胞和海外华侨华人子弟奔赴抗日救亡第一线，而且在母亲何香凝、姐姐廖梦醒以及廖、何两家亲友的多方奔走下，一批又一批由港澳同胞和海外华侨华人捐献的财物，源源不断地输送到抗日救亡的前线。单就南洋救乡总会而言，共捐献和筹集资金近四亿元（当时的国币）；曾生部队在 1940 年前的被服、军鞋、药品等物资，主要来自海外华侨华人和港澳同胞的捐献。[21]

四、笔杆子与枪杆子具有同等重要的威力——三年解放战争时期奋进在党的新闻战线

1946 年 4 月，出狱不久的廖承志受中共中央指派从重庆前往广州，同方方、尹林平等依据中共中央指示和《双十协定》的原则，与国民党广州行营主任张发奎就东江纵队撤退到山东的问题举行谈判。在谈判过程中，廖承志以东江纵队在抗战中的卓越贡献和在营救、疏散爱国民主人士与文化界人士中的突出表现，针锋相对地驳斥了张发奎诬蔑东江纵队是“土匪”等的论调，最终迫使张发奎签订东江纵队主力北撤山东的登船地点、人数和期限等具体协议。东江纵队主力北撤，有效地配合了中共中央关于“向北发展，向南防御”战略决策的实施。

1946 年 5 月，廖承志奉命随周恩来、董必武等到达南京，担任梅园新村中共代表团发言人和中共南方局外事委员会副书记职务。在此期间，除了积极认真履行发言人的职责之外，他还负责《群众周刊》撰稿和审稿等多项工作。是年 7 月，他又被中共中央任命为新华通讯社（新华社前身）社长职务。两个月后，正式从南京返回延安就此职，不久担任中共中央宣传部副部长要职。此时，蒋介石国民党政府挑起的全面内战已经爆发，因此，从新闻舆论的角度有力配合人民解放军击垮国民党统治、创建新中国的正义之战，也就显得非常重要。在当时，新华通讯社是兼党报、通讯社和广播电台三位一体的中共中央宣传机构。廖承志担任新华社社长重要职务近三年期间，充分发挥了笔杆子与枪杆子同等重要的作用，为迎接新中国的诞生作出了重要贡献。

在中共中央机关于 1947 年 3 月撤离所在地延安前，中共中央党报《解放日报》宣告结束，党报的任务由新华社暂时承担，新华社代表党报发表了大量对解放区工作具有指导作用的新闻稿件。[22] 1946 年 10 月 15 日，廖承志在延安新华广播电台发表《全世界各地侨胞团结起来，反对蒋介石独裁卖国》的演讲，揭露蒋介石依靠美国支持打内战的实质，就是为了实行独裁统治，“蒋介石这三个字，成了独裁、内战、卖国的三位一体的代名词”。希望一切热爱和平，要求民主的人们，包括广大海外华侨华人，投身到反独裁、反内战的洪流中来，“为着打退蒋介石反动派的进攻而坚决奋斗”[23]。是年 11 月 10 日，他以中共中央发言人的身份发表《对国民党当局八日“‘停战’声明”的声明》，针对蒋介石国民党当局企图一手包办国民大会，企图进一步实施“长期独裁、长期内战”的阴谋，号召国人擦亮眼睛，不要被蒋介石的虚假“民主”所欺骗，明确表示：“凡属以真正和平为目的的商谈，我们均愿参加，凡属欺骗行为，我们一概反对。”[24]

自 1947 年 3 月中旬廖承志率新华社大部分人员撤离延安后，先后转徙到瓦窑堡、晋绥、晋冀鲁豫等地，直至 1949 年 3 月进驻北平，整整两年时间，条件艰苦，任务繁重，但廖承志身先士卒，领导才能得到充分展现。他所带领的新华社团队，利用报刊、广播电台等新闻媒体，及时有效地传递中共中央精神，报道人民解放战争进程和解放区土地改革等发生的新气象，一篇篇新闻稿件，就像一颗颗炸弹，在摧毁蒋家王朝、瓦解国民党军的过程中产生了巨大的威力。

1947 年 7 月，廖承志率新华社人员到达河北涉县后建立第二个“陕北广播电台”，播放了一系列影响深远的稿件，毛泽东的《评战犯求和》、周恩来的《致七十二师文告》等著名广播稿都是由“陕北广播电台”播发的。廖承志所作的《毛泽东思想是指引我们走向胜利的旗帜》演讲稿，发表于 1947 年

7月3日的《人民日报》后，为增强党内凝聚力，统一党的指导思想起了重要作用。1948年9月中旬，廖承志主持新华社广播电台英语广播，为外国记者了解并传播中共主张和中国人民解放军节节胜利的消息提供了极大方便，产生了重大国际影响。

在三年解放战争中，新华社所属报刊和广播电台，及时有效地刊发、播发了有关解放区土地改革的方针、政策，解放区工商业的改造、发展等方针、政策的大量稿件，对于激发解放区人民全力支援三大战役的热情起了重要作用。

1949年4月，廖承志以中共中央委员身份被选为新民主主义青年团中央副书记，并兼任中国青年艺术剧院院长职务。同年5月，又被选为中华全国民主青年联合总会主席。他在会上作了《中国人民解放战争中的青年运动与今后中国青年的基本任务》的报告。在报告中，他明确指出：中国青年一方面需要继续参加消灭反动残余的斗争，另一方面要做好准备，积极投身到建设新中国的事业之中。为了建设新中国的事业，应当在青年中间普遍地提倡新的爱国主义。这种爱国主义，“是和进步人类的国际主义相一致，而与民族侵略主义和排外主义不相容的”。他号召进步青年，不仅要积极参加生产建设，同时应刻苦学习科学和文化知识。[25]9月23日，廖承志在中国人民政治协商会议第一次全国代表大会上，代表中华全国民主青年联合总会作了重点发言，明确认为中国人民政治协商会议共同纲领体现了全中国人民的愿望和要求，号召全国青年为实现这个共同纲领的目标，应“努力学习，努力工作，在我们中央人民政府的领导下，在各种岗位上完成自己的任务”[26]。

五、知侨·爱侨·护侨——中华人民共和国华侨事务工作的卓越领导人

廖承志家族是华侨世家，他的母亲何氏家族在港澳和海外华侨华人中也具有重要影响。在新民主主义革命时期，廖、何两家族利用不同方式支援国内民主革命运动，为新中国的诞生作出过重要贡献。

1949年10月，中共中央在任命何香凝担任政务院（后改名为国务院）华侨事务委员会主任的同时，任命廖承志为华侨事务委员会副主任、党组书记，兼管港澳同胞事务。母子同时主政华侨事务，一时传为佳话。这种安排，体现了中共中央对港澳同胞和海外华侨华人事务的高度重视。

科学分析，正确认识海外华侨关心、支持祖国建设的地位和作用，制定合适有效的侨务工作具体政策和处理海外侨胞及归侨、侨眷有关政治待遇、经济利益等问题，有效吸引、鼓励、促发广大华侨爱国、爱乡热情，成为新中国成

立初期乃至20世纪50年代中共中央华侨事务的重心任务。廖承志在这时期，通过专题会议、调查研究等多种途径，并在所作讲话、刊发文章、专题报告中，就华侨事务中不少重大问题发表了指导性意见。针对广东、福建等地在土地改革运动中出现的“左”的偏差，廖承志于1951年12月20日向周恩来呈递了《坚决纠正侨区土地改革中“左”的偏差》的报告，提出了具体纠偏的九点建议，重点强调保护侨胞财产等利益的必要性和重要性，受到党中央、政务院的高度重视，及时纠正和制止了侨区土改运动中“左”的错误倾向。在20世纪50年代，由廖承志与母亲何香凝主持下的中央华侨事务委员会主持起草或参与讨论，呈报中共中央批准颁布执行的系列文件，如1955年2月13日国务院发布的《关于贯彻保护侨汇政策的命令》，1956年8月18日国务院转发中侨委、内务部《关于选举中改变华侨户地主成分的意见》，1956年9月21日中共中央组织部拟定的《关于华侨学生入党入团问题的意见》，1957年3月6日国务院转发中侨委《关于加强对归国华侨职工、干部的团结教育工作和适当照顾其生活的请示报告》，1957年6月7日中共中央统战部《关于国内侨务工作的方针任务及若干问题的意见》等，都对规范、促进全国侨务工作的健康发展，动员广大海外华侨华人支援祖国经济建设等，起到了政策性、指导性作用。[27]

在20世纪50年代以及60年代初期，印度尼西亚等国家先后发生了排斥华侨的风潮，海外华侨的生命财产受到极大威胁，不少华侨难民愿意回国定居。廖承志与母亲何香凝等，在多次发表严正声明，抗议所在国政府对华侨施加迫害的同时，认真组织归侨接待和安置工作。仅在1949年10月至1952年9月这三年中，由中侨委组建的广州、汕头、海南岛等地华侨接待站，就接待了归侨五万多人。为了使归侨、侨眷做到自食其力，并积极投身到祖国的社会主义建设，廖承志通过各种途径力促中央和地方有关部门，或是制定优惠政策，或是提供发展资金，大批归国华侨和侨眷工作生活在农副业生产第一线或工商业经营领域，有的还在由廖承志起草、用毛泽东名义发布的《华侨申请使用国有荒山、荒地条例》保护下，组建专门化的华侨农场，种植橡胶等经济作物，从事养殖鱼虾等副业。

为了吸引华侨投资国内、创办工商企业，廖承志与母亲何香凝等通过多方努力，使华侨投资国内工商业的专门化机构于1952年5月前初步确立。中侨委所设生产救济司、华侨信托投资企业有限公司；广东所设华南企业公司、华侨工业建设公司以及福建设立有资本总额达到500亿元的投资公司，还有中央财委下属华侨投资辅导委员会等专门机构，有力地保障了华侨投资工商业的合法性、正当性权益不受侵犯。在对归国华侨、侨眷在祖国社会主义建设中的地位和作用问题的思想认识上，廖承志不管是在全国侨务工作会议还是党中央、国务院的重要会议上，以及在专题报告和重要文章、重要谈话中，都明确指出，党内外存在的害怕华侨回国投资把“资本主义”带进来，华侨海外关系复杂、不利于国内秩序的稳定等认识，“是不符合实际的”，“是对解放后广大华侨的进步估计不足”，明确主张把归侨问题“当作人民内部的问题来处理”，“不能把人民内部的问题和敌我问题混淆起来”。他反复强调：“坚决纠正‘华侨复杂论’的思想是当前进一步发挥归侨参加社会主义建设，做好归侨工作的重要环节。”[28]

为了解决归国华侨及其子女读书受教育难的问题，廖承志以中侨委名义与中央教育部反复磋商，先是对部分侨生入学给予从宽录取的照顾，继而创办了北京、广州、福建等地归国华侨学生中等补习学校，至1966年“文革”发生时止，共招收侨生四万多人，有20%左右的学生考入高等学校。华侨学校教育之所以产生如此效果，的确与廖承志的全力关心、支持分不开。在1953年11月召开的全国侨务扩大会议的报告中，廖承志就华侨学生工作的领导关系及华侨学生经济困难的照顾等问题，提出了针对性极强的指导性意见。关于华侨学生的领导关系问题，明确规定华侨学生回国入学前的工作，“主要由侨务机关负责，补习学校由侨务机关领导”；华侨学生入学后的政治思想教育和生活福利等工作，“则必须由教育部门及各级学校负责才能做好”。关于对华侨学生经济困难的照顾问题，主张一方面实行学生自费为主的原则，“教育他们搞好同国外家庭关系，争取侨汇”；另一方面，“对于他们的实际困难，仍应实事求是地加以解决”。[29]

为了满足华侨学生回国接受高等教育的需要，廖承志与母亲何香凝一道力促暨南大学于1958年在广州的复办。1960年，又力促华侨大学在泉州的开办。廖承志对这两所专门化的华侨高等学府倾注了大量精力，从领导班子建设、师资队伍的配备，到图书资料、仪器设备等的购置，他都亲自过问落实。1978年3月，廖承志兼任复办后的暨南大学董事会董事长。三个月后，他在该校董事会上的讲话中首先肯定，从1958年开办至1970年停办这十多年间，“暨大共培养了六千多名德、智、体全面发展的各种专业人才”，“对增强和侨居国人民的友谊，作出了贡献”。继而强调，在粉碎“四人帮”后复办暨南大学，是党中央、国务院对华侨事务的高度重视，“我们要很好地领会党中央关于复办暨大的精神，不仅要把暨大办成具有先进科学文化水平的高等学校，而且要看作是扩大爱国统一战线的一项重要工作”[30]。在廖承志的关心、支持下，复办后的暨南大学在师资力量、学科专业建设和办学质量等方面，迅速上升到一个新的台阶，吸引了大量华侨子弟入学。此外，泉州华侨大学以及广东、福建、北京等地华侨补习学校，也在廖承志等人的多方努力下先后复办，华侨教育逐渐步入到新的轨道。

在“文革”期间，尽管廖承志的人身安全得到周恩来等中央领导的保护，但中侨委被撤销，全国侨务工作陷入瘫痪状态。“文革”结束后的1977年，廖承志向党中央呈递专题报告，建议恢复侨务机构。自1978年再度出任国务院侨办主任之后，廖承志首先开展了对党的侨务政策的恢复工作。1978年1月4日，他在《人民日报》发表《批判“四人帮”所谓“海外关系”问题的反动谬论》一文，痛斥“四人帮”否认侨务工作的特点，混淆侨务工作的特殊性同搞特殊化的本质区别的谬论，是唯心论、形而上学的反动观点。他在回顾华侨历史的基础上，充分肯定绝大多数“华侨爱国是主流”。他们“远离祖国，备受帝国主义和殖民主义的压迫”，具有“支持、参加我们革命的光荣传统”。华侨在国内的眷属，以及归国华侨和侨眷，“绝大部分是劳动人民”，“是革命的动力”。[31]在狠抓侨务政策的落实中，廖承志亲自过问大案要案，推动全国各地平反冤、假、错案的工作，使许多在“文革”期间受到迫害、打击的归侨、侨眷“在政治上得到平反，在工作上得到安排，在生活上得到照顾”[32]。针对归侨、侨眷房屋被侵占，经济利益受到损害的情况，廖承志在1978年12月28日全国侨务会议、第二次全国归侨代表大会闭幕词中明确指出，侵占华侨房屋拒不归还的行为“是不能容忍的，是违背宪法的”。围绕这个问题，他提出重申保护华侨房屋所有权不能侵犯；任何单位或个人强占华侨房屋不退还，“情节严重、态度恶劣的，应给予严肃处理”等五条处理原则。[33]会后，廖承志将这些处理原则以侨办名义呈报中共中央。1979年，中共中央7号文批准了这个文件，促成全国各地退还华侨房屋的工作深入开展。1982年5月6日，他在接见老台胞参观学习团时的讲话中，特意提到前不久在北京召开了广东、福建等省20多个城市落实华侨私房政策座谈会的情况：“最近，我们开了一个落实华侨房产政策的会议，对房子问题定了两个标准。‘十年动乱’以前的，搞错了的房产问题，要争取明年解决。”[34]在廖承志的亲自过问、督促和积极推动下，“文革”结束后的短短三五年中，华侨房产等经济权益得到落实，获得广大海外华侨华人的普遍赞扬。

在国内改革开放事业迈开实质性步伐以后，不少海外华侨华人产生了回国投资创办企业的愿望和要求。对此，廖承志很快作出了回应。在1978年12月22日召开的全国侨务会议、第二次全国归侨代表大会上的报告中，明确表示“欢迎华侨支援祖国社会主义建设”，提出了华侨投资创办企业的原则性意见。关于投资方式的问题，主张采取多样化的方式，包括建立“中国投资公司”，华侨可以将资金投入公司，“国家利用其资金建厂，由国家经营”，每年由国家支付利息，“分五年、十年、十五年分期还本或一次还本”；允许华侨投资各种合营企业，“国家占百分之五十一股权”，投资人可以管理企业，“其产品由投资人包销、经销为主，或由国家外贸部门推销”；实行补偿贸易政策，由华侨投资人进口原料、原件、设备等，“由我加工、装配”，产品由投资人包销，“其设备投资，用出口产品分年偿还本息”。同时强调，对于华侨投资创办企业，必须“贯彻自愿互利原则”。[35] 1979年，在廖承志的建议下，中共中央出台了有关华侨投资法的文件，进一步激发出华侨回国创办企业的积极性。中国改革开放事业的不断深入，取得举世瞩目的巨大成就，与广大海外华侨华人作出的贡献分不开，更与廖承志对侨务工作的高度重视，付出的巨大心血紧密联系在一起。

廖承志为中国侨务工作作出的重要贡献，产生的巨大效果，充分体现出他知侨、爱侨、护侨的人格风范和卓越的领导才能。

六、和平使者——在中华人民共和国外交事务中所起的重要作用

新中国成立后的一二十年间，尤其在最初十年，美国为首的资本主义国家，企图从政治、经济和思想文化等领域对中国全面实施孤立、封锁的战略决策。因此，运用各种有效途径，尽快打破被孤立、被封锁的格局，迅速提高中华人民共和国在国际上的地位和声望，成为中国共产党领导下的中华人民共和国在对外关系中一项根本性的重要任务。

鉴于廖承志家族在海内外的重要影响，特别是廖承志懂日、英、俄、德、法、荷兰以及葡萄牙等多个国家的语言，又有在国外从事海员工人运动的经历，中共中央选定他为周恩来、陈毅在处理对外关系方面的重要助手，任命他多项与对外关系有关的重要职务，如中国人民保卫世界和平委员会副主席、中国亚非团结委员会主席、中日友好协会会长等。廖承志利用自己的地位和身份，或是发表讲话和声明，或是参加会议和访问，向世界人民传递和平福音，谴责强权、霸权主义，支持和声援被压迫民族为自由、独立而战斗，团结、争取资本主义国家中爱好和平的团体和个人，“作为和平使者，代表中国政府和人民给各友好国家送去致意和问候，把温煦的春风吹进各国人民的心坎里”[36]。在充当和平使者、处理对外关系的过程中，廖承志充分显示出高超的外交才能，为中华人民共和国国际地位的不断提高作出了重要贡献。

反对战争，反对弱肉强食，维护世界和平，既是新生的中华人民共和国维护自身权益的正义立场，也是新生的中华人民共和国借以提高国际地位和声望的重要外交途径。在这一过程中，廖承志有着出色的表现。

新中国诞生之初，美国以联合国的名义发动了侵略朝鲜的战争。为了揭露和谴责美帝国主义的侵略行径，吸引、动员世界爱好和平的人民声援中国人民抗美援朝、保家卫国的正义之战，廖承志发表了系列讲话和文章，有力地配合中朝军队在战场的浴血奋战。1950 年 9 月，他以中国人民保卫世界和平委员会副主席等重要身份，在欢迎世界民主青年联盟代表大会上，发表了《团结起来，保卫世界和平》的演讲。他向世界人民宣告：“中国人民是酷爱和平的。中国人民需要和平，我们需要和平的时间，来医治战争的创伤，建设我们的国家，并和全世界的人民和平共处，敦睦亲善。”然而，“野蛮的美国军队侵进了朝鲜和台湾，法国的军队正向越南人民进行着屠杀抢劫，帝国主义正在到处破坏着世界人民的和平”。因此，他大声疾呼：要打败帝国主义，要争取世界持久和平，就“必须在世界民主青年联盟的旗帜下加强团结，扩大团结”，才能“制止侵略战争，保卫世界和平！”[37]

1951 年 4 月，廖承志担任中国人民赴朝慰问团团长，率领部分爱国民主人士、文化人士、工商界领袖和著名艺人，率团到朝鲜慰问中国人民志愿军和朝鲜北方军民。回国后，廖承志发起了全国性的捐钱捐物活动，并于是年 6 月 25 日的《人民日报》发表了《必须胜利，必能胜利》的文章。在该文中，他通过实地考察中朝军民抗击美帝国主义的亲身感受，明确指出：“深深感到去年十月我国政府声明对美帝国主义侵略朝鲜不能置之不理，派中国人民志愿军出国参战，抗美援朝，乃是完全正确的英明决断”，“抗美援朝的战争是保卫和平、反对侵略的正义战争，代表着全中国、全东方乃至全世界劳动人民的共同愿望”。他满怀深情地号召全中国、全世界人民积极行动起来，为伸张正义而战，利用各种方式援助这场正义之战。他向全中国、全世界预言：“这场战争必须胜利，必能胜利！”[38]1952 年 4 月，廖承志作为调查团团长，赴朝鲜和中国东北调查美国细菌战的罪行，向全世界人民揭露美帝国主义破坏和平、践踏人权的丑恶嘴脸。1958 年 10 月，他担任中国人民欢迎志愿军归国代表团团长，到丹东迎接最后一批志愿军从朝鲜回国，于是年 10 月 27 日在《人民日报》发表欢迎词，充分肯定中朝两国友谊万古长青，维护世界和平不仅是中朝两国，而且是世界各国人民的义务、职责和权利。

在 20 世纪 50 年代初期至 60 年代前期，廖承志利用多种身份，几乎年年出席有关世界和平的会议，为增进中国人民与世界各国人民的交往和友谊，扩大中华人民共和国的影响和威望作出了艰苦努力，在对外交往过程中发挥了重要作用。在这些重大国际会议上，无论是发言、对话，还是辩论和发表声明，廖承志都以其“思维灵敏，反应迅速，观点正确，语言活泼”的鲜明个性，产生了重要影响，获得了极好效果。更为重要的是，廖承志在一系列外事活动中，“刚柔相济，善于巧妙地把原则性与灵活性，坚定性与必要的妥协性完善地结合起来。加上他态度的诚恳，性格的开朗，讲话的幽默，凝聚成很强的‘廖公魅力’，形成他独特的外交风格”[39]。

1956 年，廖承志以中国亚非团结委员会副主席身份，率团参加几内亚首都科纳克召开的亚非拉团结大会。会议期间，他坚持和平共处五项原则，义正词严驳斥帝国主义者、殖民主义者所谓的“普遍裁军”谬论，认为就被压迫民族和被压迫人民而言，“他们为了捍卫民族独立，维护人身自由，拿起大刀、弓箭和石头进行斗争，他们有什么可裁?”[40]廖承志的讲话，赢得了亚非拉人民的拥护和信赖。20 世纪 70 年代中华人民共和国随着自身国际地位的提高，最终跻身联合国安理会常任理事国，这与廖承志等党和国家领导人在 20 世纪五六十年代全力争取亚非拉各国的支持与信任所作的外交努力是分不开的。廖承志善于广泛结交国际友人，以其博学多识、亲切温和的言行，吸引、争取和团结了众多外国友人对中华人民共和国的亲近、了解和信赖。正如朱子奇所说：“我爱廖公。他是一位气度恢弘、心胸似海的人！……他的坚强、乐观、勇敢、机智、才华、幽默，他对人的诚挚宽厚、坦率、关心、了解、帮助，产生了一种不平凡的吸引力。”[41]

中日两国一衣带水，两国人民具有悠久的传统友谊。发展中日两国政府和民间的友好关系，对于提高中华人民共和国的国际威望和影响，稳定亚洲局势乃至世界局势，均具有重要的历史地位。自新中国成立至 1983 年逝世，廖承志始终为中日友好关系的建立和深化倾尽全力，作出了重要贡献。“中日关系从民间交往发展到民间形式而实际是官方接触，从半官半民发展到中日两国正式建交，在中日友好关系的关键时刻和关键问题上，无不倾注了他的心血”[42]。

1953 年 2 月 18 日，廖承志在与日本代表团商谈有关日侨回国事宜后，于是月 24 日向毛泽东递交了有关日侨回国谈判情况的报告，主张“凡在中国的愿意回国的日侨”，经中国政府有关部门发给证明后，“即可回国”；确定以秦皇岛、上海、天津为“回国日侨之集中及登船地点”；中国政府为日侨提供“自离开住地始，迄登船时止之伙食、住宿、旅费”等。[43]此报告经毛泽东和中共中央批准实施后，在日本国内产生了极大影响。1960 年 8 月 11 日，廖承志在接见日本社会党政策审议会代表团的谈话中指出：“我们对日本人民始终是一致的，过去采取友好政策，现在采取友好政策，将来也是坚决地采取友好政策。”而对于日本政府，中国政府必须坚持“不敌视中国”、“不参加制造两个中国的阴谋”、“不阻挠中日两国正常化的趋势”这三个基本原则。[44]在廖承志等人的努力下，中日关系从此步入了一个新的阶段。

1962 年 9 月，周恩来、陈毅邀请日本自由民主党著名政治家松村谦三先生率团访华，中日双方就如何打开两国之间友好关系作了深入磋商，最终商定由发展两国贸易作为实现中日邦交正常化的起点。是年 10 月，日本经济界、政界重要人士高碕达之助率团到北京，商谈落实中日两国贸易的具体方针、政策。廖承志代表中国政府同高碕达之助经过反复磋商后，于是年 11 月 9 日在北京签署了《中日长期综合贸易备忘录》，由此开启了中日两国关系正常化的先声。

1963 年 10 月，中日友好协会在北京宣告成立，廖承志担任会长。在该会成立大会的讲话中，他明确指出："发展与加强中日两国人民之间的友谊，不仅符合中、日两国人民的利益，而且对保卫亚洲和世界和平也将具有重大的意义。……我们将在万隆会议十项原则的基础上，努力争取建立中日两国间的正常关系，实行和平相处，使中日两国人民子子孙孙世世代代友好下去。"[45] 1972 年 9 月，廖承志带病参加中日建交的谈判，最终促成中日邦交正常化、规范化。自此至 1983 年逝世这 10 余年间，廖承志为中日两国关系的深化作出了重大努力。

1973 年 4 月，应日本各界 22 个团体的邀请，廖承志率中日友协代表团访问日本。作为中日建交后首个大规模的访日代表团团长，廖承志对这次 35 天的访问之行给予了高度重视，与日本各界人士广泛交流，建立了深厚的友谊，将中日关系推进到了一个新的阶段。他在东京各界欢迎大会上的讲话中，首先强调 1972 年 9 月中日正式建交的必要性和重要性。因为，中日两国友好关系的建立和发展，"不仅符合两国人民的根本利益，而且有助于缓和亚洲紧张局势和维护世界和平"[46]。在出席日中友协（正统）全国大会和"日中友好议员联盟"成立大会等系列活动的讲话中，廖承志反复强调中日两国政府尤其是民间的友好交往，建立正常的睦邻友好关系，既是中日两国人民的需要，也是亚洲乃至世界和平的需要。他满怀信心地指出，尽管在前进的路上，"还会有曲折和障碍，但是中日友好是正义的事业，是任何力量也阻挡不了的"[47]。访问过程中，日本朋友提出了中日两国城市间结成友好城市的要求，经廖承志报请周恩来总理批准，制订出具体方案，随后几年间，中国天津与神户，西安与京都、奈良，上海与横滨、大阪，分别结成了友好城市。五年后，廖承志陪同邓小平访问日本，交换《中日和平友好条约》议定书，为中日两国友好城市的结对提供了条约性保障。至 1984 年底，中日友好城市已结成 74 对，占中国与世界各国友好城市结对总数的一半以上。中日友好城市结对作为两国人民交往与合作的重要渠道，将中日两国间交往与合作，由此扩展到经济、文化、科技等诸多领域。[48]

为了将中日两国友好关系推向纵深领域，廖承志受命担任团长，于1979年5月率领中国各地各界人士组成的600人规模的代表团，访问日本47个都、道、府、县中的33个，城市174个。[49]在近一个月的访日期间，廖承志等人与日本各界人士进行广泛的交往、接触，增进了中日两国之间的信任与友谊，在中、日两国甚至在全世界都产生了深远的影响。对于此次访日的感受，廖承志在离开东京时对记者发表谈话中特意提到："这次访问日本，对我国的'四化'建设有帮助。具体说来有五点，其中最重要的一点是，日本朋友告诉我们要将日本的技术同中国的实情结合起来，使之适应中国的条件，很快地掌握，尽快地运用。"[50]在给中共中央有关访日的报告中，廖承志更为全面而又深刻地总结此次访日的感受。他在报告中概括了八个方面，其中特别强调："各组同志在参观中有目的地细心观察，进行调查研究，认真积累和整理材料，最后写出了十五份专题考察报告，二十八个班还各写了一份书面小结。……总的说来，大家开阔了眼界，增长了见识，得到了启发，受到了鞭策，对今后改进我们的工作，是很有益处的，学习是有成果的。"[51]此次大型代表团访问的时间，正值中国社会主义改革开放的初期，代表团成员分布各地各界，在访问日本期间受到的启发，对于根据中国实际，有计划、有步骤地推进中国改革开放的步伐，起了重要的借鉴和指导作用。

20世纪80年代初，即廖承志传奇人生的最后几年间，他为继续增进中日两国人民的友谊不遗余力，尽职尽责，如中日民间人士会议委员会于1982年秋的创立，中日友好交流会议制度在1982年的建立，就与他卓有成效的努力分不开。正如日本早稻田大学于1982年10月6日授予廖承志名誉博士证书及颁发奖状时指出的，廖承志先生"在日中两国的友好交流史上留下了巨大的足迹"[52]。

廖承志以维护世界和平著称于世，赢得了极高的国际声誉，为新中国国际地位的不断提高作出了重要贡献。在他一生中，对于中国大陆与台湾的和平统一大业，同样倾注了大量心血、作出了巨大努力。1979年2月28日，他在纪念台湾"二二八"起义32周年的座谈会讲话中指出："台湾自古就是中国不可分割的一部分。"明确强调：实现祖国统一，"对国家、对民族都是有利的，也完全符合台湾人民的根本利益"；"如果能够早日实现祖国统一，全国同胞包括台湾同胞在内的力量早日汇合在一起，就可以更快地把祖国建设成为一个伟大的现代化强国，共同创造我们空前未有的光辉灿烂的历史"。[53]1981年11月27日，他在接见马璧教授时的谈话中，初步提出了"一国两制"的构想，明确体现出和平统一台湾的主张。于是年12月23日会见日本《产经新闻》记者住田良能的谈话中，就"一国两制"方针的实质、和平统一祖国的主张作了具体阐述。1982 年 7 月 25 日，廖承志在《人民日报》公开发表《致蒋经国信》，重申“祖国和平统一，乃千秋功业。台湾终必回归祖国，早日解决对各方有利”，诚心规劝蒋经国“依时顺势，负起历史责任，毅然和谈，达成国家统一”。[54]尽管廖承志有生之年未能看到台湾回归祖国，但他在所作努力中体现出的“和平”、“爱国”情结是异常诚挚而急切的。

廖承志作为和平使者，在力争台湾和平回归祖国的同时，为解决香港和平回归祖国的问题作出了极大努力。尽管香港最终回归祖国是在 20 世纪 90 年代后期，但廖承志早在 20 世纪 80 年代初期就提出了在香港实行“一国两制”的构想。1982 年 11 月 20 日，他在会见香港厂商联合会参观团的谈话中指出：香港主权属于中国，“最迟一九九七年我们就行使主权，收回香港，一定这样做”。至于香港回归祖国后如何治理的问题，他明确表示：“香港维持现状，社会制度照旧”，靠港人治港，以利于香港的繁荣。[55]1983 年 1 月 12 日，他在接见香港新闻界人士参观访问团成员的谈话中，反复重申中国政府收回香港的基本立场，指出：“香港依旧可以是资本主义，殖民主义就不行了。……香港是中国的，最终要变成中国的特别行政区。”给英国政府 14 年的过渡期限，超过了这个期限中国政府是不答应的，“是做不到的，迟至一九九七年”[56]。由此可见，香港于 1997 年被中国收回，与廖承志在生时参与制定的中共中央和中国政府对香港行使主权的大政方针，是一脉相承的。

廖承志的一生，是革命的一生，是为党和人民无私奉献的一生。在他的传奇人生中，体现出对祖国、对民族深沉的关爱；体现出对他所信仰的共产主义的坚定谨守；体现出他超人的工作能力，吸引、凝聚各界各方人士的思想作风、人格魅力；体现出他胸襟开阔、不计个人安危得失的大无畏乐观主义人生情怀。廖承志以其传奇人生经历，给后人留下了一份宝贵的精神财富。中国共产党和中国人民不会忘记他，海外华侨华人乃至世界人民也不会忘记他。

注释：

[1] [2] [3] [6] [7] [8] [9] [14] [15] [16] [18] [23] [24] [25] [26] [28] [29] [37] [38] [43] [44] [45] 廖承志文集、传记编辑办公室编：《廖承志文集》上卷，北京：人民出版社 1990 年版，第 5、5、6、6—7、7、7、7、117、118、16、55、121—123、125—126、161—164、165—166、325—328、242—246、168—169、177—179、213—214、371—374、403—404 页。

[4] [5] [20] 铁竹伟：《廖承志传》，北京：人民出版社 1998 年版，第 63、67、135 页。

[10] [11] [12] [13] [17] [30] [31] [33] [34] [35] [46] [47] [50] [51] [53] [54] [55] [56] 廖承志文集、传记编辑办公室编：《廖承志文集》下卷，北京：人

民出版社 1990 年版，第 444、803、720、450、716—717、527—529、491—499、559—560、646、555—556、469、474、586、592—593、572—573、661—662、668、677—678 页。

［19］［22］［27］［32］［36］［39］［41］［42］［48］［49］蒙光励：《廖家两代人——廖仲恺　何香凝和廖梦醒　廖承志》，广州：暨南大学出版社 2001 年版，第 470、309、348、362、334、340—341、343、387、394、395 页。

［21］《中国共产党东江地方史》编纂委员会：《中国共产党东江地方史》，广州：广东人民出版社 2001 年版，第 292—293 页。

［40］刘宁一：《痛悼廖公》，《工人日报》1983 年 6 月 23 日。

［52］《人民日报》1982 年 10 月 7 日。

生平大事纪述

成晓军

1908 年 9 月 25 日出生于日本东京大久保寓所。父母为他取名为“承志”，希望他将来能够继承父母“救国兴邦”之志。

因父亲廖仲恺和母亲何香凝作为中国资产阶级政党中国同盟会的重要骨干，积极奔走于民主革命活动中，姐姐廖梦醒年仅四岁，故父母为小承志雇请了日籍奶妈叶姨，负责照顾他的日常生活。据廖承志在《我的童年》一文中追忆：“我的乳娘是一位刚强的白瓜子脸的叫做阿叶的日本女子。……我儿童时代的一半血液是日本女性赐给的。”

1911 年 2 月，廖承志随母亲何香凝及姐姐廖梦醒从日本回到香港。11 月，随父母和姐姐定居广州。

1913 年 8 月初，因“二次革命”失败，廖承志和姐姐随父母转道香港，于是月中旬避居日本达三年之久。

1915 年 9 月，廖承志凭借其家学基础，考入日本东京晓星小学，跳级入读二年级。尽管他聪明好学，但常常受到日本民族歧视的刺激，中华民族自尊自强的意识在他幼小的心里开始萌发。

1916 年 5 月初，廖承志随父母和姐姐从日本回到上海。自此至 1925 年 8 月父亲廖仲恺被刺身亡这近十年间，他在用心读书学习的同时，从父母辈的人生经历中感受到时势的复杂多变，思想观念日渐成熟。

1921 年底，廖承志入读广州培正小学。

1923 年 3 月，廖承志入读岭南大学中学部。在校期间，因受父母辈影响，对时事政治、国家前途命运的思考，有了前所未有的深化。常与倾向进步的司徒慧敏、李少石等上下年级同学密切往来，积极参加各种爱国活动。

1924 年 8 月，廖承志受国共合作后工农运动迅速高涨等革命形势的影响，申请加入中国国民党。

1925 年 3 月 12 日孙中山逝世，廖承志在父母等人对孙先生去世表现出的巨大悲痛感染下，在父亲坚定不移继承孙先生遗志的言行感染下，在追忆孙中山对自己关爱、鼓励的情境感染下，在心灵深处萌发出为实行“联俄、联共、扶助农工”三大政策奋斗到底，不惜流血牺牲的志向。(《廖承志文集》上卷，第1—5页)

1925年6月23日，廖承志参加了因上海“五卅惨案”发生后在广州举行的近十万工人、学生、市民、军校学员的游行示威。他一路领呼口号，走在游行队伍前头，但英租界警悍然开枪打死打伤数百游行群众，制造了震惊中外的“沙基惨案”。血的教训，使廖承志更加理解孙中山、廖仲恺等父辈们坚持三大政策的正确性、必要性。(《廖承志文集》上卷，第1—5页）游行回校后，廖承志出面组织岭南大学中学部学生罢课，以示对英法帝国主义制造惨案的抗议。

1925年8月20日，父亲廖仲恺遭国民党右派枪击逝世。廖承志处于极大的悲痛之中，下决心要继承父亲未竟之业，为实现父亲的遗愿而不惜牺牲自己的一切。(《廖承志文集》上卷，第5页）不久，他在岭南大学中学部组织了一次全体员工的罢工，提出要求增加工资，取消强迫做礼拜和禁止吸烟的规定。罢工胜利后，校方没敢开除他。

1926年6月，母亲何香凝离开广州赴武汉后，姐姐养病家中。被岭南大学开除学籍后加入中国共产党而成为职业革命家的李少石，以姐姐恋人身份常来家中看望，对后来廖承志加入中国共产党产生了一定影响。

1927年4月12日，蒋介石发动反革命政变后，廖承志愤然撕毁国民党党证，宣布脱离国民党。他在《忆青少年时代》一文中说当时他“已经跟共产党人站在一起”。(《廖承志文集》上卷，第6页)

1927年7月，在母亲何香凝的坚持下，廖承志与姐姐廖梦醒离开广州前往日本。廖梦醒因宣传中国共产党的主张，遭日本警察拘捕并驱逐出境。廖承志同时被捕，不久获释，考入早稻田大学第一高等学院读书。在该校读书期间，廖承志积极参加留日学生的进步活动，经郑汉先介绍参加了中国共产党“东京特别党支部”组织的“社会科学研究会”，如饥似渴地学习马克思主义，并且担负着传送进步书刊给刚到日本留学的中国青年的任务，得到日本友人川村君的配合帮助。

1928年3月，为了反击留日学生中国民党右派分子借纪念孙中山先生逝世三周年进行反共活动的阴谋，廖承志参加各种抵制反共阴谋的活动。5月，针对日本帝国主义屠杀济南人民的“济南惨案”，廖承志参加了声讨大会。不久，遭日本警察拘捕，被关押在东京荻洼警署拘留所近一个月。在被关押期间，他经受了日本警察的拷问，但始终没有屈服：“我认识的全回国了，其余的一个也不认识。”随后，廖承志获释。(铁竹伟：《廖承志传》，第67页)

1928 年 6 月下旬，廖承志考虑到自己被认定的共产党员都不在日本，毅然决定离开日本于 7 月间回到上海。是年 8 月，经关键、黄鼎臣介绍，在上海加入了中国共产党，受命在反日大同盟上海分会工作。（铁竹伟:《廖承志传》，第 69 页）

1928 年 11 月，廖承志受中共中央派遣到德国，转入德国共产党组织，负责做中国海员的宣传发动工作，公开身份为柏林第二大学政治经济学专业的留学生。(《廖承志文集》上卷，第 6—7 页)

1929 年，廖承志到德国汉堡领导中国海员运动，任汉堡海员俱乐部支委、书记；又参加反帝大同盟，先后到荷兰、比利时组织领导中国海员运动。(《廖承志文集》上卷，第 7 页)

1930 年夏，廖承志在莫斯科参加职工国际第五次代表大会。

1931 年 6 月，廖承志因组织中国海员活动，遭荷兰当局逮捕，被警察署关押达六个星期的时间，随后被驱逐出境。(《廖承志文集》上卷，第 7 页）9 月，他在汉堡组织两艘英国轮船上的中国海员罢工斗争取得胜利，遭德国警察驱逐出境。

1932 年初，廖承志离开德国转经莫斯科回国，途经香港，面见两年未见的姐姐廖梦醒。此时，姐姐廖梦醒和姐夫李少石均系中国共产党党员，受组织派遣在香港负责党的交通站工作。5 月，廖承志到上海担任中华全国总工会宣传部长、全国海员总工会党团书记职务。

1933 年 3 月 28 日，国民党上海市公安局串通上海工部局将廖承志拘捕。他在狱中与狱友陈赓慷慨激昂地高唱《国际歌》，以其大无畏的革命乐观主义精神反击敌人的软硬兼施策略。

1933 年 3 月 29 日至 31 日，何香凝与宋庆龄、柳亚子、经亨颐等全力奔走，营救廖承志，并与国民党上海市市长吴铁城作面对面的斗争。在此期间，廖承志被引渡到上海公安局，吴铁城曾亲自审讯廖承志，并出示“我脱离共产党，服从三民主义”纸条要他签字。廖承志把纸条撕得粉碎，并表示“刀砍枪毙，悉听尊便”。(《廖承志文集》下卷，第 444 页）4 月 1 日，廖承志在母亲何香凝和柳亚子联名担保下出狱。回到家中，第一次面对面与经普椿交谈，五年后两人结为夫妻。

1933 年 8 月，廖承志奉命赴川陕苏区，担任川陕苏区省委常委、工会宣传部长职务。次年冬，被张国焘以“国民党侦探”等罪名予以逮捕，开除党籍，被押解参加长征达两年之久。

1936 年冬，廖承志在甘肃会宁经周恩来、任弼时等营救获释，并恢复党籍，到达陕北保安后任职红色中华通讯社。(《廖承志文集》下卷，第 453 页)

1937年4月，廖承志在延安筹备、出版中共中央政治理论刊物《解放》杂志，发表《日本当前的政潮》等国际国内时评文章多篇。(《廖承志文集》上卷，第13页）10月，受中共中央之命赴国民党统治区工作，先到达八路军驻南京办事处，后又与叶剑英绕道长沙到达汉口。

1938年1月，廖承志从汉口经广州到达香港，任八路军驻香港办事处负责人，为八路军、新四军筹集抗战物资。又在香港与经普椿结婚。6月14日，宋庆龄等人发起的组织"保卫中国同盟"在香港宣告成立，廖承志出任该组织中央委员、秘书长职务。

1938年上半年，廖承志以八路军驻香港办事处负责人身份，来往于香港、广州之间，组织领导华南地区抗日民族统一战线工作。10月13日，廖承志与曾生等商议，由曾生率200多名共产党员，赴广东惠阳组织抗日武装，开展抗日游击战争。(《廖承志文集》上卷，第55—57、68—71页）

1939年春，廖承志委派刘谈锋为团长，率领"华侨回乡服务团"，到广东南路开展抗日活动。4月，出席在汉口召开的中共中央长江局会议。11月下旬，廖承志委派廖锦涛率领澳门四界救灾会回乡服务团开展抗日活动。

1940年，廖承志发动广大侨胞在报刊上发表支持新加坡爱国侨领陈嘉庚的抗日爱国热情，他还以毛泽东、周恩来名义致电陈嘉庚，挫败了国民党的"倒陈"阴谋。(铁竹伟:《廖承志传》，第135页）

1941年12月，香港沦陷，廖承志遵照中共中央指示，开始组织大批民主人士和文化界人士安全撤离香港的行动。与连贯、乔冠华于1942年元旦秘密穿过日军海上封锁线抵达九龙，经东江游击队护送，乘船经过大鹏湾，至沙鱼涌登陆，到达惠阳石桥坑，然后将被疏散人员分别沿东江、粤北而入内地。被营救、疏散人员达800多人，在国内外产生了巨大影响。

1942年5月30日，廖承志因被叛徒出卖，在广东乐昌县城被国民党中统特务逮捕，自此至1946年1月出狱这近四年间，先后被关押在广东、江西、重庆等地，面对敌人的威迫利诱，他始终没有屈服。

1945年6月，廖承志被选为中共第七届中央候补委员。

1946年1月22日，趁政协会议开幕之机，中共中央据理力争，蒋介石迫于压力不得不释放廖承志。4月，廖承志作为中共代表前往广州，与国民党广州行营主任张发奎谈判，签订东江纵队北撤山东的协议。5月，随周恩来到达南京梅园新村，作为中共代表团成员负责协助周恩来工作。

1946年7月，廖承志被中共中央任命为新华社社长，9月从南京返回延安就职。10月15日，在延安新华广播电台发表《全世界各地侨胞团结起来，反对蒋介石独裁卖国》的演讲，揭露蒋介石国民党依靠美国支持内战的实质，就是为了独裁统治。

1946 年 11 月 10 日，廖承志以中共中央发言人身份在《新华日报》上发表《对国民党当局八日“‘停战’声明”的声明》一文，号召国人擦亮眼睛，不要被蒋介石的虚假民主所欺骗。

1947 年 3 月，廖承志率新华社人员离开延安东渡黄河。7 月，率新华社人员到达河北涉县，建立第二个“陕北广播电台”；此时，他受命兼任中共中央宣传部副部长、中共晋冀鲁豫中央局宣传部长职务。在《人民日报》发表《毛泽东思想是指引我们走向胜利的旗帜》一文。（《廖承志文集》上卷，第 127—129 页）

1948 年 9 月中旬，廖承志主持新华社广播电台用英语广播，便于外国记者了解并传播中共主张和中国人民解放军节节胜利的消息。

1949 年 3 月，廖承志在中共七届二中全会上被递补为中央委员。4 月，被选为新民主主义青年团中央副书记，兼任中国青年艺术剧院院长职务。5 月，被选为中华全国民主青年联合总会主席。他在会上作了《中国人民解放战争中的青年运动与今后中国青年的基本任务》的报告，号召进步青年在积极参加生产建设的同时，刻苦学习科学和文化知识。（《廖承志文集》上卷，第 161—164 页）

1949 年 6 月，廖承志兼任中央广播事业管理处处长职务。8 月，任中国民主青年代表团团长，出席在布达佩斯举行的第二次世界民主青年代表大会和世界青年与学生联欢会。9 月，与母亲何香凝一同出席一届全国政协会议，并在会上作《在中国人民政治协商会议第一次全国代表大会上的发言》的报告。

1949 年 10 月 1 日，廖承志陪同母亲何香凝出席新中国成立大会，一同登上天安门城楼。是月，受命担任政务院华侨事务委员会副主任委员、中国人民保卫世界和平委员会副主席，兼任中共中央对外联络部副部长等要职。

1950 年 9 月，廖承志在欢迎世界民主青年联盟代表大会上发表题为“团结起来，保卫世界和平”的演讲。11 月，随同郭沫若率领的中国代表团，出席在华沙举行的第二届世界保卫和平大会，并被选为世界保卫和平委员会委员。

1951 年 3 月，廖承志担任中国人民赴朝慰问团团长，率团到朝鲜慰问中国人民志愿军和朝鲜北方军民。回国后，发起全国性捐钱捐物活动，并于 6 月 25 日在《人民日报》发表《必须胜利，必能胜利》一文，鼓舞和激励中朝军民将反美侵略战争进行到底。

1951 年 11 月 1 日，廖承志在欢迎华侨回国观光团大会上发表《关于华侨学校的几个问题》的讲话。就办学方针、办学方法、教育目的、师资培养、学制和课程设置等问题，提出了极具指导性的意见。（《廖承志文集》上卷，第180—182页）是月，他被选为中国人民保卫儿童全国委员会副主席。

1951年12月7日，廖承志在《中国青年报》发表《关于〈在新事物的面前〉的演出》一文，对此戏剧予以肯定的同时，阐发其关于新中国戏剧改革的重要观点。20日，他递呈《坚决纠正侨区土地改革中"左"的偏差》的报告给周恩来等，从九个方面提出了具体纠偏的建议，重点强调保护侨胞财产等利益的必要性，受到党中央、国务院的高度重视，及时纠正和制止了侨区土改运动中"左"的错误倾向。(《廖承志文集》上卷，第188—193页)

1952年4月，廖承志担任调查团团长，赴朝鲜和中国东北调查美国细菌战的罪行。5月12日，在缅甸华侨回国观光团座谈会上发表《促进华侨的爱国大团结》的讲话，重点围绕"祖国怎样保护侨胞的正当权益"、"怎样开展华侨爱国大团结工作"两个主题发表意见。

1952年10月，廖承志作为中方代表出席在北京召开的亚洲及太平洋区域和平会议。年末，作为中国代表团成员出席在维也纳举行的世界人民和平大会。是年，兼任中共中央统战部副部长。

1953年2月，廖承志作为中国红十字会代表团首席代表与日本代表团就协助愿意回国的日侨归国问题举行谈判，并于是月18日在谈判会上作以"协助日侨回国旨在增进中日人民的友好关系"为题的发言。24日，递呈《关于日侨回国谈判情况给毛泽东的报告》，重点就日侨回国出境手续的申请、回国集中登陆地点、回国费用等问题，提出了具体解决的意见。(《廖承志文集》上卷，第213—215页）3月，他作为中共代表团成员赴苏联参加斯大林的葬礼。

1953年6月，廖承志参加中华全国青年第二次代表大会，并继任全国青年联合会主席；他在会上所作《为保卫祖国和建设祖国而奋斗》的报告中，重点就四个方面提出了改进青年工作的意见，号召全国青年在参加祖国建设的同时，学习科学文化等知识。(《廖承志文集》上卷，第216—220页)

1953年7月初，廖承志参加中国新民主主义青年团第二次全国代表大会，被选为团中央书记处书记，并致大会闭幕词，号召与会代表"把大会的决议和精神，贯彻到全体团员和青年的实际行动中去，向建设我们的伟大祖国作英勇的豪迈的进军"。(《廖承志文集》上卷，第223页)

1953年7月8日，廖承志在《人民日报》发表《在迎接抗日烈士遗骨仪式上的致词》一文。(《廖承志文集》上卷，第225页)

1953年9月，廖承志为全国华侨事务委员会党组起草《关于资本主义体系国家中华侨学校工作方针的意见》文件，在确定国外华侨教育工作总方针的基础上，提出了八条具体建设性意见。

1953年10月，廖承志担任中华全国文学艺术界联合会第二届全国委员会委员。11 月，出席全国侨务工作扩大会议，并作《四年来侨务工作报告》。

1954 年 4 月 20 日，廖承志以“提高基层干部政策水平，做好侨务工作”为题，在全国侨委举办的侨务干部学习班开学典礼上发表讲话。(《廖承志文集》上卷，第 250—253 页)

1954 年 5 月，廖承志作为中国代表团成员出席在柏林召开的世界和平理事会特别会议。9 月，与姐姐廖梦醒作为全国人大代表，出席第一届全国人大第一次会议，被选为第一届全国人大常委会委员，并被任命为国务院华侨事务委员会副主任。

1954 年 10 月，廖承志任中国红十字会代表团副团长访问日本。12 月，担任中苏友好协会总会副会长。

1955 年 3 月 3 日，廖承志为《人民日报》起草《贯彻侨务政策，坚决保护侨汇》的社论，为保护华侨利益，吸引海外华侨华人支援祖国社会主义建设提供了政策性指导。(《廖承志文集》上卷，第 256—259 页)

1955 年 4 月，廖承志作为中国代表团成员出席在新德里举行的亚非国家会议；随后，以顾问身份随同周恩来率领的中国代表团出席在印度尼西亚万隆举行的亚非会议，协助周恩来在会上提出并通过亚非会议十项原则。6 月，廖承志任中国代表团副团长出席在赫尔辛基举行的世界和平大会。

1955 年 10 月，廖承志出席中国共产党七届六中全会。是月 14 日，他作为中国人民保卫世界和平委员会负责人在与英国公谊会代表团第二次座谈会上，发表《发展中美友好关系有利世界和平》的谈话。

1955 年 12 月，廖承志随同宋庆龄访问印度。次年 1 月，随同宋庆龄访问缅甸。

1956 年 2 月，廖承志任中国亚非团结委员会副主席。是月，在全国工商界青年积极分子代表大会上作题为“跟祖国一道前进，为社会主义立功”的报告。又与方方联名递交《过渡时期党的国内侨务工作方针》的报告给周恩来，就归国华侨及侨眷参加农业生产合作社、争取华侨回国投资、保护侨汇、妥善安置归侨、辅导华侨学生回国升学等问题，提出了具体政策方面的意见。(《廖承志文集》上卷，第 266—275 页)

1956 年 3 月 6 日，廖承志在中华全国民主青年联合会第二届全国委员会第三次全体会议上作总结报告，强调继续巩固和扩大统一战线在社会主义革命高潮中的必要性和重要性。(《廖承志文集》上卷，第 282—291 页)

1956 年 5 月 8 日，廖承志在港澳及海外出版工作座谈会上作重要讲话，强调因地制宜的必要性和重要性。是月，参加中国人民政治协商会议委员会举行的酒会。

1956年6月10日，廖承志在全国第四次侨务扩大会议上发表重要讲话，提出华侨工作的基本任务和方向，强调“爱国一家”、“爱国不分先后”，对华侨须做到以诚相待，吸引、鼓励、争取他们充当“和平使者”。（《廖承志文集》上卷，第295—297页）

1956年9月，廖承志在中国共产党第八次全国代表大会上被选举为中央委员，并围绕侨务工作发表重要讲话。

1957年4月30日，廖承志在中国共产党八届三中全会上围绕东南亚华侨问题发表重要讲话。6月，出席在科伦坡举行的世界和平理事会全体会议。

1957年8月3日，廖承志为《人民日报》起草的《国家对华侨事务的又一重要措施》的社论发表。9月，在第三次全国妇女代表大会上作以“勤俭持家是中国妇女一项光荣任务”为题的致词。

1957年11月27日，廖承志在国家侨委第二届第一次全体委员会上作题为“我国侨务工作发展的三个阶段”的讲话，充分肯定新中国侨务工作的重大成效。

1957年12月，廖承志以中国红十字会代表团副团长身份访问日本。

1958年3月，廖承志任国务院外事办公室副主任。6月14日，在《人民日报》发表《保卫中国同盟的初创时期》一文。

1958年7月，廖承志任中国亚非团结委员会主席。

1958年10月，廖承志任中国人民欢迎志愿军归国代表团团长到丹东迎接最后一批志愿军从朝鲜回国，并致欢迎词，发表于1958年10月27日的《人民日报》上，充分肯定中朝两国友谊万古长青，维护世界和平不仅是中朝两国，也是世界各国人民的义务、职责和权利。

1959年4月，廖承志任国务院华侨事务委员会主任。12月5日，在会见香港新闻界参观团时发表以“坚持爱国主义的办报方针”为题的讲话。

1960年3月，廖承志在广州中山纪念堂召开的广东省各界人士欢迎被迫害的印度尼西亚归侨大会上发表题为“强大的祖国是华侨最有力的靠山”的讲话，重点就印度尼西亚华侨权益问题与印度尼西亚政府提出严肃交涉，并就妥善安置归国华侨问题代表中国政府表明态度。（《廖承志文集》上卷，第361—370页）

1960年4月，廖承志任中国代表团团长出席在几内亚首都科纳克里举行的第二届亚非人民团结大会。11月，作为中国党政代表团成员赴苏联参加十月社会主义革命43周年庆典，并出席81个共产党和工人党代表会议。是月，作为中国党政代表团成员访问越南，随后，兼任华侨大学校长。

1961年8月，廖承志在北京公祭陈嘉庚先生大会上致悼词。

1961 年 12 月，廖承志出席在斯德哥尔摩举行的世界和平理事会，并在会上作《保卫世界和平要依靠各种和平力量的团结》的发言。

1962 年 3 月 9 日，廖承志在广东省和广州市直属机关科以上中共党员干部大会上作重要报告，指出“海外关系的提法不符合马克思主义”的观点。(《廖承志文集》上卷，第 391—393 页)

1962 年 11 月，廖承志在北京同日本高碕达之助签署《中日长期综合贸易备忘录》，由此开启中日两国关系正常化的先河。

1963 年 1 月 22 日，廖承志出席在北京召开的华侨学生春节联欢会并发表重要讲话，勉励华侨学生热爱祖国，努力学习。

1963 年 9 月 18 日，廖承志在全国侨联工作会议上发表重要讲话。

1963 年 10 月 4 日，廖承志出席中日友好协会成立大会，当选为会长并发表重要讲话，强调“发展与加强中日两国人民之间的友谊，不仅符合中、日两国人民的利益，而且对保卫亚洲和世界和平也将具有重大的意义”。(《廖承志文集》上卷，第 403—404 页)

1963 年 11 月，廖承志率中国代表团出席在华沙举行的世界和平理事会。

1964 年 4 月，廖承志出席廖承志办事处和日本高碕达之助办事处在北京达成互派代表并设立联络事务所的会谈纪要签字换文仪式。

1964 年 8 月，廖承志出席在北京召开的香港电影工作会议并作总结报告。10 月 16 日，在《人民日报》发表《热烈欢迎松山芭蕾舞团访华演出》的文章，为促进中日文化交流起了重要的作用。

1965 年 5 月，廖承志任中国代表团团长出席在加纳举行的第四届亚非人民团结大会。6 月，作为中国代表团首席顾问，随同陈毅出席在阿尔及利亚举行的第二次亚非会议。

1965 年 8 月 26 日，廖承志陪同毛泽东、刘少奇、周恩来等会见中日青年友好大联欢的日本青年代表团全体成员 。

1965 年 9 月，廖承志陪同母亲何香凝在寓所会见刚从海外归来的原国民党政府“代总统”李宗仁夫妇。10 月，担任纪念孙中山诞辰一百周年筹备委员会副主任委员兼秘书长。

1965 年 12 月 6 日，廖承志出席国务院专家工作会议并发表长篇讲话，就做好外国专家工作提出了许多建设性意见。9 日，为中日友协会刊《日本与中国》1966 年新年特刊撰写题为“致日本人民的新年贺词”一文。13 日，在上海各界青年欢迎日本各界青年代表团大会上作《把中日人民友好事业推向新高峰》的讲话。

1966 年 3 月 27 日，廖承志参加首都各界人士和在京的五大洲外国朋友举行的集会并发表讲话。4 月 3 日，陪同宋庆龄会见来华访问的日中友好协会理事长宫崎世民和日本知名人士西园寺公一。

1966 年 10 月 17 日，廖承志在广东湛江市会见第一批受迫害而自愿回国定居的印度尼西亚华侨。

1966 年 11 月 17 日，廖承志陪同宋庆龄会见日中友好协会理事长宫崎世民及其夫人，以及日本纪念孙中山百年诞辰访华团全体成员。

1970 年冬，廖承志因心脏病加重，在周恩来的过问下入北京医院接受治疗并获准到医院探望母亲何香凝。

1972 年 4 月 20 日，廖承志以中日友好协会会长身份，应邀出席来华访问的日本自由民主党顾问三木武夫的欢迎宴会。9 月 17 日，与日本自由民主党访华代表团成员会谈，发表重要讲话。（《廖承志文集》下卷，第 457—461 页）

1972 年 9 月 27 日，廖承志陪同毛泽东会见田中角荣等日本外宾。

1972 年 9 月 25 日至 30 日，随同周恩来参加与日本首相田中角荣关于中日建交的谈判，并出席签署中日联合声明的仪式。10 月 16 日，与日中友协（正统）代表团座谈，就中日关系正常化这个主题，从七个方面发表重要讲话。

1973 年 4 月，廖承志任中日友协代表团团长率团访问日本。在东京各界欢迎大会上发表讲话中，他反复强调 1972 年 9 月中日建交的必要性和重要性。24 日，在“日中友好议员联盟”成立大会等系列活动的讲话中，他认为建立正常的中日睦邻友好关系，顺应了世界和平发展趋势，尽管在前进道路上还会有曲折和障碍，“但是中日友好是正义的事业，是任何力量也阻挡不了的”。（《廖承志文集》下卷，第 474 页）

1973 年 5 月，廖承志担任北京外国语学院院长。8 月，当选为中共第十届中央委员。

1973 年 10 月，廖承志陪同周恩来会见原国民党政府驻日本代表团顾问徐逸樵及其夫人。

1974 年 5 月 31 日，廖承志在欢迎日本池田大作访问团宴会上发表讲话，肯定池田大作先生为中日友好关系的发展所作的重要贡献。（《廖承志文集》下卷，第 476—477 页）

1977 年 1 月，廖承志追述周恩来与万隆会议上的经历和作为，充分肯定万隆会议的胜利，既是“第三世界开始兴起时对帝国主义、殖民主义斗争的胜利”，“是五项原则的胜利，是亚洲人民的胜利”，更是“周总理通过辛勤的劳动取得”。（《廖承志文集》下卷，第 482 页）

1977 年 5 月，廖承志担任中国人大代表团副团长访问南斯拉夫和罗马尼亚。

1977 年 8 月，廖承志当选为中共第十一届中央委员。

1977 年 12 月 13 日，廖承志在接见参加全国出版工作会议的港澳地区出版工作者会议上发表讲话。20 日，在全国侨务工作预备会议上作重要报告，强调落实党的侨务政策的必要性和重要性。

1978 年 1 月 3 日，廖承志在《人民日报》发表《批判“四人帮”所谓“海外关系”问题的反动谬论》一文。31 日，廖承志在香港电影界座谈会上作重要讲话。(《廖承志文集》下卷，第 500—503 页)

1978 年 3 月 3 日，廖承志在北京接见全国五届人大、五届政协港澳代表时发表讲话，指出“爱国不分先后”，强调“团结起来，把爱国统一战线真正搞好”的重要性。(《廖承志文集》下卷，第 504—505 页)

1978 年 3 月，廖承志当选为第五届全国人大常委会副委员长，又任国务院侨务办公室主任、暨南大学董事会董事长。6 月 9 日，在暨南大学复办后第一次董事会上讲话中，希望在八年后把暨南大学办成具有较高水平、较高质量的社会主义新型大学。(《廖承志文集》下卷，第 527—529 页)

1978 年 6 月 6 日，廖承志在广东省、广州市和广东省军区直属机关处以上中共党员干部大会上作重要报告，强调做好安置归侨和旅游接待工作的重要性。(《廖承志文集》下卷，第 525—526 页)

1978 年 9 月 1 日，廖承志在庆祝签订《中日和平友好条约》执行会上发表讲话，再次强调《中日和平友好条约》的缔结，是两国政府共同努力的结果，也是两国人民共同努力的结果。(《廖承志文集》下卷，第 536—537 页)

1978 年 10 月 22 日至 29 日，廖承志陪同邓小平副总理访问日本，并出席互换《中日和平友好条约》批准书仪式。

1978 年 12 月 22 日，廖承志在全国侨务会议、第二次全国归侨代表大会上作《认真落实党的侨务政策，为建设现代化的社会主义强国而奋斗》的报告。是月，被推举为全国侨联名誉主席；是年，兼任国务院港澳事务办公室主任。

1979 年 5 月 7 日，廖承志率领来自全国各地各界 600 名代表组成的第一次“中日友好之船”代表团赴日本访问。在近一个月的访问中，与日本各界人士进行了广泛交往，对日本工业化作了较深入的考察。在是年 6 月递交给中共中央的《“中日友好之船”访日代表团访日报告》中，他认为这次“访问推动了中日友好的发展，影响深远，取得较大的政治效果”，“大家开阔了眼界，增长了见识，得到了启发，受到了鞭策，对今后改进我们的工作，是很有益处的，学习是有成果的”。(《廖承志文集》下卷，第 592—594 页)

1980年3月，经中共中央批准，廖承志赴美国加利福尼亚州做心脏手术。12月10日，出席中共十二大台湾省籍党员代表会议并发表重要讲话，指出“不要用朴素的阶级感情代替党的政策”。(《廖承志文集》下卷，第607—610页)

1981年1月22日，廖承志在国家科学技术委员会召开的华人科技专家工作座谈会上发表重要讲话。5月，与李先念、胡耀邦在怀仁堂出席全国侨务工作座谈会。

1981年9月4日，廖承志在香港新闻工作座谈会上发表重要讲话。11月27日，在北京接见马璧教授时发表重要讲话，号召海内外炎黄子孙为实现祖国统一而努力。(《廖承志文集》下卷，第627—629页)

1981年12月23日，廖承志会见日本《产经新闻》记者住田良能时发表重要谈话，表明中国坚持“一国两制”和实现祖国和平统一的信念。(《廖承志文集》下卷，第633—635页)

1982年5月6日，在人民大会堂台湾厅接见老台胞参观学习团时发表讲话，指出“我们要使留在大陆上的所有的台湾同胞，心情舒畅，卸下包袱”。(《廖承志文集》下卷，第646页)

1982年7月24日，廖承志在《人民日报》发表《致蒋经国信》，期望他以民族利益为重，实现祖国和平统一。(《廖承志文集》下卷，第661—663页)

1982年9月12日，廖承志在中共十二届一中全会上被选为中共中央政治局委员。

1982年10月6日，廖承志被日本早稻田大学授予名誉法学博士学位，由孙平化在日本代为接受证书和博士服装。

1983年1月3日，廖承志在全国归侨、侨眷、侨务工作者先进个人和先进集体表彰大会上，发表题为“团结奋斗　振兴中华”的讲话。12日，在接见香港新闻界人士参观访问团成员时发表讲话，表示“我们一定收回香港”。香港回归祖国后，“社会制度照旧”，但主权必须由中国政府行使。(《廖承志文集》下卷，第668、675—678页)

1983年6月6日，廖承志带病出席第六届全国人民代表大会开幕式，并被建议为国家副主席人选。

6月10日，廖承志于北京逝世，享年75岁。24日，中共中央为他举行了隆重的追悼大会。追悼会由全国人大常委会委员长彭真主持，国家主席李先念致悼词，充分肯定廖承志在长期革命斗争和社会主义建设事业中，在巩固和发展爱国统一战线、实现祖国大团结大统一事业中，在加强中国同世界各国人民的友好关系和争取世界和平的活动中，建立了不可磨灭的功绩。(《人民日报》，1983年6月25日)

中　编

《廖承志文集》上卷篇目提要

郭平兴

忆青少年时代

1937 年，廖承志在延安向斯诺夫人尼姆·韦尔斯口述自己青少年时代的诸多轶事，对其青少年时期诸多鲜为人知事实，及其家庭成员情况、求学经历、组织罢工等亦作了较详细介绍。父亲廖仲恺，系孙中山“最亲密的朋友”，“革命组织同盟会最早的成员之一”，后遭暗杀。母亲何香凝生长于富商之家，酷爱画画，后成为“造诣很深的国画家”，她一直支持并从事革命事业，成为国民党左派的重要人物。

廖承志生于日本，早年求学于日本却备受侮辱，后去岭南大学求学，参与该校学生运动。1928 年，他到德国做汉堡中国海员工作，组织罢工。他曾多次被捕入狱，但每次都奇迹般生还，最后到达川陕苏区，却被张国焘诬为“日本特务”、“蒋介石侦探”而忍辱负重参加长征来到延安。

西班牙战局的教训

1937 年 4 月，廖承志为《解放》周刊第一期写时事短评《西班牙战局的教训》。他认为，西班牙战局已有转机，即“政府军已经明显地站在反攻的优势方面”，并据其过程针对中国战局提出国内组织抗日运动战应具备的条件：民众团结，运用运动战牵制敌人，优良的军队政治素质。

日本当前的政潮

1937 年 4 月，廖承志在《解放》周刊发表《日本当前的政潮》一文，分析了当时日本议会的政治倾向，指出“日本的法西斯军人，更加紧加强了对政府的控制”，“议会成为他们手中的工具”。因此，议会的更替不断，却不改其法西斯的性质。

关于废除领事裁判权

1937年5月，廖承志在《解放》周刊发表《关于废除领事裁判权》一文，认为中国独立平等的必需条件之一即是收回包括领事裁判权在内的司法主权。针对时局最大的“急务”是“如何救亡”，主张既要吸取领事裁判权问题的教训，亦“主张领事裁判权的废弃运动不能和一般的救亡运动分开”。

林铣内阁坍台，近卫组阁

1937年6月，廖承志在《解放》周刊发表《林铣内阁坍台，近卫组阁》一文，对日本内阁现状作了详尽分析。他认为对“日本目前的明确认识，对中国的前途是完全必要的”；林铣内阁对外“解决不了对中国的问题”和“对英日谈判结果不够满意”，对内“没有足够的力量去分化军部最讨厌的”反对党，近卫组阁“明显地证明是军部势力的加强”。所以，我们不能对日本帝国主义的政策存有任何幻想。

中央考察团到延安

1937年5月，国民党中央考察团到达延安，廖承志亦以此为题在《解放》周刊发表文章。他认为国民党中央考察团到延安，“使国共合作更将明朗化”，应是“值得庆贺”；但当时民众怀疑“国民党政策的转变以及接受国共合作的诚意”等，亦非偶然。针对于此，他认为国民党应该采取措施主动消除这些怀疑，使“国共合作达到新的阶段”。

改善民众生活

1937年6月，廖承志针对国难时民众生活问题，在《解放》周刊发表《改善民众生活》一文。他认为，失业人数多，物价高涨，工人生命安全没有保障，虽说举国团结起来抗日是重要的，但鉴于工人阶级的生活“全是处于非人的境遇”，改善民众的生活亦是重要的。

政治犯的呼吁和我们的责任

1937年6月，廖承志针对“政治犯”的问题，在《解放》周刊发表《政治犯的呼吁和我们的责任》一文。他从“政治犯”致国民政府高层信件内容出发，认为在抗日救亡时期，“政治犯”在铁窗中的爱国意志及奋斗精神，是“中华民族最优秀儿女的模范”，为“政治犯”请命，是“我们共同的责任”。

所谓苏州“审判”的“更新”

1936年11月，“七君子”案发生，蒋介石国民政府对其进行“更新审理”，廖承志对此问题在《解放》周刊发表《所谓苏州“审判”的“更新”》一文。他认为，国难严重之时，这种审判的继续，是“国民党当局在审判自己”，是对“三民主义”、对“孙中山先生”的“侮辱”，应“立即无条件释放沈、章、邹等七氏”。

沈钧儒诸氏的出狱

1937年8月，因主张抗日而入狱的“七君子”出狱，廖承志在《解放》周刊发表《沈钧儒诸氏的出狱》一文。他认为沈钧儒等人的获释，是“当局方面愿意如何举国一致、怎样团结抗日的进步的表示”，并期待“全国的政治犯，均能早日恢复自由”，保障民众权利，进而抗战到底。

怎样实施义务兵役制

1937年10月，针对当时怎样实施义务兵役制的问题，廖承志在《解放》周刊发表《怎样实施义务兵役制》一文。他认为，以往的“集中壮丁”让人害怕当兵。而义务兵役制实施必须具备的“政治条件”是：民族觉醒意识，人民生活改善，民众支持的政治机构。“估计中国的特殊情况”、“建立研究军事的机构”、“建立全国的军区制度”、“民众必需的政治教育”，则是实施义务兵役制的具体方案。

收获和教训

1938 年 1 月，针对抗战问题廖承志在广州《救亡日报》发表社论《收获和教训》，明确指出“军事上的失利”让抗日民族统一战线“更趋密切”，“粉碎了一切汉奸挑拨者的造谣中伤”，是“极大的收获”；而“现行行政机构并没有能够领导人民去积极参加抗战”等是教训，应当仿效广东民运的做法，“应更积极地具体地开放民运”，才有“胜利的前途”。

敬礼！黄花岗

1938 年，抗日救亡进入艰难时期，廖承志在广州《救亡日报》发表《敬礼！黄花岗》一文。他认为，正如黄花岗七十二烈士一样，“数百万的不畏死兄弟”，在艰苦的抗战中“给了日本法西斯强盗以猛烈的打击”。牺牲者的重压与教训，使“我们还得要更大的努力，得要更大的发愤”。

关于琼崖抗日斗争的一组电报

1938 年至 1940 年，廖承志工作于香港八路军办事处，此组电报为他向中共中央及广东省委汇报关于琼崖抗日斗争情况的五封电报。他就琼崖抗日斗争组织情况、存在问题等作了具体说明，如“组织生活、政治指导均不强”，且到 1940 年 9 月后，当局“反共由秘密到公开”等，并提出诸多解决办法，如“政治上应自卫防御”，军事上“应采取主动的果断处置，并求迅速解决”。

东江工作团出发后情况

1938 年 10 月日军在大亚湾登陆后，廖承志根据中央决定，在香港召开会议研究如何开展东江武装游击战争问题，决定由曾生等带领一批党员（即东江工作团）到惠阳组织人民武装。据此，他向中共中央汇报，认为“东江工作团出发后，半月已见成效”，“群众斗争情绪极佳”，“群众公开要求我们领导”。

东、西江武装部队情况

1938 年 12 月，东江一带敌情危急，廖承志与张文彬、叶挺联名，在香港八路军办事处向中共中央发出《东、西江武装部队情况》的电报，重点汇报了东、西江武装部队的情况，指出“国民党民团保安队次第被敌歼灭”，东江成为“独存抗日游击队”等，亦提出当时最大的困难即“没有恰当掌握部队军政干部”，需由中央“增派一批广东干部”。

汪逆出走以后

汪精卫叛国投敌后，廖承志根据时局形势撰写本文，刊发于香港《抗战大学》杂志第4期。他认为汪逆“艳电”宣传与“主动外交”的理论是错误的；汪逆的出走“对中华民族更有益处”，会“让国共合作更进一步”、“更加提高中国的国际地位”以及“改善国际对华关系”等。他明确强调，用“拥护国共长期合作”等方法来消除汉奸活动，是争取抗战胜利的重要方法。

对曾部受到严重打击之批评及处理意见

1940年3月，广东抗日游击大队等（即文中所指的“曾部”）遭到国民党的围攻，部队在突围中损失惨重。廖承志给中共中央南方局发出《对曾部受到严重打击之批评及处理意见》的电报，认为“政治上对目前危机估计不足，因此处处松懈”是抗日武装遭到损失的主要原因，而解决办法则是“在部队中克服右倾观念”，并由此作出具体部署。

关于东江人员、枪支、活动地区的报告

1940年9月，广东抗日游击大队等（即文中所指的“曾部”）受创后，廖承志向周恩来并中共南方局发出此电报，汇报了东江抗日武装在人员、枪支、活动地区的情况。对部队作出了正确指导，使其打破了敌人的包围，重返东、宝、惠抗日前线，重新打开坚持抗战的新局面。

加强华侨宣传工作

1940年9月，廖承志在香港八路军办事处向周恩来等发出《加强华侨宣传工作》的电报，指出“国民党中央海外部加紧华侨宣传工作”，通过办刊等“加紧进行反对我党的宣传”，而我党当时“力量仍太零星，且限于地方性”。他建议“侨委着重布置”，加强报刊及其他出版物的舆论宣传。

香港各界对皖南事变的反应

皖南事变后，针对该事件，香港各界表达了不同的态度。据此，廖承志向中共中央发了三封电报，总结“香港各界对皖南事变的反应”，并提出诸多建议。他认为“各方对时局虽表危虑，但多对我表同情”，但“各方人士均望了解我党今后态度”，且给了诸多提议，发表在英文《南华日报》、《泰晤士报》等刊物上。“我党坚持抗战、团结方针绝不改变，但反共军事进攻迫使我们不能不有所戒备”，“他们（各方）表示赞许”。

建议加紧争取中间及动摇者

1941 年 2 月，廖承志在香港八路军办事处给中共中央书记处发出此电报，认为“当此日寇进攻中原，重庆当局手忙脚乱之时”，“应当在延安发表谈话及文章，坚持团结抗战的各党派等”，有利于“我党对外宣传，实足以争取广大中间及动摇分子”。此外，发表“新四军已整编就绪，各部正广泛发展敌后抗战”的文字，亦于时局非常有意义。

关于叶挺被扣情况致中共中央的电报

皖南事变后，叶挺被扣，牵动国人，先后有新四军军部副官处科长梅文鼎和叶挺夫人李秀文的姐夫麦畅生前往上饶探视。廖承志据此前后过程及细节，向中共中央发去电报四封。在梅副官去之前，他嘱其转达中共中央对叶挺的态度“是极为光荣的”。通过梅、麦二人的探访转述，廖更多的是向中共中央汇报叶在狱中的相关情况及探视者的所见所闻，叶挺在狱中“颇不自由”，信仰坚定，誓死不写“宣言”。本来叶挺曾有信件，却因检查而无法带出。

关于《华商报》的一组电报

1941 年 2 月，廖承志关于《华商报》创办问题，给中共中央和周恩来发去四封电报，汇报了《华商报》的相关事宜。他认为“冲破封锁”来“办这个报”以“发表我党重要文件”，是有意义的；三月获得港府执照，七月就受到国民党所采取的各种办法压迫。为此，他们采用种种方法来继续出版。八月份“为香港晚报最大者”，唯“因稿费应酬太多”，每月实际亏本较多，而采用多种办法“缩短亏空数目”。

东方慕尼黑的危险

1941 年 7 月，廖承志在香港八路军办事处向中共中央书记处发去电报指出，“根据罗斯福的炉边谈话”等，“东方慕尼黑的危险似迫在眉睫”。他认为，罗斯福政府时驻英国大使郭泰祺的种种“反对同日本妥协”的行为，是起“烟幕作用”。有鉴于此，我们在外交上应“尽量揭破重庆的烟幕”，“赞助美英的反对派，打击这种妥协”。

日近卫内阁坍台，东条组阁后的国际形势

1941 年 10 月，廖承志在香港八路军办事处向中共中央书记处及周恩来和康生发去电报，就“东条组阁后的国际形势”汇报自己的看法。他认为，“东条内阁”以“新的姿态采取攻势外交，并用一切力量造成远东紧张形势，以求达到取得主动来作进一步的战争准备”，而“英、美对日态度并无改变”，“还是非常强硬”，日本对华“必然是以北进苏联的姿态作为策应重庆亲德日派活动及分裂中国的资本”，让“重庆当局仍存着相当的幻想”。

与远东英军谈判合作抗日给中共中央的电报

1941 年 6 月，苏德战争爆发后，日军向香港外围大量集结兵力，香港英国当局向我八路军驻香港办事处提出与我党领导的抗日游击队合作抗日的问题。为此，廖承志向中共中央汇报了相关情况。他认为“与英远东军取得某种合作对我们是有利的”，但合作的先决条件是“长期发展海南游击战争”。后获中央同意。同年 11 月至 12 月，先后与英国方面谈判五次，英方表示对“东江游击队可尽量帮忙”，后偕共产国际代表与港警务司俞允谈判，商定设“广南公司”，完成炸毁日军在海南的机场的任务。此次的谈判后续，却因太平洋战争爆发而中止。

关于广东遗留问题的三点提议

抗日战争胜利后，国民党企图消灭东江纵队，廖承志奉中共中央之命与国民党代表、美国代表等举行联合会议，达成东江纵队北撤山东烟台等三项协议。除此之外，还补充了三点提议：“在广东各地中共复员之武装人员及其家

属，请政府保证其不受歧视等”、解决“中共领导下的琼崖纵队问题”、保证不再损毁中共所使用电台。

邓发同志

1946 年，邓发因飞机失事而遇难。廖承志在《新华日报》发文追悼。他认为，邓发是“元老般的工人运动领袖”，是中国海员罢工的“最光亮的楷模之一”，肯定邓发出席世界劳工大会的活动与收获，“推动与各方面工人运动领袖合作的经验，对今后工人运动是非常宝贵的”。

遥献

1946 年 4 月，“‘四八’空难”发生，叶挺一行牺牲，廖承志用细腻的笔触作《遥献》，回忆与叶挺的数次会面情形，刊发在延安《解放日报》，表达对叶挺的怀念之情。他追忆与叶挺首次见面，“我们没有说一句话，他（叶挺）也没有说一句话”，但叶挺说“他（廖承志）会继承他父亲的事业的”；追忆第二次见面叶挺对叶剑英说，“新四军是要搞起来的”；追忆第三次见面叶挺表现出对东江纵队的认可；追忆第四次见到叶挺出狱后，与家人的简单对白。

悼公朴先生

1946 年 7 月，李公朴被害，廖承志在《群众》杂志上发表《悼公朴先生》一文。他认为，李公朴先生是“对自己的信仰具有坚定信念的人，是对黑暗势力不肯低头的人”，公朴先生的牺牲，可以“更激起民主斗争的意志”，打破“共产党军事让步，国民党政治让步”的幻想。

监狱斗争经验点滴

廖承志自 1946 年 1 月下旬从重庆国民党监狱获释后，7 月被中共中央任命为新华社社长，9 月赴延安就职。10 月 8 日，他在延安对党员干部作了《监狱斗争经验点滴》的报告。他认为“坚定沉着”是监狱斗争的最主要经验，提高警惕性、坚持自我反省、抵制敌人诱惑、养成独立作战的习惯等是重要方法，一句话概括就是“做一个崇高的革命理想主义者，在任何情况下都要为这个理想坚持下去，直到为这个理想牺牲”。

全世界各地侨胞团结起来，反对蒋介石独裁卖国

1946 年 10 月，延安各界举行“要求美军撤出中国运动周”活动。廖承志发表广播演讲，认为“现在，蒋介石想将我们的祖国变成美国殖民地，一意孤行，兴兵作乱”；号召世界各地侨胞团结起来“反对蒋介石独裁卖国”，呼吁“美军退出中国”。

对国民党当局八日“‘停战’声明”的声明

1946 年 11 月，廖承志以中共中央发言人的身份对国民党当局八日“‘停战’声明”发表声明，刊发于《新华日报》。他认为，国民党所发表的声明，“违背政协决议与全国民意”，表明“蒋介石氏长期独裁、长期内战的决心”。如果蒋介石对和平具有诚意的话，就应停止独裁，实行民主，并指出“凡属以真正和平为目的的商谈，我们均愿意参加，凡属欺骗行为，我们一概反对”。

毛泽东思想是指引我们走向胜利的旗帜

1947 年 7 月，中国共产党成立 26 周年，廖承志在中共晋冀鲁豫中央局直属机关庆祝纪念大会上发表演讲。他总结了在 26 年中，党经历的四次大革命浪潮，党所积累的经验，与“毛泽东同志的思想方法”是分不开的。据此，应很好地学习理解毛泽东思想，在其指引下不断前进。

致晋察冀总分社张、杨等电

1947 年夏秋之交，向国民党军大反攻宣传已经开始，廖承志向新华社数位领导者发去电报，指出“电务工作是新闻工作的很重要武器，在目前是有决定意义的武器”，“必须以一切力量投入宣传”，“给全国人民打气”。

致陈克寒电

1947 年冬，时任新华社副社长等职务的陈克寒抵大别山开展宣传工作。廖承志致电陈，认为当时大别山正处于开创与巩固时期，要求陈“打下基础，培育干部，建立工农通讯网”。

关于职工运动的几个问题

1947 年 12 月，廖承志在晋冀鲁豫区干部大会上作此报告。他认为，取得工会工作的成绩，源于“我们在公营企业中实行了正确的政策”、“工会民主及管理民主化逐渐提高”、“思想问题得到解决”、“工人斗争的优良传统”。新时期的工会工作，不能把它“看成老板附属下单纯生产任务的组织”和“简单的生产合作社”，而应正确处理好几个问题：“军事管理制度与工会民主之间的矛盾”、“支差问题”、“工人流氓性问题”、“乡村工会问题”等。

土改新闻情况汇报

1947 年，各解放区土改动态渐多，土改新闻报道出现一些新现象。廖承志据此为新华总社《情况汇报》拟定电报稿，认为土改新闻报道中要注意“发动群众的方式”、“阶级的划分”、“整顿机关部队队伍”等，主张取稿标准“必须符合土地法大纲与毛主席报告的原则与精神”。

关于“五一”宣传报道的意见

1948 年 4 月中旬，“五一”即至，廖承志以新华总社名义给各总分社、野战分社发出指示性电文，强调“五一”宣传的重要性。认为“五一”报道内容应针对“各地职工运动之方针指导的转变”，“写出工人在支前和生产中的积极性以及工会在这方面所显出的组织作用及典型范例”。

悼念谢文耀同志电

1948 年春，时任新华社鄂豫皖野战分社副社长的谢文耀牺牲于汝南县境。廖承志发文以示悼念，认为谢文耀“艰苦工作，作风朴素”，并建议组织上给予其家人应有的照顾。

对《中国职工运动史上几次大斗争》一文的意见

1948 年 8 月，廖承志对新华社东北总会社发来的《中国职工运动史上几次大斗争》一文提出意见，认为其“所写的经过既过于概略，因而也难于使读者领会这些斗争的历史意义和在今日形势下如何引出教训”。周恩来对廖承志的意见批示赞同，认为“须重新写过”，“全面地分析当时历史，并引出教训”。

关于天津私营广播电台管理办法的复电

1949年2月，廖承志为中共中央宣传部、新华社总社起草给天津市委关于“天津私营广播电台管理办法”的电报，对私营广播电台管理作了具体而细致的部署。他认为，处理私营广播电台的方针应“依据中共中央宣传部决定办理”，“必须向市政府或天津广播事业管理处登记”，而且要半年更换执照等。此外，他还对私营广播电台进行了分类。

关于北平台几个紧急问题致范等的电报

1949年3月，针对北平台的若干问题，廖承志为中共中央宣传部、新华总社起草电报，解决北平台的管理归属问题。如“北平台广播及转播工作，以及管理处留北平所有人员之工作，均统一归祝（志澄）等领导”等；提出旧人员处置与经费问题，注意甄别，造册上报。

中国人民解放战争中的青年运动与今后中国青年的基本任务

1949年5月中旬，中华全国青年第一次代表大会召开。廖承志在大会上作此报告。他认为，青年是人民解放军的主力，是“解放区农业生产的重要力量”，希望全国青年“拥护人民民主革命的彻底完成、拥护人民民主的新中国”，“加强生产建设工作”，“学习新民主主义、学习科学和文化”。

在中国人民政治协商会议第一次全国代表大会上的发言

1949年9月下旬，中国人民政治协商会议在北京召开。时任全国青联主席的廖承志，代表全国青联在开幕式上作了发言。他强调全国青联的宗旨是“争取中国新民主主义革命的彻底胜利”，主张在党和政府的领导下，实现人民政治协商会议的共同纲领。

团结起来，保卫世界和平

1950 年 9 月，廖承志在欢迎世界民主青年联盟代表大会上发表该演讲词。他充分肯定中国青年所发挥的历史作用，指出世界青年联盟自成立以来对我国所作的历史贡献，号召青年们“团结起来，制止侵略，保卫世界和平”。

演出《钢铁是怎样炼成的》的意义

1950 年 3 月，廖承志兼任中国青年艺术剧院院长。9 月，他对当时中国青年艺术剧院演出《钢铁是怎样炼成的》发文肯定其意义。他认为，这个演出可以“向中国青年介绍苏联青年是经过怎样一个奋斗路途的”，“把保尔 · 柯察金的精神带给我们中国的观众与青年”，可以“使我们团员提高他们的政治觉悟”。

关于任弼时同志的一点回忆

1950 年 10 月，时任中共中央政治局委员和中共中央书记处书记等重要职务的任弼时于北京去世，廖承志发表本文以示纪念。他充分肯定任弼时对于党和国家的重要贡献，回忆了任弼时同志在长征路上，通过与张国焘的灵活交流的方法，挽救廖承志本人及其他数位同志的事迹。

写在《方珍珠》演出之前

1951 年，中国青年艺术剧院演出老舍所写的《方珍珠》。廖承志撰写本文，肯定《方珍珠》“写下了帝国主义国民党统治下的社会黑暗和新民主主义的新社会的光明”所起的历史作用，强调“我们要向他们学习的东西还多着呢”。

必须胜利，必能胜利

1951 年 3 月，廖承志担任中国人民赴朝慰问团团长，率团到朝鲜慰问中国人民志愿军和朝鲜北方军民。6 月，他撰写此文，于是年 6 月 25 日发表在《人民日报》。他指出，慰问团看到了“残暴的美国侵略者所加予朝鲜人民的严重破坏与残酷屠杀”，看到了“朝鲜人民对美国侵略者的坚决抵抗”。他充分肯定中国人民志愿军在朝鲜战场中的作用，同时也认为“美帝国主义是无法长期维持下去的，因此它是必然要失败的”。有据于此，他坚信抗美援朝“必须胜利，必能胜利”。

关于华侨学校的几个问题

1951 年 11 月，华侨回国观光团回国，廖承志针对华侨学校的问题作了该讲话。他指出华侨学校的办学方针是“使侨校长期存在”，以“长期地提高学生的文化科学知识，加强爱国主义教育等”为教育目的。除此之外，对“教当地文字问题”、“师资问题”、“学制课程问题”、“教科书问题”亦发表了自己的看法。

关于《在新事物的面前》的演出

1951 年冬，中国青年艺术剧院上演《在新事物的面前》，廖承志于《中国青年报》发表该文阐述其观点。他肯定了该剧作者与导演所作的种种努力，其优点是“贯穿着乐观主义的气氛”，这一点有利于推动新中国由农业国向工业国的转变；第一次在“工业生产领域”正面刻画了“共产党人的高级将领”。此外，他还指出了中国青年艺术剧院的现状与发展方向。

坚决纠正侨区土地改革中“左”的偏差

1951 年，全国土改正在轰轰烈烈地进行。廖承志敏锐地察觉到了侨区土改中存在的问题，撰写本报告上报周恩来。他指出侨区（主要是广东和福建）土改中存在的问题及其恶劣影响，并提出“对华侨地主按《土地改革中对华侨土地财产处理办法》处理”、“严格划分华侨的阶级成分”等多条有益建议。

促进华侨的爱国大团结

1952 年 5 月 12 日，廖承志在缅甸华侨归国观光座谈会上发表《促进华侨的爱国大团结》的讲话。他认为，应围绕着两个方面做好华侨工作，“祖国怎样保护侨胞的正当利益”、“怎样开展华侨爱国大团结”。明确指出“祖国有力量、有条件做侨胞的后盾”，而对侨胞“只要他心爱祖国，拥护新中国就够了”，这也是做好侨胞工作的基本方针。

在华南局第一次华侨工作会议上的总结报告

1953年初，华南局召开第一次华侨会议，廖承志作此讲话。他认为广东在土地改革过程中，“关于华侨土地财产的处理有着一些遗留问题”，可以通过“巩固胜利”、“弥补缺点”、“争取贯彻”三个基本精神加以解决。同时，他根据会议议案提出了主要解决的问题如“阶级划分问题”等。

协助日侨回国旨在增进中日人民的友好关系

1953年2月，廖承志在中国红十字会代表团与日本代表团关于协助日侨回国问题会谈时发表该讲话。他表示过去因日本军国主义对中国的伤害，对日本当下“正在威胁着远东及世界的和平”的行为表示反对。他明确表示，中国“协助愿意回国的日本侨民返回日本”。此外，他还对日本侨民回国的细节问题发表了自己的看法，如日侨出境所携带的物品等。

关于日侨回国谈判情况给毛泽东的报告

1953年2月，廖承志代表中国政府与日本政府代表团就日本侨民回国问题进行了会谈。之后，他以此向毛泽东进行了汇报。他报告了处理日侨归国的具体细节安排，如集中登船地点、协助经费等。他认为，妥当地处理好日侨归国问题，可以打破“美日反动派在这个问题上所出的新花样”。

建设时期民主青年联合会的基本任务

1953年6月，廖承志在全国青年第二次代表大会发表此讲话。他明确指出，民主青联的基本任务及需改进的工作包括“强调党对青年的领导”、“加强青年的学习”、“建立广泛的青年统一战线”、“改进青年工作的方法”等几个方面。

中国新民主主义青年团第二次全国代表大会闭幕词

1953年7月，廖承志在全国青年团第二次代表大会上发表该闭幕词。他肯定此次大会所取得的成就包括通过新团章等，认为大会的胜利召开离不开

“党中央和毛主席的亲切关怀”，也得到了众多领导和单位的指示与祝贺。他特别强调中国新民主主义青年团将“为争取青年更美好的未来而奋斗”。

在迎接抗日烈士遗骨仪式上的致词

1953年7月，廖承志在迎接抗日战争中烈士的遗骨仪式上发表此讲话，并刊发于是年7月8日的《人民日报》。他认为，这些抗日烈士是“中华民族的优秀儿女”，是“为了维护正义与和平”而牺牲的。进而，在一方面指出日本军国主义给中国人民带来的伤害，一方面肯定留日华侨及日本爱好和平的团体与人士所做的种种努力。

关于资本主义体系国家中华侨学校工作方针的意见

1953年9月，廖承志为国家侨务委员会党组起草了该文件。他首先指出，华侨学校的历史及其意义“是教育华侨子弟的主要机关”。同时，他认为当时华侨工作中存在着一些问题，如华侨教育与“当地的革命运动”、“政治运动”搅在一起等。为此，他主张在今后华侨教育中要注意相关问题的解决，如华侨办学问题、师资问题、学制问题等。

侨乡的土地改革

1953年11月，廖承志在全国侨务扩大会议上作此报告。他阐述了土改问题的由来，指出侨区土改中存在的偏差及产生偏差的原因是“长期的封建统治和压迫”、“斗争声势的浩大猛烈”。为此，他提出了纠正土改问题的办法，如阶级成分的划分等。

关于归国华侨学生教育工作的若干问题

1953年11月，廖承志在全国侨务扩大会议上作此报告。他提出处理归国华侨的方针是“依据国务院批准的《长期收容处理华侨学生工作方针与方案》”，并指出要处理好归国华侨工作的领导关系与经费问题，部署了下一年的华侨学生入学工作，对华侨学生的思想工作、困难学生也作了细致的安排。

提高基层干部政策水平，做好侨务工作

1954 年 4 月 20 日，中侨委举办了侨务干部培训班，廖承志作此讲话。他认为“侨务工作的复杂性是从华侨问题本身产生的”，要处理好侨务工作就必须扫除“左”的情绪，亦要警惕“右”的错误。

对《华侨申请使用国有荒山、荒地条例》（草案修改稿）的意见

1955 年 2 月 22 日，针对华侨使用国有荒山、荒地的问题，廖承志代表国家侨委党组向起草此条例的中共中央农村工作部去信。在信中，他指出原条例中某些值得商量的细节，如“关于使用人不能转让、转租或授予他人经营的问题”等。

贯彻侨务政策，坚决保护侨汇

1955 年 3 月 3 日，针对侨汇问题，廖承志在《人民日报》发表该社论。认为“坚决保护侨汇的政策是保证华侨眷属的生活安定”的“具体政策”，分析了侨务工作产生偏差的原因尤其是侨汇的问题，是“认识不足”。此外，他还指出保护侨汇，“还必须根据自愿原则处理华侨眷属参加生产合作和信用合作中的问题”。

争取参加各国议会联盟的做法

1955 年 8 月，针对“争取参加各国议会联盟”的问题，廖承志向周恩来递呈此项报告。他在指出参加各国议会联盟的可能性与必要性后，详细提出了具体做法，如发电表示参加、先期派人做好准备等。

发展中美友好关系有利世界和平

1955 年 10 月 14 日，廖承志在中国人民保卫世界和平委员会与美国公谊会时发表该讲话。他认为，虽说“我们在许多问题上的根本想法有所不同，但在要求和平、缓和国际紧张局势这个大的原则是一致的”，指出“如果西方这样的朋友（客观的第三方立场）能够多些，对于减少国际纠纷、保卫世界

和平就更为有利”。他真诚地希望“美国公谊会的朋友只要主张美国对中国采取友好态度，就对世界和平很有帮助”。

跟祖国一道前进，为社会主义立功

1956年2月，廖承志在全国工商界青年积极分子代表大会上作此报告。他强调“为社会主义立功，争取自己的远大前途”，是目前成千上万工商界青年迫切的任务。他认为，“资金不多、年纪还轻”等原因使得“工商界青年成为资产阶级中最激进、最积极的力量”，还需要“积极参加改造”、“诚实劳动”等努力，跟“祖国一道前进”。

过渡时期党的国内侨务工作方针

1956年2月，廖承志在国内侨务工作会议后，与方方联名向周恩来递呈报告。他们详细提出了过渡时期侨务工作的方针及其具体政策，并对侨眷、华侨投资、侨汇等问题作了汇报。

社会主义革命高潮中要继续巩固和扩大统一战线

1956年3月6日，廖承志在全国民主青年联合会上作此报告。他强调了统一战线的必要性：“统一战线工作范围是要扩大。”他指出统一战线的工作内容与方向，结合当时社会的特点，主张青联要抓住“工商界青年”、“社会青年”、“华侨青年”、“知识青年”、“宗教青年”等人的工作。

港澳和海外出版工作要因地制宜

1956年5月8日，针对港澳和海外出版工作，廖承志在座谈会上作此发言。他认为港澳和海外出版事业的方针应该是“因地制宜，我行我素”，各地可以“办一些画报和杂志”，“多出版一些青年读物”等。

当前国外华侨工作的基本任务和方向

1956年6月10日，廖承志在全国第四次侨务扩大会议上作此讲话。他分析了当时的国际关系：“争取、保持世界和平，建设各自的国家”；指出了当时国外华侨的应尽事宜即“加强团结，最大限度团结”。

中国青年支持德国人民的斗争

1956 年，西德联邦宪法法院宣传德国共产党为非法后，廖承志在《人民日报》上发表该文章。他认为，德国当权者“把打击维护民族利益与和平事业最积极的德国共产党，作为他们打击国内一切和平力量的第一步”，表示“中国青年坚决支持德国人民的斗争”。

在中国共产党第八次全国代表大会上的发言

1956 年 9 月 20 日，在中共八大上廖承志作此发言。他对华侨国籍与华侨经济问题进行表态，认为华侨的双重国籍问题是“历史上的遗留问题”，解决原则应为“正常的外交途径”、“本人自愿的原则”等。他认为，华侨经济是“当地国民经济的一部分”，“希望侨居国政府，对华侨商业资本转营工业给予各方面的便利”。

在中国共产党八届三中全会上的发言

1957 年 4 月，廖承志在中共八届三中全会上作此发言。除了在 1956 年八大发言内容关于华侨国籍与华侨经济问题之外，还补充了自己对几个问题的看法，包括“华侨与爱国统一战线”、“华侨家乡农村中侨农关系问题”、“归国华侨”等。

国家对华侨事务的又一重要措施

1957 年，国务院公布了《华侨捐资兴办学校办法》和《华侨投资于国营华侨投资公司的优待办法》，廖承志于是年 8 月 3 日在《人民日报》发表本社论。他认为，这是在国家通过外交途径解决部分侨胞双重国籍之后，国家对华侨事务的又一“重大举措”。

勤俭持家是中国妇女一项光荣任务

1957 年 9 月，廖承志在第三次全国妇女代表大会上发表该演讲。他肯定妇女为我国建设作出的贡献：“妇女已经真正成为我们国家的主人翁了。”他指出："全国妇女在勤俭建设我们伟大祖国事业中，定将发挥更大作用。"从而希望青年妇女能继承和发扬我国妇女的优良传统，去"迎接更为重大的任务"。

我国侨务工作发展的三个阶段

1957 年 11 月 27 日，廖承志在国家侨委二届一次会议上作此讲话。他详细分析了"从抗日战争到现在"侨务工作的三个阶段，尤其是第三阶段。他指出"国家愈强大，华侨愈团结"，人民更融洽；要注意民族主义思想及改变对侨工作方式，"国外侨务工作，配合外交部门对侨胞进行宣传教育"将是之后的重要工作任务。

保卫中国同盟的初创时期

1958 年，保卫中国同盟成立 20 周年，廖承志于是年 6 月 14 日在《人民日报》发表本文。他回顾了保卫中国同盟初创时期所作的卓越贡献，"目的就是援助抗日游击战争，给八路军、新四军支持"，去香港等地"募捐"；他还特别肯定了宋庆龄女士为保卫中国同盟所作的各种努力。

在欢迎中国人民志愿军归国大会上的欢迎词

1958 年 10 月，廖承志在迎接最后一批中国人民志愿军从朝鲜归国时发表该讲话。他明确指出"中国人民一贯关心和支持朝鲜人民的和平统一祖国的斗争"，中国人民志愿军"同朝鲜人民一起打败了美国侵略者"，是"朝中两国人民的伟大胜利"。

欢迎日本前首相石桥湛山访华的致词

1959 年 9 月 10 日，日本前首相石桥湛山访华，廖承志发表此致词。他肯定了石桥先生为中日友谊所作的贡献，认为中日"根据万隆会议精神来坦率地交换意见，加深双方的了解和促进中日两国友好，无疑是有益的"。

华侨对印尼经济发展的历史作用不容忽视

1959 年 10 月 10 日，廖承志与印度尼西亚驻华大使苏加佐发表此番谈话。他认为“华侨问题是一个历史上遗留下来的复杂问题，必须妥善处理，才有助于两国友谊”；他肯定“华侨对印尼经济发展的历史作用不容忽视”，尤其指出“对华侨经济的解决办法，应当是既有利于印度尼西亚民族的经济发展，又能使华侨的正当权益受到尊重”。

坚持爱国主义的办报方针

1959 年 12 月 5 日，廖承志在会见香港新闻界参观团时发表此番讲话。他承认香港的区域“特殊性”，认为香港不可能办“社会主义报纸”，只需要香港报纸能“用爱国主义思想引导读者爱社会主义祖国”，让“香港报纸成为广大人民群众爱看的报纸”。

强大的祖国是华侨最有力的靠山

1960 年 3 月 1 日，廖承志在广州中山纪念堂召开的广东各界人士欢迎被迫害的印度尼西亚华侨大会上发表此番讲话。他认为“在帝国主义策动下，印度尼西亚有势力的集团掀起了一股反华、排华的逆流”，“我们不得不密切关注印度尼西亚事态的发展”，表示政府曾经向印尼政府提出过“三点建议”和“六点要求”；提出印尼华侨归国后“要同心协力，更要听领导的话”，“不断提高文化水平和思想水平，成为国家建设的能手”。

接见日本社会党政策审议会代表团的谈话

1960 年 8 月 11 日，廖承志在接见日本社会党政策审议会代表团时发表此番谈话。他主要是对日本友人表达了当时中国人包括中国领导人的“日本观”，提出“我们对日本人民始终是一致的”友好政策。

悼浅沼稻次郎电

1960 年 10 月 12 日，针对浅沼稻次郎不幸逝世，廖承志发表该唁电。认为浅沼先生是“争取日本的独立、民主、和平、中立的斗争中的一位积极战士，并对促进中日两国人民友好，发展亚非各国人民团结事业作出了重要贡献”。

在陈嘉庚先生公祭大会上的悼词

1961年8月15日，惊闻陈嘉庚先生逝世的消息，廖承志于次日在《人民日报》发表该悼词。他肯定陈嘉庚是“华侨中的领袖人物，是一个爱国爱乡，热爱公益教育事业的爱国老人”。悼词虽简短，但铿锵有力。

华侨旗帜，民族光辉——悼念爱国老人陈嘉庚先生

1961年8月15日，陈嘉庚先生逝世，廖承志用细腻的语言表达了他对陈嘉庚先生的悼念。他认为陈嘉庚先生“有高尚的品质，崇高的民族气节”，“充满着民族自豪感”，新中国成立后，“嘉庚先生以其余年，贡献祖国”。

保卫世界和平要依靠各种和平力量的团结

1961年12月16日，廖承志在世界和平理事会斯德哥尔摩会议上发表此番言论。他认为“在反对帝国主义、保卫世界和平的斗争中，亚洲、非洲和拉丁美洲的民族解放运动是一支巨大力量”，特别强调美国“正在被一个庞大的军事机构加上巨大军火工业的综合体所控制”。进而指出：“同帝国主义斗争，应该准备两手，一方面尽量争取通过谈判解决国际争端，另一方面必须发动广大人民，同帝国主义进行各种形式的针锋相对的斗争。”

吊唁风见章逝世电

1961年12月，“中国人民尊敬的朋友”，恢复日中邦交国民会议首任主席风见章先生逝世，廖承志发表此唁电。在唁电中，他充分肯定风见章先生“为争取早日恢复中日邦交而进行了坚持不懈的斗争”所作的重要贡献。

“海外关系”提法不符合马克思主义

1962年3月9日，廖承志在广东省中共党员大会上发表此番讲话。他认

为“海外关系”是“有害的，是主观主义的东西”，“海外关系”提法是“不符合马克思主义的”，对当时“海外关系”的流毒现象进行了批判。

日文版《人民中国》要逐步走向真正综合性月刊方向发展

1963 年 2 月 22 日，廖承志和《人民中国》部分同志发表本谈话。他提出“日文版《人民中国》要逐步走向真正综合性月刊方向发展”，要“改进杂志的美术编辑工作”，“要考虑分成若干栏，每期要有一篇重头文章，要政治性强”，“依靠社会力量，多拉些稿子”。

关于执行进口维尼龙成套设备合同给周总理的两个报告

1963 年 8 月 19 日、20 日，针对执行进口维尼龙成套设备合同问题，廖承志向周总理递呈了两个报告，详细汇报了合同的相关事宜，如价格及执行方案等。

充分发挥侨联的作用

1963 年 9 月 18 日，廖承志在全国侨联工作会议上作此讲话。他指出要发挥侨联的作用，侨联要当好“党和政府的助手”，要“教育归侨群众”，且还要“积极主动地向国外华侨进行宣传教育工作，促进当地华侨爱国大团结，同情支持当地人民反帝、反殖民主义的斗争”。

在中国日本友好协会成立大会上的讲话

1963 年 10 月 4 日，中国日本友好协会成立，作为会长的廖承志作此发言。他在回顾中日历史的基础上，认为“没有任何理由不发展”中日友好关系，我们应“在万隆会议十项原则的基础上，努力争取建立中日两国间的正常关系”。

关于一九六五年对日贸易安排给周总理的报告

1964 年 7 月 29 日，针对对日贸易安排问题，廖承志向周总理作此报告。他指出，根据周总理提出的“政治三原则”、“贸易三原则”，通过各种途径发展中日贸易。根据日本政治状况，他提出“根据平等互利的原则，认真执行备忘录贸易协议”发展对日贸易。

关于香港的电影工作

1964年8月，北京召开香港电影工作会议，廖承志作本总结报告。他肯定了香港电影的重要性，是祖国电影事业的“侧翼”，承认香港电影的差异性“属于资产阶级性质的革命的电影”；香港电影有宽广的题材，但不要“涉及反动的东西”和“黄色的东西”。他认为，深入生活才能拍好电影，进而提出香港电影经营管理的几个要求，如节约、发挥积极性等。

热烈欢迎松山芭蕾舞团访华演出

1964年，日本松山芭蕾舞团来华演出，廖承志于10月16日在《人民日报》发表此文。他充分肯定松山芭蕾舞团所取得的艺术成就：“致力于发扬日本独特的表演风格，创作民族形式的芭蕾舞。”他认为此舞团“是文化的使者，也是友好的使者”，有利于促进中日两国人民的相互了解。

同日本松村谦三通话的说帖

1965年8月20日，廖承志与日本负责备忘录贸易代表团工作的文部大臣松村谦三通话，表示“欢迎”该团访问，认为日本政治家来访的时机“还不成熟”。

做好外国专家工作

1965年12月6日，国务院召开了外国专家工作会议，廖承志应邀发言。他强调外国专家工作的必要性是“我们还落后”，“我们要赶上去”，由此“外国专家对促进我国经济发展，有极其重要的作用”。他也指出外国专家工作存在的问题，提出做好外国专家工作的几个重要内容即“技术方面”、“语文方面”、“文化方面”等。

致日本人民的新年贺词

1965 年新年到来之际，廖承志于 12 月 9 日在《日本与中国》新年特刊发表该贺词。他指出 1965 年是“中日两国人民友好关系大发展的一年”，相信“决定中日两国前途的是中日人民”，期待中日关系在新的一年里有新的进展。

把中日人民友好事业推向新高峰

1965 年 12 月 13 日，廖承志在上海欢送日本各界青年代表团大会上作了该讲话。他肯定“中日青年友好大联欢获得圆满成功”，是“对美日反动派的沉重打击，是对亚洲和世界和平的重大贡献”，希望“中国人民和日本人民团结起来”，“打倒美帝国主义”。

吊唁松本治一郎逝世电

1966 年 12 月，松本治一郎逝世，廖承志于 22 日发出该唁电。他充分肯定了松本先生“生前为中日两国人民的友好事业作出了卓越的贡献”，特别是维护了中日友好的传统，功绩不可磨灭。

《廖承志文集》下卷篇目提要

包国滔

我的缧绁生涯

这是廖承志在文化大革命期间的1969年6月给中共党组织写的一份材料，标题为编者所加。材料以时间为序，以回忆录的形式，记述了廖氏"一共被捕过六回"的经历，包括1927年9月、12月和1928年5月在日本，1931年6月在荷兰，1933年3月在上海，1942年春在粤北及随后的囚禁经历。事实上，廖氏被捕并不止以上六次，他在篇末就附上了1934年底在川陕苏区被张国焘逮捕的经历。在他看来，这次被捕与以上六次有着本质区别，故以"特殊一次"称之。材料不仅基本勾勒出廖氏步入政治生涯至1946年间的思想发展过程，而且记录了此间他在党外、党内的所见所闻，包括国民党或国外帝国主义迫害共产党员和党员在威逼利诱面前抗争、牺牲或变节，以及张国焘等党内人士排除异己的活动。作为对其亲身经历的回忆，这些材料对于研究此间廖氏生平、思想及相关政治背景方面的史料价值，自是不言而喻的。

中泰友好符合两国人民的利益

这是1972年9月1日廖承志会见泰国乒乓球代表团顾问即泰国革命团行政委员会财政、经济、工业署副主任巴实·干乍那瓦的谈话节录。谈话从当时的世界形势及中泰两国密切的血缘、风俗、文化传统关系出发，基于"中泰曾经有过联系的基础"、"从来没有中国派兵侵略泰国的事情"、因不同国家制度和意识形态而生的"恐惧心理"系"考虑过多"等回顾和分析，提出"希望能与泰国尽快建交"，而且"可以先从经济贸易、文化、医学、体育和科技方面联系，政治问题缓一缓也不要紧"。该谈话是新中国打开外交局面尤其是东南亚外交局面的重要组成部分，是新中国灵活外交的缩影，是研究此间新中国与东南亚外交关系的重要资料。

发展中日友好关系必须反对“一中一台”的政策

1972年9月17日，廖承志与日本自由民主党访华代表团会谈时作了这一发言。其中，主要对日本代表团团长小坂善太郎提及的日本国内“应该充分照顾继续维持同台湾以往的关系”等所谓“亲台派”意见，进行了驳斥，指出其对中日关系正常化的危害，认为中日两国政府应“正确认识和把握面临的形势，采取积极的态度和有效的行动，共同为实现两国人民殷切期望的邦交正常化，为两国人民世世代代友好相处，进而为缓和亚洲紧张局势及世界和平作出应有的贡献”。该发言发表于中日邦交正常化实现前夕，为随后田中角荣访华及中日邦交正常化的正式实现奠定了基础，故于研究建交前夕中日关系及廖承志对日态度方面，具有较高史料价值。

中日邦交正常化是中日两国人民长期共同奋斗的结果

此文系1972年10月16日廖承志与日本日中友协（正统）访华代表团座谈发言提纲的一部分。廖承志在简要回顾中日两国实现邦交正常化历程的基础上，着重总结了他对中日邦交正常化的实现原因及其历史意义的认识，认为中日邦交正常化“是中日两国人民长期共同奋斗的结果”、“是历史发展的必然趋势”，“不仅符合两国人民的利益，而且有利于缓和亚洲紧张局势和维护世界和平”，“不仅为两国关系揭开了新的一页，而且也为两国民间往来的进一步发展造就了十分有利的形势”。最后，对未来中日关系进行了展望，认为“新阶段给我们提出了新的课题、新的任务”。这是中日实现邦交正常化以后，廖承志首次发表的发言。围绕中日邦交正常化的问题，廖氏以继往开来的视野，既回顾了过去，又展望了未来，故而具有特殊的历史意义。

在东京各界欢迎大会上的讲话

1973年4月，廖承志在中日友好协会访日代表团访日期间，在东京举行的日本各界人士欢迎集会上作了这篇讲话。他先就中日邦交正常化实现的意义，谈了自己的看法：“揭开了两国关系史的新篇章”，“是两国人民长期以来共同努力的结果”，“是一个新的良好的开端”。他还提到，中日邦交正常化以来，两国政府和民间关系“有了新的发展”。进而，对今后中日友好运动进行了展望：“为了巩固和发展两国睦邻友好关系，两国政府有许多事情要做”，中国将与日本密切合作，“把中日友好的群众运动，推向更加广泛、深入发展的新阶段”。从内容来看，许多观点是对10月16日廖氏与日本日中友协（正统）访华代表团座谈时发言的重申。但作为中日邦交正常化后中国首个大型访日代表团团长在访日期间首次发表的讲话，廖氏以上重申具有一定的划时代意义，它表明中日友好关系正朝着稳步的方向发展。

在日中友协（正统）全国大会上的讲话

这是1973年4月21日廖承志率中日友好协会访日代表团参加日中友协（正统）全国大会时的讲话，是为廖氏此行发表的第二次讲话。他首先强调，这次大会“是在中日两国邦交正常化之后的新形势下召开的”。其次，简要回顾并高度肯定了23年来日中友协（正统）“为发展中日两国人民的友谊和促进实现两国邦交正常化所作出的积极贡献”。最后指出，“在中日关系史的新篇章中谱写出更加美好的传之后代的历史，是我们两国人民的共同的光荣任务”，并预祝大会提出的“更加广泛、深入、细致地开展日中友好群众运动”的提议取得圆满成功。

在“日中友好议员联盟”成立大会上的讲话

这是1973年4月24日廖承志率中日友好协会访日代表团参加藤山爱一郎领导的“日中友好议员联盟”成立大会时的讲话。讲话先是充分肯定了以藤山爱一郎为首的前“促进恢复日中邦交议员联盟”在过去两年里“为促进中日友好和争取恢复邦交，进行了不懈的努力，作出了可贵的贡献”。进而指出，新的“日中友好议员联盟”成立于“随着两国邦交正常化，中日友好运动进入了一个新的阶段”的“大好形势下”，希望他们“为中日友好的伟大事业作出新的贡献”，并表示中日友好协会将“热烈地”支持其活动。最后，对未来中日友好运动进行展望，认为“走的是一条正确的道路，沿着正确的路线走，就会愈走愈广，愈走愈平坦，愈走愈光明”。这是廖氏在中日友好协会访日期间发表的最后一次讲话，与前两次讲话一起，同为研究此间中日友好协会访日代表团活动的重要文献。

欢迎池田大作先生访华

这是1974年5月31日廖承志在欢迎日本创价学会会长池田大作先生及其

所率创价学会代表团访华宴会上的讲话。首先，他对池田大作先生“明确地反对制造‘两个中国’的阴谋”、“主张日本应该正式承认中华人民共和国”、“把同中华人民共和国缔结和平友好条约放在最优先地位”等远见和态度“表示赞赏和敬佩”。其次，对此前在中日友好关系上作过重要努力的日本公明党人士，也“表示由衷的感谢和敬意”。再次，他反复强调发展中日友好关系，“不仅符合中日两国人民的共同利益，而且完全符合当前的历史潮流”。这是继 1972 年 10 月 16 日与日中友协（正统）访华代表团座谈时的讲话、1973 年 4 月在东京举行的日本各界人士欢迎集会上的讲话、1973 年 4 月 21 日在日中友协（正统）全国大会上的讲话、1973 年 4 月 24 日在“日中友好议员联盟”成立大会上的讲话之后，廖氏发表的又一篇有关中日和平友好的讲话，对于研究中日建交之初的中国对日政策和态度、中日两国关系、廖氏对日外交思想，均有较高史料价值。

周恩来和万隆会议

这是 1977 年 1 月由廖承志口述、由时人记录并整理的有关周恩来与万隆会议的回忆录。文中回顾了 1955 年在周恩来促成下的万隆会议的胜利召开，尤其是周恩来在此期间回应“反共”声音、强调“求同存异”、由倡导“和平共处的五项原则”到达成“十项原则的一致协议”的历史过程。进而高度评价了万隆会议的历史意义及周恩来在其中的重要作用，认为“万隆会议的胜利是第三世界开始兴起时对帝国主义、殖民主义斗争第一回合的胜利，是五项原则的胜利，是亚非人民的胜利，是革命外交路线的胜利。这个胜利，是周总理通过辛勤劳动取得的”。由于当年作为中国代表团顾问而亲历其中，廖承志对周恩来和万隆会议的评价应当是十分中肯的。因此，该回忆录对于研究周恩来和万隆会议乃至新中国成立初相关的外交问题，具有很高的史料价值。

努力搞好港澳地区的出版工作

1977 年 12 月 13 日，廖承志在接见来北京参加全国出版工作会议的港澳出版工作者时发表了这篇谈话。开篇即提出搞好港澳出版工作的总体要求，“必须与内地的宣传方针有所区别，不是执行社会主义的宣传方针，而是执行爱国主义的宣传方针”，“要为扩大爱国统一战线和国际反霸统一战线服务”。围绕这一要求，廖承志进一步谈到四点意见：一是“大力出版古今中外各种优秀的文学艺术和科技书籍”；二是“保持、恢复和发扬出版方面的好传统”；

三是“在香港出版一个高质量的画报，发行到国外”；四是“内地出版界应尽力支持香港”。应当说，这些意见是富有指导性和建设性的，但就如何深入方面，并未展开讨论。该谈话在研究“两年徘徊”时期党和政府与港澳关系尤其是党和政府对港澳的文化政策，以及廖氏发展港澳文化事业的思想，均有一定的参考价值。

落实党的侨务政策

这是廖承志于1977年12月20日在全国侨务会议预备会上的报告节录。报告以号召学习《国内侨务政策汇编》开篇，分析过去十年党和政府的侨务工作不尽如人意的原因，主要是“受到林彪、‘四人帮’的破坏”，加之侨务干部“没有很好地宣传党中央指定的侨务政策”。为此，廖承志谈到以下八点意见：一是要认识到“二十八年来，党中央制定的侨务政策是完全正确的”；二是“要揭批‘四人帮’对侨务政策的干扰破坏，尤其是要彻底批判他们所谓的‘海外关系’的谬论”；三是要“正确认识华侨”，认识到“华侨绝大多数是劳动人民，是革命动力，是统一战线的主要组成部分”；四是“要保护侨汇，增加侨汇”；五是要“保护华侨房屋的所有权”；六是“华侨、侨眷出入境要从宽”；七是“华侨农场要办好”；八是“欢迎华侨学生回国上学”。

批判“四人帮”所谓“海外关系”问题的反动谬论

此文系1978年1月4日廖承志发表于《人民日报》同名文的节录。本文就林彪、“四人帮”所谓“海外关系”问题的谬论，分三个方面进行了批驳：一是批驳其“海外关系”是“反动的政治关系”的观点，认为这是“以偏概全，以个别代替整体的典型的形而上学”；二是批驳其有“海外关系”的人是“反动的社会基础”的观点，认为这是“荒谬的，是违反马列主义的阶级分析的”；三是批驳其否认侨务工作特点的观点，认为这是“唯心主义、形而上学”。廖承志进而指出，“华侨当中多数是爱国的、进步的”，“海外关系”的保持“不仅是正常的，而且是很好的”，故应“调动国内外一切积极因素，为扩大华侨的爱国团结，为建设一个四个现代化的伟大社会主义强国而努力”。这是继1977年12月20日在全国侨务会议预备会上的报告之后，廖氏适应拨乱反正的潮流而狠批林彪、“四人帮”流毒的又一力作。两文对于研究“两年徘徊”时期党和政府的侨务政策及廖氏侨务思想，具有较高史料价值。

发展香港爱国电影事业

这是廖承志于1978年1月31日在香港电影界座谈会上的讲话摘要。他首先回顾了新中国成立28年来香港电影事业的发展，认为它“是有成绩的，是沿着毛主席指示的方向和结合着香港的实际环境前进的，基本上贯彻了爱国反帝统一战线的方针”，但在文化大革命期间受到“严重摧残”。其次，批判了“四人帮”的文艺路线，认为那“是裹着革命外衣，打着马克思旗号进行反革命活动的黑线”。再次，就如何搞好香港电影事业提出几点要求，包括“重新回到毛主席、周总理所制定的方针路线上来”；在“一不违反爱国原则”、“二不要黄色的、颓废的”前提下，“凡是有利于爱国统一战线的，什么都可以拍”；“有自己的风格，不要照搬内地”。廖氏以上所言，实际上是“两年徘徊”时期拨乱反正在文艺领域的体现，是研究此间党和政府的文艺政策尤其是对港文艺政策的重要资料。

爱国不分先后

1978年3月3日，廖承志在北京接见全国五届人大、五届政协港澳代表时发表了这篇谈话（节录）。围绕“爱国不分先后”这一主旨，就港澳工作这一话题，廖承志谈到以下三点意见：一是认为“港澳工作最根本的问题是要把林彪、‘四人帮’对港澳工作造成的祸害和它的流毒肃清，在这个基础上将各方面工作加以调整”；二是强调“做好港澳工作，很重要的一条，就是要善于团结人，不断巩固和扩大爱国统一战线”；三是指出“落实各项政策主要靠内地党政机关，同时还要港澳全体爱国人士一起做工作”。篇末强调了“爱国不分先后”、“准许别人革命”的重要意义，认为“这样港澳的爱国统一战线就会大大发展”。这是“两年徘徊”时期拨乱反正在港澳工作上的反映，是研究此间廖承志港澳工作思想与党和政府的港澳政策的重要文献。

教诲铭心头　恩情重如山

此文为纪念周恩来80诞辰而作，原刊于1978年3月11日的《人民日报》。文中，廖承志一是回顾了周恩来“特别重视党的团结和党内的民主生活”，“总是精力充沛，勤勤恳恳，任劳任怨，忘我地、不知疲倦地工作”，“坚决执行党的革命外交路线”，“不仅在政治上、思想上爱护同志，而且在生活上关心同志”等人格和作风；二是回顾了周恩来于己有恩的方方面面，如1925年在广州追查杀害父亲廖仲恺的凶手，1935年、1946年分别在川陕苏区和重庆解救自己，1970年亲至医院病房看望自己，1972年将母亲何香凝灵柩送至南京与父亲合葬，以及长期以来对自己的“教育、批评”。作为与周恩来过往甚密的战友、同事和晚辈，廖承志所作的该回忆录对于研究周恩来生平尤其是周恩来与廖承志的关系，具有很高的史料价值。

关于外语教学的三点建议

这是1978年3月13日廖承志以北京外国语学院兼任院长的身份写给该院领导成员的信。其中谈到“关于外语教学的三点建议”，包括“凡任一系党总支（或政治处主任）的同志，最好对业务或该系外语稍懂一些”、“建立复语制教学”、“邀请专家或采取一些大胆的加强教师的措施”。这些建议虽然篇幅不多，但既能从党和国家的政策实际出发，又能从学术和高校的长远发展着眼，因而具有很强的活力和可操作性。

在经亨颐先生骨灰安放仪式上的讲话

此文系1978年4月12日廖承志为其岳父即前国民党中央执行委员经亨颐先生的骨灰安放仪式而作，原载《上虞文史资料》第二辑。讲话大致回顾了经先生在政治上和文化教育上的主要贡献，如政治上，“在日本高等师范学校留学的时候参加孙中山先生领导的同盟会，回国后参加了辛亥革命运动”、“参加了北伐……站在武汉政府方面反对蒋介石”、“响应中共《八一宣言》，在呼吁停止内战、一致抗日的宣言书上签了字”；文化教育上，历任浙江第一师范、上虞春晖中学、浙江第四中学校长及中山大学代理校长，“同何香凝、陈树人等革命老人组织‘寒之友社’”。由于廖承志作为经先生女婿的特殊关系，回顾虽然简短，但对于研究近代中国教育家经亨颐的生平，却具有较高的史料价值。

《司徒乔画集》再版序

1978年5月3日，廖承志在人民画家司徒乔逝世20周年、《司徒乔画集》再版之际作了这篇序文。文中简要地回顾了司徒氏在岭南大学求学期间“演出了一出带有社会主义色彩的描写矿工斗争的戏”，一生“描画的大都是漂泊的穷人、受压迫的工人、年老的流浪汉，或是用强烈的色彩来讴歌他如此热爱的祖国山河大地”等生平事迹与艺术特征。由于廖承志曾为司徒氏学弟及同事的关系，所言虽简短，但对司徒氏之研究，当具有较高的史料价值。此外，廖承志于篇末盛赞“司徒乔的一生是为苦难祖国和人民服务的一生”，故而“他的节操，他的淡泊，他的无欲，都可为我们的师鉴”。据此可知，廖承志在回顾司徒乔艺术人生的基础上，又流露出自身一定的价值取向。

在接待安置被越南驱赶回国难侨工作会议上的讲话

这篇讲话发表于1978年5月8日，分为两部分：一部分陈述了“越南迫害华侨的情况很严重”而越南当局“公开对我造谣诬蔑”的事实，揭示了“越南迫害华侨，反华排华是配合国际反华行动的一个环节”。另一部分围绕“接待越南难侨工作”这一点，谈到以下两个问题：一是“接待安置已回来的难侨问题”，包括做好预算、供应物资、扩建农场和工厂及“搞多种经营”等；二是“如何开展外交斗争问题”，包括严词驳斥越南当局的造谣、“拍电影，准备宣传用”、“组织回来的难侨开控诉会”等。通过文中所述及篇末关于“这是一场政治斗争”的定位，足见此间中越关系之紧张。对研究这一时期的中越关系，具有较高参考价值。

做好安置归侨和旅游接待工作

这是1978年6月6日廖承志在广东省、广州市和广东省军区直属机关以上中共党员干部大会上所作报告的节录。该报告主要分为三个部分：第一部分号召各有关部门高度重视“接待安置被越南驱赶回国的难侨的任务”，并提出“扩建、新建一些农场、工厂企业和中小学校”等建议；第二部分号召各有关部门大力支援暨南大学、华侨大学和华侨补校的复办；第三部分强调旅游工作贯彻“政治挂帅，热情接待，多做工作”的方针，解决旅游接待中存在的“重洋轻华”的问题。这是“两年徘徊”时期廖氏发表的又一篇有关华侨工作的报告。综观全文，知其主旨为在团结华侨的基础上，“扩大我们的对外影响”。

办好暨南大学

这是1978年6月9日廖承志在暨南大学复办后第一次董事会上的讲话。

讲话分为三个部分，一是回顾了暨南大学“于一九五八年在广州重建”、“于一九七〇年被迫停办”的历史；二是指出当年暨南大学复办的重大意义，认为这“是党的统一战线政策得到恢复的一个重要体现”，“不仅是适应广大华侨、港澳青年回国升学的需要，而且是广大华侨、港澳青年为实现新时期的总任务贡献力量的一个大好机会”；三是讨论了暨南大学未来发展的定位，“八年后，暨大将建设成为具有较高水平、较高质量的社会主义新型大学”。廖承志强调：“不仅要把暨大办成具有先进科学文化水平的高等学校，而且看作是扩大爱国统一战线的一项重要工作。”故而，该讲话不仅是研究暨南大学校史的重要资料，而且对研究此间党和政府的统一战线问题，也具有一定的价值。

香港出版工作要从香港的实际出发

1978 年 8 月 19 日，廖承志在会见香港出版界参观团时发表了这篇讲话。围绕如何发展香港出版事业的问题，讲话主要谈到三点意见和要求：其一，必须承认“香港虽是我们的领土，但是现在受着英国的统治，属于另一种制度”；其二，必须放开对“四人帮”的“余悸”，要求“不要保守，使各种鲜花都开出来”；其三，必须从实际出发，“用当地人民喜闻乐见的语言和容易接受的形式”。从表面上看，廖承志是在谈论香港出版业的问题。但实际上，其真正的着眼点在统一战线问题上。正如他在篇末所言：“一切都要从香港的爱国统一战线出发。”这是继 1977 年 12 月 13 日接见参加全国出版工作会议的港澳出版工作者的谈话、1978 年 1 月 31 日在香港电影界座谈会上的讲话、1978 年 3 月 3 日接见全国五届人大与五届政协港澳代表的谈话之后，廖氏于“两年徘徊”时期发表的又一篇有关港澳工作的讲话，足见此间廖氏乃至党和政府对港澳工作的重视。

饮水不忘掘井人

这是廖承志为庆贺《中日和平友好条约》的签订而发表的谈话，原载于 1978 年 8 月 28 日的《人民日报》。开篇高度肯定了《中日和平友好条约》缔结的历史意义，认为它“标志着两国睦邻友好关系发展到了一个新的起点，具有重大的现实意义和深远的历史意义”。紧接着，廖承志借用周恩来在中日两国实现邦交正常化时所说的“饮水不忘掘井人”一语，回顾了战后中方的毛泽东、周恩来及日方的松村谦三、高碕达之助、田中角荣等人为了促成中日邦交正常化乃至《中日和平友好条约》的签订而作出的奠基之功，从而得出

“《中日和平友好条约》的缔结，是中日两国政府和两国人民长期共同努力而取得的丰硕成果”的结论。本文不仅对研究《中日和平友好条约》签订前后两国外交关系有较大史料意义，对战后两国关系发展的研究也具有一定参考价值。

在庆祝签订《中日和平友好条约》招待会上的讲话

这是廖承志继1978年8月28日在《人民日报》上发表庆贺《中日和平友好条约》签订的谈话之后，紧接着于1978年9月1日在庆祝《中日和平友好条约》签订招待会上所作的讲话。该讲话主要是重申了前一谈话中所提到的一些重要观点，如《中日和平友好条约》的签订“标志着两国的友好关系又达到了一个新的起点”；这一点，“不仅具有重大的现实意义，而且也具有深远的历史意义”；不仅是“两国政府共同努力的结果”，而且是“两国人民共同努力的结果”。

加紧培养外语人才

这是1978年9月27日廖承志在全国外语教育座谈会上的讲话摘要，原载《人民教育》1978年第10期。讲话可概括为两个方面：一方面是“加紧培养外语人才，下决心用二年、三年时间加强这方面的教育”的必要性，主要在于“我们的外国语教学，受到‘四人帮’的严重干扰破坏，质量显著下降”、“为了加速实现四个现代化，我们急需外语人才”。另一方面是围绕如何培养外语人才，提出诸如“从小学开始，在中等城市实行一条龙的外语教育”、师资上“应当把‘四人帮’的紧箍咒砸掉”并“请外国来华专家教外语”、“最重要的是把基础英语搞好”等一系列富有一定专业眼光的建议。综而观之，廖承志始终把外语人才培养与“国民经济和科学文化要大踏步赶上去”紧密结合，体现出他关注国计民生的胸怀和眼界。故而，这不仅是研究“两年徘徊”时期我国外语教育难得的参考资料，也是研究廖承志外语教育思想的重要文献。

在邓小平会见旅日华侨代表茶会上的讲话

1978年10月25日，廖承志在跟随邓小平至日本参加《中日和平友好条约》批准书的交换仪式时，在会见旅日华侨代表茶会上发表了这篇讲话。讲话首先借用邓小平“总结了过去，开展了未来”之言，再次肯定了《中日和平友好条约》签订的重要意义。紧接着，向旅日华侨代表谈了几个侨务政策问题：一是希望在日侨胞“要把爱国团结确实搞好”；二是希望他们在自愿的前提下“能够参加当地国籍”；三是中央会“继续支持”在日华侨所办学校；四是在“内容和形式上需要改进”的基础上，把在日华侨所办报纸办下去；五是重申周恩来“爱国不分先后”之语，号召“要欢迎所有的后来参加爱国运动的人”。作为中国代表团代表，廖承志所言反映了党和政府欲借《中日和平友好条约》的缔结，进一步促进中日友好关系及团结在日华侨的策略。作为亲历者，该讲话对于研究该时期党和政府对旅日华侨政策，当然是不可多得的资料。

认真落实党的侨务政策，为建设现代化的社会主义强国而奋斗

这是1978年12月22日廖承志在全国侨务会议、第二次全国归侨代表大会上所作的报告，主要谈到三个问题：一是“坚持社会主义方向，是国内侨务政策的基本原则”；二是“坚持党中央制定的外交路线，是国外侨务政策的基本原则”；三是“认真落实党的侨务政策，努力完成新时期侨务战线的各项任务”，包括“充分调动归侨、侨眷的社会主义积极性”、“提高政治思想水平和科学文化水平”、“办好华侨事业、企业”、“积极开展侨联活动”、“加强党对侨务工作的领导，健全侨务机构”。报告的宗旨是要在“深入揭批‘四人帮’，拨乱反正，肃清流毒”的基础上，“进一步动员广大归侨、侨眷，为实现党在新时期的总任务，为早日实现四个现代化而努力奋斗”。

全国侨务会议、第二次全国归侨代表大会闭幕词

这是1978年12月28日廖承志在全国侨务会议、第二次全国归侨代表大会闭幕式上的讲话。他指出，随着“全国工作的着重点和全国人民的注意力转移到社会主义现代化建设上来”，“侨务战线也要果断地把工作的着重点转移到社会主义现代化建设上来”。因此，各级侨务部门、侨联应做好以下工作：一是“动员和组织广大归侨和侨眷，解放思想，开动脑筋，在祖国的社会主义现代化建设中贡献力量”；二是利用“广大华侨、归侨、侨眷，在国内外有许多亲戚朋友”的条件，“引进先进技术、先进设备和科技人才”；三是在争取侨汇方面，“要继续努力，作出比过去更大的贡献”。随后，就代表们在落实各项侨务政策方面所提的建议，谈了自己的看法，如“对于多年来归

侨、侨眷的迫害造成的假案、错案、冤案要坚决平反”，抓紧解决“各地侵占华侨房屋的问题”，“认真贯彻执行”华侨、归侨、侨眷出入国境探亲访友的问题，“各地侨务机构应当上下一致起来”等。该讲话与前一报告均作于党的十一届三中全会结束之初，代表了新时期廖承志的侨务思想，也代表了党和政府侨务政策的新动向，故而对于这两方面的相关研究，具有很高的史料价值。

我的母亲和她的画

此文写于1979年1月25日何香凝画展即将开幕之际，原载1979年2月14日的《人民日报》。文章从简述其母家庭出身和婚姻生育出发，着重回顾了其母的革命活动及在此过程中的画风演变。例如，文中谈到其母早年“加入同盟会”并适应革命需要“画起画来”，其特点是“保持着浓厚的日本画风格，喜爱明艳色彩，形象生动……尤其喜爱画菊”；不久，协助廖仲恺组织革命活动，“受岭南画派的影响……一心沉浸在水墨画里”；大革命失败后，熟视工人、农民、共产党员大批被杀，“这时期的画，等于把满腔悲愤，发泄在画纸上……集中精力，画梅，画松，画菊”；抗战时期，则借用画画在港筹款，并向华侨宣传抗战；解放战争以后，其画风“不似前期的悲愤，而是豪放开朗”。作为何香凝之子，廖承志对何氏生平可谓耳闻目睹，故而该文对于研究何香凝其人尤其是其绘画艺术，具有很高的史料价值。

统一祖国的历史巨流势不可挡

这是1979年2月28日廖承志在北京纪念台湾“二二八”起义32周年座谈会上的讲话。讲话首先高度肯定了“二二八”起义的历史意义，认为这“是一场轰轰烈烈的爱国民主运动，它直接配合了当时祖国大陆上的解放事业”。其次，从多个方面进行分析，台湾回归祖国“现在条件已经具备，时机已经成熟”：“广大台湾同胞和海外侨胞渴望回归祖国，实现祖国统一”；“祖国政府和包括台湾同胞在内的全国人民曾进行了长期的努力”；“中美关系实现了正常化”；人大常委会所通过的《告台湾同胞书》中实现统一的大政方针“完全符合台湾人民的根本利益，代表了包括台湾同胞在内的全国各族人民的共同心愿”；国内已出现“工农业生产、科学文化、国防建设事业迅速发展和安定团结的大好局面”。有鉴于此，廖承志最终得出“台湾回归祖国是人心所向，大势所趋！……是任何力量也不能阻挡的”结论。这是研究新时期廖承志对台思想乃至党和政府对台政策的重要文献。

悼念方方同志

1979 年 3 月 28 日，廖承志在方方追悼会上致了这篇悼词。该悼词回顾了“几十年来，方方同志为争取中国人民的解放事业，为社会主义革命和建设事业，为党的侨务工作，贡献了自己的一生”，高度评价他“是我党的优秀党员，无产阶级的忠诚战士，侨务部门的一位优秀的领导干部”，间接抨击了将其迫害至死的林彪和“四人帮”。作为侨务工作领导人，廖承志在篇末关于“大力发展侨务工作，为实现祖国统一，为加快建设社会主义的现代化强国而奋斗前进”的呼吁，应当说，一定程度上反映了党和政府在拨乱反正的历史潮流下，把侨务工作和统战工作导向正确发展方向的决心。故而，这不仅对方方研究具有较大参考价值，对该时期党和政府的侨务发展也具有一定参考意义。

在上海会见归侨代表时的讲话

这是 1979 年 5 月 4 日廖承志于上海会见归侨代表时的讲话。他从简要回顾新中国成立以来“海外和国内侨务方针、政策”的制定与发展、“文革”期间所遭破坏及随后得以纠正和调整的历程讲起，着重谈到“近一年来侨务工作的一般情况”及仍需努力的方向：其一，“鼓励侨胞回来投资，这已出现十分可喜的苗头”，但“要给地方弄活一点”；其二，学校、校舍、招生恢复等“侨生的就学问题”虽然“逐步有所改善”，但仍需继续进行；其三，“侨胞出入境问题”，要求出国“尽量不要通过香港”，回国“旅馆不够住”的问题亦应解决，以便利侨胞出入境探亲；其四，“侨汇问题”，认为侨汇虽有大幅提高，但存在“发侨汇券”而“物资不够”的问题，正通过“地方留成幅度加大”的方式解决；其五，尽管“广东开了，福建开了，上海正准备开”，但仍“提倡归侨代表大会要多开”，“把社会主义民主在归侨这个角落切切实实搞好”；其六，“提倡多向国外写信，团结海外亲友”。讲话发表于“中日友好之船”临赴日本之际，为“中日友好之船”成功访日奠定了一定基础。其中对于 1978 年来侨务工作一般情况的回顾，对研究此间的侨务发展也有较大参考价值。

访问日本的收获

1979 年 5 月 21 日，廖承志在其所率“中日友好之船”访日代表团结束访日离开东京时，在“明华轮”举行的记者招待会上发表了这篇谈话。谈话在简介这次代表团人员构成、参观地方、参观行业的基础上，着重总结了这次访日的两点收获：一是“每一个团员都深切感受到中日关系的友好，都认识到中日友好比其他工作更为重要”；二是“感到要向日本学习的比想象中的要多。……这次访问日本，对我国的‘四化’建设很有帮助”。篇末高度肯定了这次访日之举的历史意义，认为这是“中日关系史上第一次”，“将对中日两国人民友好的发展产生深远的影响”。

“中日友好之船”访日代表团访日报告

1979 年 6 月，廖承志在率“中日友好之船”访日代表团归国以后，向中共中央写了这份报告。报告先就“中日友好之船”访日时间与行程、所访行业与要员进行了简介。然后，从八个方面谈到了代表团访日期间所做工作、所耗经费、主要收获、日方反响及其意义影响等。篇末，廖承志再次高度评价了这次访日的历史意义，认为它“推动了中日友好的发展，影响深远，取得较大的政治效果”。该报告连同前一谈话，同为研究首次“中日友好之船”访日前后的中日关系不可多得的文献资料。

中岛健藏永垂不朽

这是 1979 年 6 月 27 日廖承志在日本前日中文化交流协会会长中岛健藏逝世后所作的纪念文章。该文简要回顾了中岛健藏对于促成 1950 年代以来日本作家、文艺评论家、剧作家、音乐家等络绎访问中国的“绝大的贡献”，高度肯定了他在促进中日友好和中日文化交流方面的历史功绩，声明中国人民“是永远不会忘记的”。该文发表时间，紧随首次“中日友好之船”访日之后。在这样一个历史时刻，对于这样一个人物的纪念，在巩固中日友好和中日文化交流成果方面，具有特殊的重要意义。

忆徐冰同志

1979 年 8 月 10 日，廖承志在前全国政协副主席、中共中央候补委员徐冰同志逝世七年之际，写下了这一篇关于自己与徐冰交往的回忆录。该文从 1928 年两人“开始交往”谈起，谈到 1937 年在延安解放社“一起工作”，再到新中国成立后作为中央统战部同事而“工作见面时多，朋友的来往更不少”的交流。据此，廖承志描述了一个“直爽、平易近人”、“历来是光明正大的”、“党性之强”的徐冰，进而给予他高度的评价：“信赖他，并以他为榜样。”并对他在“文革”中“被整”至死表示惋惜、对如今他“得到昭雪平反”表示欣慰。作为长期与徐冰共事且过往甚密的好友，廖承志这篇回忆录尽管不长，但对于研究徐冰尤其是他与廖承志的关系，具有很高的史料价值。

关于赴美进行心脏手术向党中央书记处的请示报告

这是 1979 年 12 月廖承志写给中共中央的有关其赴美进行心脏手术的请示。该请示大致谈到两个方面：一是赴美手术的必要性，包括保守疗法“不能完全治愈”其“心脏功能日渐衰退”的病状，香港人查济民推荐美国医生哈里逊进行了会诊并提出了治疗方案，手术因“我国目前条件所限”难以进行；二是赴美手术的可行性，包括查济民将“全力做好赴美治疗的有关安排”，已经“同经普椿以及孩子们反复商量”，“哈里逊博士确实是美国心脏手术权威”。这对于研究晚年廖承志生活具有重要史料价值，甚至对管窥当时我国医疗事业的发展，也具有一定意义。

《中国风光》画册前言

1980 年 2 月 4 日，廖承志为庆祝新中国成立 30 周年而编辑出版的画册《中国风光》题写了这篇前言。该文大体分为两个方面：一是介绍了画册《中国风光》的内容，“包括我国三十个省、市、自治区的一些著名的风景胜地”。二是谈到了画册《中国风光》出版的意义，如“对中国旅游事业的发展是一个贡献”；既让中国人“看到祖国的可爱和伟大”，又为外国人展现“中国的景色绝不逊于世界各地”。篇末，廖承志还由画册而及政治，对“四人帮”有关旅游是“出卖祖国的山河”、出版风光古迹是“封、资、修”的观点进行批判，对其时“祖国安定团结，欣欣向荣”的局面表示热爱。在批判与热爱之间，廖承志以较短的文字，不仅推介了一部地理文化要籍，而且一定程度上反映了从“文革”到新时期的政治与观念变迁。

欢迎鉴真和尚的真容回国

此文写于1980年4月，系廖承志为欢迎鉴真和尚真容回国而作。在廖承志看来，鉴真和尚作为“我国唐代献身于中日交流的伟人”，其真容回国是“千百年来未曾有的”壮举。在“中日两国友好关系，正与日俱增”之际，此举具有特殊的象征意义。廖承志据此呼吁：“但愿我们中日两国从事于友好事业的人，都能学习鉴真和尚，不为私利，不为一时之需，而把两国人民和民族的友好千秋万代地延续下去。”因此，这表面上是一篇欢迎鉴真和尚真容回国之文，但实际上对于考察当时中日文化交流具有一定的参考意义。

不要用朴素的阶级感情代替党中央的政策

这是1980年12月10日廖承志在出席中共十二大的台湾省籍党员代表会议上讲话的节录。他首先号召与会代表应当正确对待和坚决贯彻中央对台的方针政策，接着从“西安事变”时中共释放蒋介石与实现国共合作说起，强调“不能把朴素的阶级感情代替党中央的政策”，对台不能动武，“台湾的军队可以存在，外国投资可以保留，通商、通航、通邮，国旗要改为中华人民共和国的国旗，外交要统一……在这样的政策下，我们争取用和平的方式解决台湾问题”。廖承志还以抗战时自己向杀父仇人做统战工作的实例，说明“我们要从党的长远利益看，要从党的政策看，要把个人的恩怨放在次要的地位”，“要广泛团结台湾同胞，团结一切可以团结的力量，促进台湾问题的解决”，并号召代表们对此“透彻理解”与“认真贯彻”。从讲话发表时间和内容来看，它对于研究新时期党中央促进台湾和平统一的政策方针及廖承志对此的历史贡献，具有较高的史料价值。

深切怀念大平正芳先生

此文作于1980年12月11日，是廖承志为纪念在此前半年逝世的前日本总理大臣大平正芳先生而作。此文首先回顾了廖承志与大平正芳于1972、1974年在北京，以及1973、1978、1979年在东京的相会与交流。其次，肯定了大平正芳在福田内阁时期，作为自民党主要领导人之一“对缔结《中日和平友好条约》给予积极的支持和推动”，以及在担任总理大臣期间“中日两国的友好合作关系取得了长足的发展”的壮举。在廖承志看来，大平正芳“对恢复两国邦交的贡献是历史性的，不可磨灭的”。但继往在于开来，在当时的时代背景下纪念大平正芳这样一个历史人物，实际上体现了廖承志希望巩固和发展中日和平友好关系的意愿。故而，本文不仅是研究大平正芳与中国尤其是廖承志关系的重要文献，对研究廖承志的中日和平友好思想也有一定的价值。

认真做好华裔专家的工作

这是1981年1月22日廖承志在国家科学技术委员会召开的华人科技专家工作座谈会上的讲话摘要。讲话先是开宗明义地指出：“做好来华专家工作，是我们学习国外先进技术的重要途径。”再以美籍华裔专家为例，将华裔专家分为三类：一是“五十年代去美的留学生”，“在国内上过中学、大学，对中国感情很深厚”；二是“六十年代从台湾和其他国家去的”，“大多出生大陆，民族感情也是很强的”；三是“在美国生长的第二代、第三代”，“对中国不了解，感情淡薄，但对祖先的故乡还有点向往”。廖承志认为对这三类人应积极做好争取工作，批评“只顾争取人家的钱，而不去争取人家的心”的做法。文中着重指出，对来华工作的华裔专家“要把他们当成自己人看待”，“待遇要提高一点，使人家安心工作”，其目的是“使他们愿意把自己学到的东西都倒出来”。讲话中所言，实际上是新时期党和政府为加快实现“四个现代化”而学习和引进国外先进技术战略在华侨战线上的体现。

关于红中社和新华社一些情况的回忆

这是廖承志于1981年2月26日所写的有关红中社到新华社的名称变更、分工发展及其他一些相关情况的回忆录。其内容包括：西安事变以前，以保安为址的红中社先由向仲华负责，后由廖承志与向仲华负责，分管外国电讯部分与报道苏区消息；西安事变后不久，迁址延安的红中社改名新华社，由向仲华负责苏区消息，廖承志负责全部外电，李柱南负责中央社消息；李柱南、向仲华在此期间的工作简况及新华社的简陋工作条件；1946年至1949年，廖承志担任新华社社长。该回忆录虽然篇幅较短，但大体上勾勒出廖承志眼中的红中社到新华社的发展概况。而且，廖承志作为亲历者，其回忆对于红中社和新华社历史的相关研究，无疑具有较高史料价值。当然，这也是研究此间廖承志生平的重要资料。

我的吊唁

此文作于1981年5月底，是廖承志为悼念宋庆龄而作，原载于当月31日的《人民日报》。文中主要回顾了1981年5月20日晨廖承志与宋庆龄的一次“足足二十分钟”的谈话情形，表彰了宋氏“永远不曾有过‘特殊’两个字”、“毕生愿同劳动人民同甘苦共命运”、“一生谦虚谨慎”等高尚品德。最后，将宋庆龄墓与马克思墓相提并论，凸显宋氏之伟大。作为与宋庆龄相识65年的晚辈，廖承志的回忆与评价，应对研究宋庆龄尤其是宋庆龄与廖承志的关系具有重要参考意义。不过，从其开篇行文来看，廖承志应当谈及65年来自己与宋庆龄的交往及其眼中的宋庆龄。但文中仅仅记录了他与宋氏临终前的一次谈话，不能不说是一种遗憾。

新时期港澳新闻工作应注意的几个问题

这是1981年9月4日廖承志在香港新闻工作座谈会上的讲话摘要。首先，肯定了几年来港澳爱国报纸作出了“对港澳同胞的爱国主义团结起了很大的作用”等成绩。其次，廖承志要求港澳新闻工作者在爱国主义和加强团结方面作出更多贡献，如爱国主义问题上，要求“有利于国家的事情我们就大做特做，不利于国家的事情不做”；团结问题上，“有利于团结的事情我们做，并且要大做特做，不利于团结的事情我们不做”；爱国报纸之间的团结问题上，“应该互相协同，应该是一个集体的协作”；统战问题上，“有利于开展爱国统一战线的，我们就做，不利于爱国统一战线的事情我们不做……要加强学习，弄清各方面的情况”；对台政策问题上，“力争和平解决，和平统一”。讲话对于从新闻工作领域考察新时期党和政府的统战路线与政策，具有较高的史料价值。

为实现祖国大统一而努力

这是1981年11月27日廖承志在北京接见前台湾辅仁大学教授马璧的谈话纪要。开篇即指出：“我们现在第一步就是要实现祖国大统一。”围绕这一主题，谈到以下三方面的内容：一是台湾方面目前的想法，如“用三民主义统一中国”、“宁为鸡首，毋为牛后”，但廖承志坚信“这种情况会逐步有所改变”；二是大陆方面目前的努力，如“通过各种渠道进行接触”，“对国民党县、团级以下参加特务组织的都释放了”，“过去敌对的情况所造成的人与人之间的不公待遇……准备一个一个问题解决”；三是有关两岸统一后的设想，包括制度的实行即“大陆这边继续实行社会主义，实现四化，台湾维持现在的局面”，以及人员的安排、资源的供应等。

加强对华侨历史的研究

这是1981年12月19日廖承志接见“华侨历史研究座谈会”全体与会同志的讲话。其中，主要就加强华侨史研究的问题，谈到三方面的意见：一是加强华侨史研究的迫切性，“全世界关于华侨历史的著作已出版了几本”，而“我国直到现在还没有一部像样的华侨史著作”；二是加强华侨史研究的重要性，“能使更多的人懂得什么是华侨”，“对于团结全世界各地区的华侨，对于促进国内的安定团结，对于教育子孙后代，都有好处”；三是加强华侨史研究的大体要求，“把全世界华侨的历史写出来，特别是东南亚的华侨史和南北美洲的华侨史要首先写出来”，而且“明年年底以前要拿出成果来”。总而言之，廖承志希望通过华侨历史研究，促进侨务工作开展。故而，这对于研究廖承志侨务思想具有一定史料价值。

坚持“一国两制”，实现祖国和平统一

这是1981年12月23日廖承志会见日本《产经新闻》记者住田良能的谈话要点。其中，主要围绕和平统一台湾问题，谈到以下内容：第一，“九条”是“坚定不移的长期国策”；第二，社会主义、三民主义“是可以共存的”，“不要求台湾改变社会制度”；第三，不要求台湾“很快适应”，但希望他们“能认识时势，当机立断”；第四，统一意义很大，“主要就是双方都不搞‘两个中国’，以更好地对付共同的敌人，改善人民物质生活，扩大人民民主权力”；第五，“台湾可以保持军队同中美关系是两回事”；第六，“希望外国的包括日本在内的朋友，一是不要刺激大陆和台湾双方的感情，二是不要妨碍中国的和平统一”。这是继1979年2月28日纪念台湾“二二八”起义32周年座谈会上的讲话、1980年12月10日出席中共十二大的台湾籍党员代表大会上的讲话、1981年11月27日接见马璧教授的讲话之后，廖氏于新时期所发表的又一次有关和平统一台湾的讲话，它们既对考察此间党和政府统一台湾的战略有较高参考价值，于廖氏相关思想研究也有重要意义。

把我国的足球运动搞上去

这是1981年12月29日廖承志在全国足球训练工作会议上的讲话。讲话以足球运动的重要性即“足球比赛的水平如何，表明体育水平的高低”开篇，首先肯定了“党的十一届三中全会以来，我国足球运动有了很大的进步”。其次，就即将于1982年1月10日在新加坡比赛的国家足球队存在的弱点进行点评，并提出改进的建议，强调“勇于争先”。从这一点出发，廖承志还就如何推动我国足球运动的发展，提出一则建策与两点要求。一则建策就训练问题而言，建议“从小足球开始，从少年时代开始，经过严格的训练、艰苦的训练”；两点要求则对现已成立的球队而提，包括“提高要求……大办足球比赛”与“吸收新的力量，不断增加新的血液”。应当说，廖承志的点评、建策和要求不仅不乏技术层面的分析，而且富有指导思想的升华，对于我国在新时期发展足球运动乃至整个体育事业是有较高参考价值的。

在全国统战工作会议上的讲话

该讲话发表于1982年1月5日，主要谈到以下三个方面的内容：一是总结了全国统战工作开展现状，说明“当前统战工作的面和量，都越来越大”。二是点明今后统战工作应注意的几个问题，如知识分子政策的落实问题上，“要打破平均主义”；宗教政策问题上，“不是用行政命令可以解决的，要作长期打算”；资本主义影响问题上，“必须采取既联合又斗争，既利用又限制的政策”。三是讨论了统战部的工作应当“怎么做”、“怎么管”的问题。对于前者，廖承志主张“协作精神要大大发扬，要主动地对各方面协作、帮助”。对于后者，廖承志则认为“知识分子政策，民主党派政策，民族政策，对原工商业者的政策，宗教方面的政策，这些都应该是统战部直接掌管之下”。围绕统战工作这一主题，廖承志既把握了关键问题，又提出了深入建议，故而对新时期全国统战工作的发展，具有不容低估的指导意义。

一定要落实台胞的政策

这是1982年5月6日廖承志在人民大会堂台湾厅接见老台胞参观学习团时的讲话。主要就落实台胞政策问题，谈到以下三个方面的内容：其一，“‘十年动乱’以前的，搞错了的房产问题，要争取明年解决”，而且“优先解决台湾同胞的房子问题”；其二，应扭转“有台湾关系”“低人一等”的现状，应将“有台湾关系”当作“很宝贵的财富”；其三，要肃清“左”的影响，即清理个人档案上“留个尾巴”的现象，从而达到“使留在大陆的所有台湾同胞，心情舒畅，卸下包袱”的目的。从讲话内容来看，它很大程度上是拨乱反正在台湾问题上的反映。其中所体现出来的党中央和廖承志的实干作风与精神，说明他们在和平统一台湾问题上的高度重视与稳步向前。

在“中华人民共和国名誉主席宋庆龄故居”揭幕典礼大会上的讲话

该讲话发表于1982年5月29日宋庆龄逝世一周年之际。讲话以高度评价宋庆龄开篇，称其以“伟大的革命精神，崇高的道德情操”而为国家立下“丰功伟绩”。随后，简要介绍了宋氏故居的由来，说明“这里的大量文物，是宋庆龄同志献身伟大事业的真实记录”。廖承志还通过回顾宋氏“生前一贯热切盼望完成祖国统一大业”，并“热烈期待着我们社会主义祖国更加繁荣昌盛”，强调“完成统一祖国的大业是包括台湾同胞在内的全中国人民的共同愿望和神圣职责”，号召“为把我国建设成为高度民主、高度文明的社会主义现代化强国，奋勇前进”。借纪念故人而放眼当前国家形势，进而展望这一形势的未来发展，是“两年徘徊”时期以来廖承志讲话为文的一大特点，这在该讲话中再次得以体现。

我的回忆

此文发表于1982年5月29日的《人民日报》。廖承志在文中回顾了1933年春被宋庆龄、柳亚子、何香凝营救回家以后，宋庆龄的一次秘密到访并与廖承志进行的一段简短的谈话经过。谈话的主要内容，先是宋氏代表共产国际，就“上海的秘密工作还能否坚持下去”与“你所知道的叛徒的名单”对廖承志进行了询问；随后是廖承志的回答：“第一，恐怕困难。我自己打算进苏区。第二，这容易，我马上写给你。”通过这一简短的片段，廖承志再次高度评价了宋庆龄：“从她一生革命的长河中每个阶段都可以看到，她一生是革命家，是斗士……”值得指出的是，该文发表时间正值宋庆龄逝世一周年之际，对于这一“过了将近五十年”的片段的回忆，一方面是具有特殊的纪念意义，另一方面则补充了有关宋氏尤其是她在20世纪30年代革命活动的不可多得的史料。

对张文彬同志的评价问题

这是1982年6月4日廖承志接受曾生等人访问的谈话记录，原载《广东党史通讯》1985年第4期。谈话回顾了前中共广东省委书记、南方工委书记张文彬在抗战时期“积极支持”“组织东江人民抗日游击队”、“拥护周恩来同志的意见，认为长江以南应该建立党的武装”、“研究布置如何援救尚未撤出香港的知名民主人士和文化人的问题”、“坚决抵制王明路线”等积极革命的一面；与此同时，承认张氏在此期间曾经“对余汉谋可能有些幻想”、“谈过要搞好广东国民党地方部队的统战工作”的消极革命一面。但廖承志进一步指出，那只是“策略运用上有些偏差，但不是全盘右倾”，并以自己曾与张氏“同在江西监狱坐牢三年”的所见所闻，坚持“对张文彬同志是应该肯定的，他是没有问题的，他对广东党的恢复与重建做了大量工作，是有功劳的”的结论。廖承志的谈话发表于拨乱反正的历史潮流下，既为研究张文彬提供了较有价值的史料，同时也体现出廖承志高度的历史使命感。这一点，还可以从他发表于1979年的《悼念方方同志》和《忆徐冰同志》看出来。

我的童年

此文作于1982年7月19日，原载于1983年6月23日的香港《文汇报》。廖承志从自己的出生地东京太久保说起，回顾了他在童年时代与其乳娘阿叶、邻居和伙伴小梅、女佣人阿鹤等三位日本女性之间的某些记忆片段。据此，廖承志高度评价了这三位日本女性对其人生的影响，谓“我儿童时代的一半血液是日本女性赐给的”。从廖承志的身份，以及该文撰就和发表在中日两国和平友好运动如火如荼进行的时代来看，以上文字应当具有一定的政治意义。此外，该文还穿插回顾了廖承志童年时随父母两度回国、两度流亡日本并接受父母严格教育的经历，知其对于研究廖承志童年生活具有较高的史料价值。

致蒋经国信

此信写于1982年7月24日，为规劝台湾省领导人蒋经国共同促进台湾和平统一而作，原载1982年7月25日的《人民日报》。廖承志首先表明“三年以来，我党一再倡议贵我两党举行谈判，同捐前嫌，共竟祖国统一大业”的立场和态度。其次，分析形势利害，谓台湾早日统一对蒋氏本人、台湾同胞、两岸各族人民、亚太地区局势等皆有利好，如若“迁延不决”，则蒋氏“难辞其咎”，况且“局促东隅，终非久计”。再次，辩驳错误言论，声明台湾方面有关统一系“投降”、“屈事”、“吃亏”等说法乃“党私之论”，而且“以三民主义统一中国”“太不现实，未免自欺欺人”。最后，表达统一诚意，篇末以访台相请：“如弟方便，余当束装就道，前往台北探望，并面聆诸长辈教益。”通观全文，知其劝蒋之要旨，一是以兄弟相称，称蒋为“吾弟”，大打私交牌；二是以民族大义为劝，强调“评价历史，展望未来，应以天下为公，以国家民族利益为最高准则”。自1979年以来，廖承志每年至少发表一篇有关和平统一台湾问题的讲话或谈话，这是他生前所发的有关这一问题的最后一篇，反映了新时期党中央和廖承志对和平统一台湾的高度重视与大力推进。

《我在日本的青春》序

此文作于1982年8月，为中国对日刊物《人民中国》所连载的关于近代赴日中国青年“自身的经历和感受”的《回忆日本》栏目内容汇编而成之《我在日本的青春》一书而作。在序中，廖承志先从自己早年与日本的“不解之缘”谈起，再回顾中日关系史，把唐代“日本向中国学习”及近代“中国向日本学习”作为中日两国历史上友好往来与文化交流的两次高潮，进而，把1972年中日邦交正常化及1978年《中日和平友好条约》签订以来“日益增多的两国间人员的往来，经济贸易关系的飞跃发展，科学技术、学术文化交流的猛增”视为“中日友好和文化交流的第三次高潮已经到来”。《我在日本的青春》一书及其序文出版于中日邦交正常化实现10周年之际，其“进一步促进两国人民的友谊与相互的理解”的功能，可谓不言而喻。

港人治港　繁荣香港

这是1982年11月20日廖承志会见香港厂商联合会参观访问团时所发表谈话的一部分。其中，主要就大陆对港总方针，谈到以下几个问题：一是主权问题，声明“香港整个属于中国”，“最迟一九九七年我们就行使主权”。二是香港回归后的治权问题，表示“维持现状，社会制度照旧”，其行政长官由“香港人自己当”。三是对港方针的稳定性问题，说明“一九八零年之后，国家已逐步稳健、踏实，逐步向前进。我们的基本方针是不会变的，要变，只会越变越好，不会越变越坏”。四是对未来香港经济发展提出某些建议，如鉴于“现在香港的经济发展畸形，炒地皮太多，影响工业的发展”，“希望十五年之内逐渐有所改变”。最后是归结对港方针的要旨，包括“港人治港”与“繁荣香港”，强调“求同存异”，强调“繁荣不是短期的，而是收回之后，长期繁荣”。

团结奋斗 振兴中华

这是1983年1月3日廖承志在全国归侨、侨眷、侨务工作者先进个人和先进集体表彰大会上的讲话。通观讲话全文，廖承志主要对归侨、侨眷谈到回顾与总结、要求与希望两方面的内容。回顾与总结，即回顾了新中国成立以来广大归侨、侨眷“为社会主义革命和建设，作出了重要的贡献”，总结了“自党的十一届三中全会以来，在短短的四年时间里，我们党胜利地实现了历史性的伟大转变”。要求与希望，即要求归侨、侨眷在新的历史时期“进一步发扬爱国主义的光荣传统”，强调“爱国主义在不同的历史时期，有不同的具体内容”，目前希望归侨、侨眷“热爱我们伟大的社会主义祖国，为建设现代化的高度文明、高度民主的社会主义国家而贡献自己的一切力量”。该讲话发表于中共十二大召开后不久，体现了廖承志为顺应建设有中国特色的社会主义、全面开创社会主义现代化建设新局面的潮流，而对华侨工作提出的新要求。

我们一定要收回香港

这是1983年1月12日廖承志接见香港新界人士参观访问团时所发表谈话的一部分。该谈话围绕香港回归这一主题，主要回答了访问团代表所提以下问题：首先是中国对港政策是否改变的问题，声明“没可能变，全国十亿人不容许我们变”；其次是中国前途如何的问题，强调“对中国的发展不必有任何疑问，一年会比一年好”；再次，针对香港将来怎么办的问题，提出“根据对台九条，根据香港实际再加以发展”。最后重申：“香港是中国的，最终要变成中国的特别行政区。尽管香港的制度不同……但基本问题（主权）要确定”。这是继1982年11月20日会见香港厂商联合会参观访问团的谈话之后，廖承志发表的又一篇有关实现香港回归的谈话。谈话发表于中英谈判正在进行期间，显然具有加强陆港团结、增进相互了解、加速谈判进程之功能。前后两篇谈话，都是研究党中央对于收回香港的方针政策及廖承志相关思想的重要文献。

尊重和照顾归侨、侨眷知识分子

这是1983年4月28日廖承志在全国归侨、侨眷知识分子工作座谈会上讲话的一部分。围绕如何加强新时期归侨、侨眷知识分子工作的主题，谈到三方面的意见：其一，“在新的历史时期，对知识分子的工作要有新的认识”，认为知识分子“是现代化建设的重要依靠力量”，故而“一定要形成尊重知识分子的社会风气”；其二，“归侨、侨眷知识分子，应当得到更多的尊重和照顾”，故而“要彻底清除‘左’的影响，特别是因‘海外关系’对他们形成的歧视和偏见”，并且“优先解决他们的实际困难”；其三，“加强归侨、侨眷知识分子工作，是新时期侨务工作的一项重要任务”，为完成这一任务，一是“要热心为他们服务”，二是“要办实事”，三是“抓好舆论宣传”。该讲话的精神是团结归侨、侨眷知识分子为社会主义现代化建设服务，这既是响应中共十二大所提出的基本纲领的需要，也体现了廖承志高度重视归侨、侨眷知识分子角色与作用的思想意识。

《东江纵队史》序言

该序言作于1983年6月1日。序中，先是简单介绍了《东江纵队史》的主要内容，即“记录了东江纵队建立和发展的历史，记录了抗日战争时期我党领导东江军民英勇抗战的光辉历程”。紧接着，通过回顾东江纵队于抗战期间“从无到有，从小到大，逐步发展成为拥有一万一千余人的部队”、战后“主动北撤山东，以后扩大成为两广纵队”的发展历程，回顾这支部队抗击日寇、解放香港民主人士和文化界人士、参加华东和广东解放战争等历史功绩，从而高度评价其“对抗日战争、民族解放战争事业作出了不可磨灭的贡献”，堪称“广东人民解放的一面旗帜”。《东江纵队史》出版于东江纵队成立40周年之际，作序人又曾为东纵筹建者与联络人，故而该书的出版具有一定的特殊意义。正如序中所言：“出版《东江纵队史》是建设社会主义精神文明的一个实际行动。”该序言为研究东江纵队史提供了一份较宝贵的回忆录。

致瞿秋白

共三封。第一、二封分别系1929年9月6日、9月28日写于德国柏林，第三封则系1929年10月10日写于德国汉堡。在此信中，作为共产党员的廖承志，主要向时任共产国际执行委员和主席团委员的瞿秋白报告其在德国从事革命宣传与组织的活动事宜：一是同国内外党组织的联系。如信一中说“和中国党的关系，这周已写了一封信回去”，信二补充说“现在还成立了一个和国内发生直接关系的通讯社”，信三接着说“和汉堡的党，也发生关系了。现在是受国际海员俱乐部里的支部领导”。二是调查中国在德海员的生存现状与思想观念。如信三中提到船员们对中国革命“非常有兴味，对于自己的经济条件，也感觉极端的不满足”，然而“对自己的组织等等，他们现在没有兴趣”。三是组织中国在德海员的方式。如信三所言：“在报里提高他们的意识”、“岸上宣传和下船宣传加紧点”，“预备在每船上先组织统一的工会”，等等。通过这三封信，一方面可知廖承志在德期间的革命活动，另一方面亦可管窥早期党组织在德发展概况。

致陆定一

此信系 1929 年 9 月 28 日写于柏林。信中，廖承志向时任中国共产主义青年团驻少共国际代表、少共国际执委的陆定一谈到三点事宜：其一，解释尚未完成陆氏所托之事即购得字典的原因，称“这几天预备到汉堡去，忙得一塌糊涂”，但表示“到了汉堡之后，马上给你买”；其二，提供一位留学柏林的名为章欣的共青团员地址；其三，同陆氏分享他在德期间的活动和体会：“昨天参加反法西斯示威，见到 Rust 在演讲。很好。”此信虽短，但对于廖承志在德期间的革命活动研究，应具有一定的价值。此外，从廖承志称呼陆氏为“老罗”及信中的行文来看，可知当时廖、陆二人的关系应非同一般。

致柳亚子

此信系 1933 年 8 月写于上海。当年春，因叛徒告密，廖承志曾被上海工部局逮捕，后得宋庆龄、柳亚子、何香凝等人营救出狱。8 月，在中共地下党组织的安排下，廖承志秘密离开上海，前往川陕苏区，加入中国工农红军。这一封信，便是他在离沪前往苏区前夕所写的。其内容主要有三：一是对此前柳亚子的营救之恩表示感激，强调那是自己“永远不能忘记的一件事”；二是请求柳氏“每月中花一些时间”陪伴其母何香凝，以使她“不致如在无人岛上”；三是在再三表露别母的无奈之余，向柳氏表达了自己坚持革命之决心：“我觉得，与其偷生来慰安爱护我的少数的人们，不如失掉爱护我的人们的安慰——因为大多数人的幸福是在前途等着，这是历史的命运给予人类的重担；

这重担也许是很重，但是我也只能这样做了……也许将来，中国的孩子们不必这样地离开他们的母亲吧，能这样，很多人的死便不是徒然的了。”为民族之大我而牺牲一己之小我，足见其深明大义的革命品格。而临行以母相托，又足见廖、柳二家之交笃。

致何香凝

共五封，分别写于1937年4月6日、5月12日、6月20日、7月28日及1946年1月25日。写前四信时，廖承志身在延安，负责中共机关刊物《解放》的编辑出版。四信内容大致包含四个方面：一是关心和询问家人近况。如信一询问何香凝：“据友人说，你最近到了杭州养病，近况如何，望告”；信二询问李少石：“听友人说，振兄得了病，未悉确否？若然，万望小心调治”。二是交代自己的近况及暂时不能相见的原因。如信三称：“我的近况……现在也依然健康如昔，从事我的劳作，每日生活依然……”；信三还说：“大概一时期之内，恐未能和你会面，因为还未到这时候。……因为这绝不是我们个人间的问题，是整个的一个问题……”三是交流革命刊物或对当时形势的认识。如信三提到：“我们这里办的一份报《解放》，每期都有寄给你的，未悉收到否？倘未收到，祈示知，以便想别法寄给你们。”信四云：“华北抗战发动，全国动员想在不久，但希望你在冷静沉着中恢复康健以从国事……”四是力阻何香凝在物资上接济儿子，以便留作己用。如信二说：“你买给我的东西，请交来人带回，但以后请不要为我多花钱买东西了，因为我知道你手头已不甚宽裕。……你也可以留点钱多买些补品，给你们三口子补养身子。”写第五信时，廖承志身在重庆，刚从国民党狱中获释。此前，他历经四年牢狱，辗转赣、渝两地，更添家人之丧。在这一封信中，他表达了劫后余生之感：“四年之内，诚可谓家破人亡，应有尽有，但也就更增强了我革命的勇气。”

致何香凝、廖梦醒

共三封，前两封系1937年8月29日、31日写于延安，后一封系1937年10月1日写于南京。综观三信，内容如下：其一，交代自己的近况及苏区抗战的情形。如信一云“因工作的关系似乎一时尚未能离开此地，但身体如昔，希勿挂念”；信二云“我们这里已成为整个抗战的左翼要地，在这战略的中心下组织西北民众，号召西北民众的工作，也就唯有更加紧地落在我们身上”。

其二，关切家人的近况及上海抗战的情形。如信一中说“闸北虹口闻已成灰烬，你们近况如何？若有通讯的可能，希很快告诉我”，又说“上海的保卫全靠民众的发动，这方面的情形如何，希望告诉我一点”。其三，支持家人以民族大义为重，争取抗战的胜利。如信二中云：“我虽然明知上海已成为炮火连天之地，但也坚信你们的唤醒民众、号召民众参战的工作，必定更加加紧。我虽然顾虑着你们的安全，但为祖国设想，更希望着你们坚决往前，不屈不挠地奋斗！”值得指出的是，三信间隔只有一月，尤其是前两信间隔仅仅两天，足见廖承志对其家人近况的关切。即便如此，他仍然一再强调舍亲救国的必要，又足见他以民族大义为重的胸怀。

致何香凝、经普椿

此信系 1942 年 9 月 3 日写于江西泰和。此前，廖承志在粤北参与中共南方工委领导工作期间，被国民党中央特务逮捕，押至江西泰和马家洲集中营。此番致信其母何香凝、其妻经普椿，一是说明自己被关押的地址及生活近况。二是表达打算为革命而牺牲的信念：“……他们逼迫我投降，是可忍孰不可忍？倘必要时惟有宁死不辱而已，希告各友放心。”最后是专门写给经普椿的内容。其中有云“新生的孩子倘健在，可名为继英，取继续英勇事业的意思”；又云：“你必须好好地抚养孩子们。”隐隐有交代后事之感，可见其当时处境之险恶。此信连同 1937 年至 1946 年间致何香凝、廖梦醒诸信，为研究抗战前后廖承志与家人的交流（包括物质上的交流与精神上的交流），以及此间他的境况、他的革命活动和他的革命思想，提供了宝贵的资料。

致周恩来

共四封，第一封系 1942 年 9 月 28 日写于江西泰和，后三封分别系 1953 年 8 月 5 日、10 月 25 日及 1955 年 11 月 15 日写于北京。信一写于廖承志被关押马家洲集中营不久，内容极短，除交代被捕时间和囚禁地点以外，着重向周恩来表示对党的忠诚：“希望你相信，小廖到死没有辱没光荣的传统！”其革命立场之坚定，可见一斑。信二、信三均为有关侨务工作的汇报或请示事宜。如信二就所上呈的《关于党内国外华侨工作会议呈中央请示报告》等文件讨论和修改的情况进行简要说明，并请周恩来“转呈中央最后批准”。信三则为上呈当年 9 月 15 日结束的国外侨务工作会议“总结报告”及将于 11 月 1 日召开的侨务扩大会议“会前请示报告”而作，请周恩来“审阅后转呈中央审核”

并尽快对“请示报告”予以批示，原因是“归国参加会议的国外华侨的签证期限很短”。于此，足见廖承志作为华侨代言人的角色及处处为华侨着想的胸怀。最后一封信，写于日本前首相片山哲所率拥护宪法国民联合代表团访华座谈会后。信中，廖承志主要就座谈会上片山哲所提问题及自己就此所提建议上呈周恩来“望示”，其主题是中日文化交流协议的签订与发布。从后来联合代表团与中国外交学会发表联合公报、签订中日首个文化交流协议的情况来看，廖承志提出的“可以用联合公报形式，但用两团体，即对方是拥护宪法国民联合会，我方是外交学会”的建议，是对这一历史进程起到较大促进作用的。

致蔡福就

此信系 1946 年 8 月 21 日写于延安，收信人是在重庆驻华美军司令部从事反情报工作的中共地下党员。该信开头提到：“你与姐姐谈的事，已与周公谈过了。”“姐姐”即廖梦醒，“周公”即周恩来，“谈的事”则系该信的主要内容。至于蔡福就与廖梦醒所谈何事，由于史料阙如，暂时还难以确定。但结合日前蔡氏因李少石之死而奔赴八路军驻重庆办事处探望廖梦醒，以及信中所透露的某些信息来看，此事很可能与蔡氏在探望廖梦醒前后所受到的来自中共党内人士的误解及来自国民党方面的压力有关。就此事，廖承志在信中向蔡氏致歉：“以前不曾弄好，十分抱歉，都是我们没有照料好之故”；进而，他向蔡氏建议：“盼你勿急躁，勿只追求眼前的效果，而要为着长远将来打算，因此更宜慎重，要小心翼翼，更要尽量保护你自己的安全……”作为蔡福就于 1937 年入党以后长期的直接上级领导，廖承志在信中所展现的良好的大局观及其对下属和战友的爱护，是令人敬佩的。当然，这也为研究蔡福就此间的革命活动及其与廖承志的交流提供了具有一定价值的史料。

致邓小平

此信写于 1949 年 8 月 15 日，廖承志时任中央广播事业管理处处长等职。在信中，他主要谈到了申请接管与如何利用昆明广播电台，以及所派人员的职责和编制问题。首先是提出申请接管的要求，强调“昆明有个大功率的广播电台，将来对东南亚广播宣传上处于有利的地位”，故请所派黎韦同志等参加进军大西南的战斗序列。其次是就如何发挥电台的功能提出建议“开始的工作重点放在转播北平新华广播电台的节目上”，并称由此“马上可以对缅甸、暹罗等地的侨胞宣传”；“昆明台可以编播一些本省本市的施政方针、法令布告和工、青、妇各方面的工作情形”。最后是所派人员的职责与编制问题，“请编入西南局云南省委昆明市的编制内，从事广播事业”，并建议由云南党委和中央广播事业管理处共同管理。当时，解放战争虽近尾声，但全国尚未完全胜利。在此时局下，廖承志已关注到并十分重视做好华侨统一战线的工作，展现出他在这方面的过人眼光。

致李伯钊

此信写于1951年2月5日，廖承志当时兼任中国青年艺术剧院院长，收信人则系北京人民艺术剧院院长。在该信中，廖承志主要就北京人民艺术剧院上演的《龙须沟》一剧的艺术成就及重要影响进行了评价。他说“这戏的演出是完全成功的”，因为“这戏充满着爱、感情，并且每个人物都是有思想的，所创造的形象是真实的，语言是活生生的”。此外，他就该戏在戏剧运动中的影响进行了估量：“《龙须沟》的演出，说明以北京为中心的戏剧运动高涨的开始。”最后，他着重分析了该剧在解放人民思想问题上的影响：一是“对少数人自象牙塔里带来的‘崇高的艺术修养’起了解除包袱的作用”；二是对“一屁股坐在‘十年斗争’光荣包袱上，不再努力奋斗，不再企图感受新鲜事物”的人，“也起了解除包袱的作用”。可见，廖承志倡导的是一条人民的艺术路线、一条发展的艺术路线。因此，该信也为研究廖承志的艺术观提供了具有一定价值的史料。

致杨尚昆

此信写于1956年2月26日。信中，廖承志主要就杨尚昆领导下的中央办公厅对他和方方起草的《关于召开国内侨务工作会议的报告》的修改意见谈了自己的看法：首先，承认文件大多数地方“改得真好”，因而“完全赞成”。其次，指出某些意见有值得商榷之处。如“十二页（6）款”，认为“说得灵活些更好”；再如“关于归侨的思想估计”，强调在“说到他们受资本主义影响很深的同时”，还要清楚地交代“他们究竟是国外华侨中较进步的人们”。可见，廖承志是提倡灵活侨务政策的，尤其是积极地定性与看待华侨。应当说，他作为华侨的身份及长期从事侨务工作的经验，决定了这些看法的深刻性与科学性。

致毛泽东

此信写于1956年9月4日。其主要内容，一是汇报了日本前军人访华团访问东北以后思想上的积极变化，如认识到“中苏友谊牢不可破，挑拨中苏关系没有用”、“中国确有力量，这力量确在不断增长，和中国敌对或‘再打仗’是不行了，还是友好妥当”等；二是为能使访华团进一步扩大对日本的影响，提出了“如主席能接见他们一次”的建议，并就此向毛泽东进行请示。廖承志之所以提出如此建议和请示，除了访华团有所要求以外，主要应是考虑到访华团成员系15位参加过侵华战争的日本前军人的特殊性。通过提升这批特殊身份者访华的影响力，通过其访华后的思想变化以扩大对日的影响力，进而推动中日两国外交从民间走向官方的进程，这也在一定程度上反映出此间中国政府和廖承志对日方针政策与指导思想。

致邓文钊

此信系1957年9月7日写于北京，为安慰和启发养病于广州的表兄邓文钊而作。此前邓氏因在整风运动中反对把著名工商界代表陈祖沛划为右派，被免去广东省副省长、广东省工商联主委等职。廖承志先就如何以正确态度看待整风运动劝慰邓氏：“在这回反右派斗争中，人人都得受到教育，你也受到了教育，这是好的，应该的，对你今后是很好的事。你不应该因此就萌消极之念。”廖承志把邓氏“病根”归结为“消极之念”，故而建议他“克服所有不健康的消极念头，解除一切包袱”。最后，他退一步肯定了邓氏在广东的功绩，认为“广东的同志也都是理解你的，不会忘掉你过去和我们在一起的贡献”，但又进一步指出“你有错误的地方也就必须检讨”。信虽不长，但廖承志对兄长和战友的殷殷关怀已跃然纸上；此外，他对党的政策积极拥护、对批评与自我批评党风的发扬所展现出来的党性之强，于此也足见一斑。

致风见章

此信写于1959年8月20日。信中，廖承志奉周恩来之命，委托日本恢复日中邦交国民会议理事风见章从中穿针引线，一是传达中国政府致日本政治家石桥湛山和松村谦三“访问我国”的邀请；二是说明中国政府对日本政府现行政策与态度“所采取的基本政策”，即强调日本政府为达中日恢复往来必须

“停止执行敌视中国的政策”、“不参加制造‘两个中国’的阴谋”、“不阻挠中日两国正常化的趋势”等“政治三原则”的坚定立场。于此，可以窥见建国初期周恩来、廖承志及日本老一辈开明政治家在推动中日邦交正常化方面所作的努力和贡献。

致邓广殷、孙君莲

共四封，分别写于1959年9月10日、1970年10月3日、1971年6月21日和1972年8月25日。收信人邓广殷系邓文钊之子、廖承志表外甥，孙君莲即邓广殷妻。信一写于“文革”前，主要就邓氏夫妇回港处理家产问题提出有关要求。此前，有哮喘病的邓广殷被调往广东外贸学院教书。邓文钊爱子心切，遂以香港家产有落入他手之险为由而致信廖承志，请准其子回港处理。信中，廖承志对邓广殷夫妇的要求与教导可谓语重心长：“到了香港后，就要注意立污泥而不染……人生在世，总难免酒、色、财、气四个字……阿殷年纪轻，这四个字上头，是要留心的。”后三信写于“文革”期间，主要谈到自己的身体近况与所需药物治疗，以及政治处境近况：一是其身体近况。如信三说：“我现在心绞痛，早跳都停了，只是脚还有些软，不能多走路……”二是请邓氏夫妇代购所需药物。如信二称：“你照顾我的红红绿绿的药和心脏药，都对我帮助很大。这一点还请你们继续帮忙。”三是其政治处境近况。如信三云：“我现在已经同以前‘住’的‘别墅’永远告别……但尚未完全解决问题，还需要等待，可是比以前已进了一大步了。”信四则说：“虽然‘报上有名’，但还未正式分配工作，不过你们来时，大概可以大摇大摆同你们见面的了。”此外，信中还谈到廖家其他成员尤其是何香凝病情等近况。据后三封信，略可见“文革”间廖承志身体状况与政治处境的变化，以及邓氏对廖家的接济与帮助。

致童小鹏

此信写于1961年1月25日，廖承志时任国务院外事办公室主任等职，收信人为国务院副秘书长兼总理办公室主任。信中，所谈内容为溥杰妻子嵯峨浩子来华与夫团聚的问题。廖承志首先对周恩来同意溥与妻团聚、强调“这样做可以增加对日本的影响”的举措和看法表示拥护，认为“这一处理精神是符合实际情况的、正确的”。其次，提醒童氏“溥杰日本妻子来的问题，恐怕是比较确定的了”，故而应当“准备做一些关于住居的安排等等”。他进一步建议："这件事不但作为国内战犯释放的处置来安排，而且要作为针对日本做的一项工作来安排。"嵯峨浩子来华及该信的写就，发生在中日民间交流日趋高涨的历史时期，反映了中国政府和廖承志重视中日民间交流、并据此推动中日政府间交流的战略方针和思想意识。

致松村谦三、高碕达之助

此信写于 1962 年 8 月 21 日。此前，李梦华、孙平化所率中国围棋代表团访日，曾转达周恩来总理和陈毅副总理对日本自民党顾问松村谦三、日中综合贸易联络审议会会长高碕达之助访华的邀请，后者欣然应允，并提出有关设想。因此，廖承志在该信开头说："孙平化先生回京后，备悉一切。"廖承志写作该信的目的，则在于受周恩来和陈毅之托，正式向松村、高碕二人发出访华邀请。他说："周恩来总理和陈毅副总理对你们两位愿来中国访问的好意，表示欢迎，并且委托我转达他们对你们的邀请。"为进一步表达诚意，信末还建议了合适的访华时间"九月中旬或十月下旬"。众所周知，随后松村谦三、高碕达之助的相继访华，对推动中日邦交走向正常化，起到举足轻重的作用。这一局面的达成，当然离不开廖承志及该信的穿针引线。

致高碕达之助

共三封，分别写于 1962 年 12 月 10 日，1963 年 7 月 8 日和 9 月 23 日，主要为贯彻与实现 1962 年 11 月高碕达之助访华期间与廖承志达成的《中日长期综合贸易备忘录》（下简称《备忘录》）而作。信一写于《备忘录》达成之初，对高碕"为中日友好、为贯彻备忘录所作的努力致以敬意"，并请转达"欢迎平塚常次郎先生（时任日中渔业协议会会长——引者注）在明年一月中旬来我国访问"的邀请。信二充分肯定了中日首个成套设备合同签订的重要性，认为"这一合同的全部执行，对整个备忘录贸易的顺利实现，具有重大意义"；此外，针对高碕在此前来信中提到的有关成套设备合同执行受到美、日、中国台湾破坏的问题，表示赞同对方关于该合同"在执行过程中所遇到的困难问题"的解决方式，即"由高碕、廖两办事处真诚合作，共同协助当事者加以解决"。信三则对达成《备忘录》贸易第二年度会议纪要和协议事项表示满意，讨论了贯彻《备忘录》下一步的任务即"中日两国民间渔业协议的谈判"，并表示需要对方"更大力鼎助，使这方面能有更大发展"。由此可见，《备忘录》贸易的贯彻与实现虽因美、日、中国台湾当局的极力破坏而颇遇周折，但大体上按照达成《备忘录》双方的规划发展，从而为实现中日邦交正式建立打下了极坚实的基础。

致伊斯梅尔·杜尔

此信以中国亚非团结委员会主席的名义写于1964年9月。收信人为亚非团结基金委员会主席，几内亚人。信中，廖承志先是肯定了杜尔领导下的亚非团结基金委员会所做工作，认为“亚非团结基金会在它的工作中取得了不少的成绩”。进而，希望并相信“亚非团结基金会将在它继续有效地帮助正在争取民族独立、反对帝国主义、新老殖民主义而斗争的人民和组织的崇高事业中，作出新的成就”。与此同时，声明中国方面“将一如既往，愿在这一方面同几内亚朋友一道，进行密切合作，作出我们应有的努力”。最后，为表示中国对有关工作的支持，特附以“中国亚非团结委员会已决定汇给亚非团结基金会二千英镑”的通知。通过此信，一定程度上可管窥中国政府支持发展中国家争取民族独立、反对帝国主义和新老殖民主义的斗争立场，以及注重团结亚非发展中国家的战略方针。在此信中，廖承志作为中国亚非团结委员会主席所作的贡献可见一斑，但也是此信所不能完全反映的。

致方方

此信写于1965年10月12日，为劝慰养病中的同事方方而作。当年春，方方从北京赴广州处理侨务工作，因劳累过度而昏倒，经抢救后入院治疗。信中，廖承志首先传达了自己和领导对方氏病情的关切：“我已向陈总（即国务院副总理陈毅——引者注）替你告假，彻底医好你的糖尿病将来就可以做更多、更长期的工作。陈总很担心你的病况，并说只怕你休息不下来。”其次，对方氏“边养病，又边工作”的养病方式表示担忧和反对，认为这样做，“结果养病又不成，工作又未能悉如体力许可而勉强以赴”。再次，举了一个得了严重糖尿病的日本负责同志在解放军医院“专心养病”而“两个月以后就基本上好了”的例子，劝方氏“以这日本同志为榜样才好”。最后，廖承志甚至把养病提升至同党的事业相联系的高度，力劝方氏以大局为重，务必养好身体：“每个干部的身体都是属于党的，有责任为党而注意自己的健康问题。”通过此信，不难看出廖承志对同事的关怀，以及廖、方二人私交甚笃。

给笃笃的信

此信写于1969年7月2日，收信人笃笃系廖承志次女廖茗。时值文化大革命，廖承志在京被隔离监管，廖茗则以“可教育子女”的名义被“发配”青海。当年，远在青海的廖茗给父亲寄来一本当时的畅销小说《欧阳海之歌》。廖承志在读书之余，决定给女儿写这一封家书，并画了两幅有关红军长征景象的画作为回赠：一幅是一名红军战士拄拐过草地时，一边拭泪，一边从死难者身旁走过；另一幅则是一名女红军怀抱着出生于长征途中的婴儿，含泪将之送予附近的村民抚养。这些景象，皆系当年廖承志亲眼所见。通过使这些亲眼所见、亲身所历跃然画面，廖承志一方面达到了劝慰女儿“千万不要忘记革命是千辛万苦，无数牺牲才得到胜利的”、“生活过得太舒适，像我们十几年以来一样，是害人的”目的，足见其对女儿期望之殷切；另一方面则为红军长征史研究保留了不可多得的图画史料。

给汝蘅的信

此信写于1971年10月30日，收信人系廖承志长子廖晖之妻。此前，赵汝蘅作为中央芭蕾舞团主要演员曾在1967年6月演出时受伤，至1971年8、9月随中央芭蕾舞团出访阿尔巴尼亚等东欧国家期间，仍处于养病状态。从廖承志给赵汝蘅信的内容来看，赵氏此前应已致信廖家，表达过对于自身职业病及廖家对己态度的担忧。对此，廖承志进行了一一劝慰：对于赵氏的职业病本身，他认为“固是可惋惜的事，但也并不严重，相信今后不致影响你的艺术前途”；对于廖家对赵氏态度的问题，廖承志反复强调这是赵氏“有些太‘世故’”所致，强调廖家不会“以为你‘红’了，就‘巴结’你；‘不红’了，就会相视如路人”，并征引鲁迅之言“不世故不行，太世故更不行”为劝。其目的，就是让赵氏“放下一切心头上的包袱，昂起头来，首先完成这次党和国家给你的重大的演出任务”。显然，廖承志作为父亲与长者对家人与晚辈的殷切期望和备至关怀，洋溢于字里行间。

致彭光涵

此信写于1972年3月6日。收信人彭光涵及其妻吴昭为廖承志在中侨委的老部下，两人分别于1958年6月和7月被划为右派而下放劳动改造。从此信的内容来看，可知彭氏在此之前曾就其妻吴氏的平反问题致信廖承志，并委托他将吴氏所写的一封申辩信转交于周恩来批示。此番致信彭光涵，廖承志主要就此事进行了答复：首先是告知申辩信处理的结果即“已转给军代表办事处的小管同志了”，并说明原因：“我无法看到总理”、“我对吴昭同志有一点小意见”；其次，着重就吴氏在申辩信中所显露出来的“缺少应有的自我批评”的问题进行了评论，并结合自身及身边朋友的例子，强调“自我批评首先由我开始”的重要性，倡导“恰当的，但是勇敢的自我批评”。既有着对部下的关怀，又不失对自己及部下的严格要求，这是廖承志一贯的工作作风。这一点，在此信中得到较多的体现。

致何捷、邓广殷、孙君莲

此信写于 1972 年 4 月 22 日。收信人何捷系邓文钊之妻即邓广殷之母、廖承志的表妹。在这一封信中，廖承志向何、邓、孙三人一一介绍了廖家成员的近况。例如，其母何香凝“病情最近又有好转，又能照旧看书看报，食欲也恢复了一些，说话也多了，只是耳朵不大听见”；其妻经普椿“照旧瘦得像一只马骝一样，但身体还好，没有其他病”；其自身“心脏病已好了许多，行得，企得，瞓得，赵得”；其子女或“回来上清华大学”，或“正在考试”，或“仍在南京附近炒豆”，等等。通览此信，其特点是多用广东粤语方言词汇，如“马骝”、“行得”、“胃食”等。

致宋庆龄

共两封，分别写于 1972 年 12 月 16 日和 1981 年 2 月 27 日。信一抬头称“你的信已转交给邓大姐，她说会马上处理那件事”。但令人遗憾的是，在现存宋庆龄、邓颖超文集、选集和书信集中，均不见廖承志受宋庆龄之托交予邓颖超的这封信。但结合廖承志的回信时间和内容来判断，他在信中所提及的“那件事”，很可能是宋氏申请接受美国作家韩素音的采访、以澄清美国人利昂·沙尔曼等对孙宋婚姻的造谣中伤问题。信一还就宋庆龄提到的 Reis 即阿尔巴尼亚外交部副部长马利列·雷兹（Malile Reis）访华后中方应派谁陪同访问澳大利亚的问题进行答复，表示“已向我们的外交部汇报”。信二则主要为告知宋庆龄有关宋美龄在美的消息而作。1970 年代以后，宋庆龄即着手联系家人事宜。1980 年 12 月，她曾托廖承志代笔而致信宋美龄，称自己病重，望后者回大陆一行。但宋美龄以台湾“三不政策”所限等因，迟迟难以回应。

廖承志作为一直敬重宋庆龄乃至以亲人视之的晚辈，在此问题上可谓煞费苦心。据信中所言，他曾通过“美国工作的同志”，“用了大力气”而得到宋美龄的消息，并把它告诉了宋庆龄：“在一个美国人——里根的信使，和一个中国人到过北京后，她表露了她的感情，而这种感情，我相信，要比家庭感情的含义更多些。”可见，宋美龄虽因受限制而未作回应，但她对宋庆龄仍怀有深沉的骨肉亲情。不过，这种亲情也只能深藏内心而已，姐妹俩至死难谋一面。这的确是人伦悲剧，而这悲剧则是1949年以来国家分裂所造成的。

致高碕达之助家属

此信写于1973年3月5日。高碕达之助作为中日友好事业的先行者，曾于1960年和1962年两度访华，并与廖承志签订《中日长期综合贸易备忘录》，从而开创了在战后中日关系史上占有重要地位的具有半官方性质的中日贸易往来。为表彰高碕达之助在恢复和发展中日关系、促进中日友好事业方面的重要贡献，在他逝世将近10周年之际，“恢复日中邦交永远纪念高碕达之助颂德碑”在日揭幕。作为当年的合作伙伴，廖承志就此致信高碕达之助家属，一则“致以亲切问候”；二则送去高碕氏的高度评价：“高碕先生生前为中日友好和两国经济交流作出了巨大努力”；三则表达对未来中日关系的期盼与展望：“祝中日两国人民世世代代友好下去。”在纪念与展望之间，在中日邦交实现之初，这封短信的意义自然不囿于慰问和怀念，还应具有一定的政治声明和宣传之意义。

致竹入义胜

此信写于1974年6月10日。围绕中日和平友好事业这一主题，信中谈到以下两方面的内容：首先，就最近中日两国在经济文化交流方面的新进展，与竹入氏交换了意见。如对于当年5月底至6月初日本创价学会会长池田大作访华问题，他明确表示“这对加深我们同创价学会和公明党之间相互理解和友谊，发展中日友好的伟大事业必将产生积极的影响”；而对于此前“中日航空协定的签订”，他也认同竹入氏的看法，认为这“确实是我们两国人民都值得庆贺的一件大事”。其次，就竹入氏委托廖承志“从中斡旋请周恩来总理会见池田先生一事”进行答复，表达了周恩来“很愿意会见池田先生和随他同来的其他日本朋友”的意愿及其“近日国事繁忙，年高劳累，遵照医嘱，未能安排”等原因。通过廖承志与竹入义胜两人的交流，略可见邦交正常化实现之初中日两国在发展友好事业方面的一些新动向。

致尼德哈姆

此信写于1974年9月5日，为请求英国人尼德哈姆博士向其好友之子约翰林即林忠世提供留学英国医学院所需的英语及相关知识辅导而作。林忠世系马来西亚归国华侨，四岁随父回北京定居，但因其父“较早离开中国”远赴坦桑尼亚从业，他被独留北京，在廖承志的照料下成长。因此，廖、林两人渐成亲如父子关系，林氏也被廖氏收为义子。在致信尼德哈姆之前，林氏“毕业于北京医学院”不久，并“决定到英国学医”，但“需要的是巩固他的学习，而首先是掌握英语，这样他才能在英国医学院学习”。在这封信中，廖承志向尼德哈姆讲述了这些情况，并说明了致信的目的：“可能的话，如你能给予帮助和宝贵的指导，他将是非常感激的。作为他的朋友，我也希望你能给这位年轻人以热情的指导，并告诉他应该怎样做。”

给约翰的信

共四封，分别写于1975年1月29日、7月6日、7月24日和1977年10月4日。当时，收信人约翰即林忠世留学英国。综观四信，廖承志所谈内容主要有二：其一，就“北京的那些往事”进行开导与劝慰。如信一云：“读着信，明白你对那些事怎样想，并且知道准备不再恼恨那些往事了，就非常安心了。世事不都是一帆风顺的，有波折，也会有波浪……”信二又说：“北京的那些往事，应该彻底地把它忘掉。人生历程中总有浪花、曲折、插曲，甚至小小的折磨，但你的‘折磨’，比起一些为革命献出鲜血的人们来，又算什么呢?”因史料阙如，尚不能确定“那些事”所指为何。但考虑到林忠世留学前夕国内正处于“文革”中的时代背景，结合此间廖承志及其家人一度受到冲击的情况，以及林忠世作为华侨和廖承志义子的身份，笔者认为“那些事”很可能与林氏在“文革”中所受迫害有关。其二，就“学习的事”提出要求与期望。如信一云：“你的学习比什么都要紧。希望你学好，七年时间内学成一个顶用的医生，然后用成熟的西洋医学科学来研究我们的针灸和传统医药，为人民好好服务。”信二再强调：“在学习的时期内，不要分心，想做这做那，要专心一意地钻进去。”为此，还提出具体要求，如“不要想去做副业”、“不要，至少暂时不要离开欧洲”、“注意女仔，仍是暂时当和尚为佳也”。通过这四封信，不仅略见“文革”前后某些历史侧面与人物心态，而且足见廖承志对林氏的期望与慈父关怀。

致宫崎世民

此信写于1977年2月7日，廖承志时任中日友好协会会长等职，收信人则为日本日中友好协会理事长，亦为廖氏世交。信中，廖承志先是对宫崎世民家中“遭了火灾，蒙受很大损失”一事“代表大家表示慰问”。紧接着，对宫崎氏来华提出邀请。他说“我邀请你来访”，还表示“有很多事想和你商量，望做出决断”。该信虽然只有百余字的篇幅，但已一定程度上反映出廖承志与宫崎世民之间的深厚友谊，也反映了“文革”结束之初，廖承志和中国政府在中日邦交正常化的基础上进一步发展两国友好关系的意愿。

致陈霞子

此信写于1979年3月27日。廖承志在这一封写给原香港《晶报》社社长兼总编辑的信中，主要谈到两点：一是对陈霞子的病情表示慰问，并分析当时形势，进劝陈氏在港治疗或稍作等待而赴京就医：“听说香港的医疗条件不比国内差，如果能就近入院，也可以省却千里奔波之麻烦。北京方面，好多医生都到云南、广西慰劳解放军去了，尤其是顶尖的医生大都去了，所以这里需要进医院治疗的人都在等待。你也不妨等待一下子吧。”二是对当时“港澳报界工作大有起色”的状况表示“甚欣慰”，并充分肯定了陈氏在主持《晶报》工作期间的贡献：“晶报今日有这好成绩，同霞老的努力是分不开的。”该信篇幅虽短，已足见廖承志对港澳新闻出版事业及相关工作人员的关切，同时亦略见此间爆发的对越自卫反击战对国内医疗事业的影响。

致王匡

共两封，分别写于1979年4月13日、14日，为支持港商查济民开办集成电路厂事宜而作。信一主要强调了查济民一事的重要性，表明了廖承志坚决支持的态度。他指出，尽管目前中央面临着诸如“国家钱用完了，外汇短缺”、“计划必须调整”、“体制、上层建筑都须适应三年的调整时期”等难题，但仍明确表示，“查要办的五百台机器，连培训国内的人员二百名额在内，共需八百一十八万美元，这事我们必须予以支持”，并提议由王匡等人“负起全责，促成这件事”。仅仅一天之后，廖承志在第二封信中进一步强调了这一点：“对这件事，我们必须支持，就是排除万难，以求干成。千方百计，尽力筹款，第一年四百万，第二年再四百万，把事情办好。”为达此目的，廖承志认为一则“借高利贷也可以”，二则需要“靠香港支持”。廖承志一贯重视以香港为窗口，引进海外先进的科学技术与设备。这一点，在这两封信中得到充分的体现。

给儿女们的信

此信写于1980年4月13日，廖承志为告知儿女们、孙子们及儿媳们有关自己在美国进行心脏手术的情况而作。首先，他谈到手术后其身体状况的改善。他说：“我开刀以来情况很好，证明了此行实大有收获，不但常患的心绞痛等情况完全消失，而且心功能由于搭了三个桥而大有改善。”与此同时，他还谈到目前其身体仍存在的问题：“经过胸心部大手术之后，愈合还需要时间，并且新引起的不平衡还要待调整。”这一封短信连同1979年12月廖承志写给中共中央的《关于赴美进行心脏手术向党中央书记处的请示报告》，对于研究廖承志赴美进行心脏手术前后其身体状况等情形，具有较高的史料价值。

致清水司

此信写于1982年5月5日，收信人为日本早稻田大学校长。此前，清水司曾致信廖承志，发出参加早稻田大学一百周年校庆活动的邀请。在给清水司的回信中，廖承志首先对清水的邀请表达了“至为感谢”；其次，对这一所“年轻时曾有幸就读”的大学百年校庆，他献上了“作为一个校友的由衷的祝贺”。但他进一步向清水指出，由于“国内日程安排关系”，他预定于当年9月下旬访日并出席两国民间人士会议之后，“将不可能延长在贵国的停留时间，参加十月二十一日的庆祝大会和其他庆祝活动”，并为此“深感遗憾”。从清水氏以校庆之名“盛情邀请”，从廖承志以校友之名“由衷祝贺”及其拟出席中日民间人士会议等活动安排之密集，略可管窥当时中日友好关系之一斑。

致远藤三郎

此信写于1982年5月15日，收信人为长期从事中日友好活动的日本前日中友好旧军人之会会长。从该信内容来看，远藤三郎不久前曾致信廖承志，谈到其身体欠安的状况及相关的忧虑。对此，廖承志在回信中表示“感慨万分”，进而从人类生死规律与自身身体现状，就远藤氏所忧进行劝慰。他说：“人既有生，就必有归土之日，这是万古的定律。我也快到七十五载了，如若先生先我涅槃，我也将继您之后进入那无限的世界里”；他进一步指出：“目前，我进行了心脏手术后，正在顽强地搏斗着”，但是，“十年，二十年，在宇宙的长流中仅是一瞬间……”最后，廖承志高度评价了远藤氏的一生尤其是他在中日友好事业上的贡献：“先生九十年之生涯确是我们学习的榜样，您的伟大形象将永远铭记在中国人民心中。”由此信足见廖承志与远藤氏私交甚笃，亦可见廖氏人生观的洒脱。

致陈香梅

此信写于1983年2月27日，收信人为美国共和党少数民族委员会主席、廖承志的外甥女陈香梅。廖氏致信陈氏的目的，在于向后者介绍中国新任驻美大使章文晋先生。他在信中介绍说：“章大使是我早年留德同学，友谊已有五十年之久”，而且盛赞“章大使是卓越外交家”，故而希望章、陈两人“能相处得很好”。事实上，除了章文晋以外，廖承志在1981年至1983年间，还曾多次为介绍中国驻美大使馆官员而致信陈香梅，以嘱咐她给予有关支持与协助。但现存收入廖氏文集的，仅此一封。在当时中美两国虽已建交而双方关系并无重大起色、在台湾等主权问题上仍不断发生摩擦的情势下，廖承志给陈香梅的信及陈氏随后的积极回应，对于打开中国在美国乃至西半球的外交新局面，无疑具有不容忽视的重要作用。

重要书信注析

成晓军

［原文］

致瞿秋白

（一九二九年九月六日）

秋白[1]同志：

八月十三日的来信，早已收到了。久未复的原因，就是因为和黄平[2]同志到法国去了。

现在黄平同志当已回到莫斯科，你也可以安心了。

和中国党的关系，这周已写了一封信回去。但是因为写的人写得太空洞，以后还预备再写一个报告回去。

你的文章，已印出来了。已经寄了十五份到莫斯科去，谅已阅过吧。《反帝》一文，已交给德国党部，也已经登在党刊 *International*[3] 上。不过，据谢用常[4]同志说，里面修改了"非常之多"。我是不大通德文的，所以也无从知道修改了的是在哪一部分，或是否"非常之多"。以后寄那一份 *International* 去，你便可以知道修改了没有。

对于把各国党的政策传达给讲中国话的群众里去的工作，我们以前确是疏忽了。以后在《赤光》[5]上我们做这一点，同时，个别宣传上我们当留心到这一层。

在 Frankfurt Main[6] 时我对你讲过的谢用常同志和邢字清[7]同志的问题，这周已正式开过一次批评会了。当日会议的详情，我们以后写一个报告给代表团，同时黄平同志也是参加者之一，你是可以详细知道的。不过，当日会议有两个缺点：第一，此地同志除了邢同志以外，个个都犹豫观望，不敢彻底讲话，非常客气。第二，邢同志和谢同志的错误，没有一个总的结论和决议下来。关于第一点，我们预备在下次会议上提出来，俾[8]以后诸同志们不致再有这妥协的态度。第二点，固然也是妥协态度的一种表现，但是也预备提出来附加的。黄平同志知道得很详细，他在柏林时对我们那种不敢彻底讲话的态度，曾经严厉地批评过。

海员问题，已决定由我担负这一工作了。我预备在本月内即赴 Hamburg[9]，在这层工作上努一点力。不过这里有两个问题：一、这点工作必须和国内发生很密切的关系，受国内的指导。二、我离开了在柏林的中国同志们以后，自己德文不太好，恐怕一时对于中国的情形发生隔膜，希望你们那边经常寄一点材料给我。

廖承志

一九二九年九月六日

（选自《廖承志文集》下卷）

［注释］

［1］瞿秋白（1899—1935）：江苏常州人，中共中央早期领导人之一，时任共产国际执行委员和主席团委员。

［2］黄平：北伐战争前，曾担任鲍罗廷的翻译，当时为中共驻职工国际的代表。

［3］*International*：即《国际》，是当时德国共产党中央机关的刊物。

［4］谢用常：当时为中国共产党党员。

［5］《赤光》：是旅欧中国共产主义青年团的机关刊物。原名《少年》，创刊于 1922 年 8 月，1924 年 2 月改名《赤光》。

［6］Frankfurt Main：即法兰克福（美茵），德国的城市。

［7］邢字清：河北南宫人。当时留学德国，是中国共产党党员。

［8］俾（bǐ）：使；把。

［9］Hamburg：即汉堡，德国的城市。

［简析］

1928 年 11 月，廖承志奉中共中央之命到德国，负责做中国海员的宣传发动工作，次年任汉堡海员俱乐部支委、书记。这是他于是年 9 月向当时中共中央任共产国际执行委员和主席团委员的瞿秋白汇报有关德国中国海员工作现状的专函。在专函中，廖承志明确表示要专心做汉堡中国海员的宣传发动工作，“努一点力”。同时希望随时得到国内中共最高领导层的指导，“和国内发生很密切的关系”，“受国内的指导”。

[原文]

致瞿秋白

（一九二九年九月二十八日）

秋白同志：

后天下午到Hamburg[1]去。你接到这封信时，我当不在柏林了。

到了那边之后，才可以知道那边情形怎样。确切的话，现在还不能说。

和中国的海员支部须发生关系。但是通讯的地方，现在只有一个，而且是一个同志的私人地址，他现在是否尚在海员支部工作，还是疑问。这个地址是在香港的。

黄平[2]说这个地址已是够用的了。不过我尚未明白，我和这海支的关系须至何等程度——虽然这是日后的话。我也忘记问，他也忘记说。但他给我信，说已经走了。

法国方面，中国党组已派了两个同志到Marseille[3]做海员工作去了。以后，在这点上Hamburg和Marseille当可有密切的联系。

到Hamburg去以后，《海员半月报》一类的东西似乎应当弄一个。老董[4]也到Hamburg来，虽然他此行是只在进大学的目的上，但是我和他可以共同弄这个东西的。

九月以后，我、董、邢[5]、王[6]都离开柏林了。邢、王的外游是因为有私人的原因，党组也不能定出他俩必须留柏林的必要。留在柏林方面的，只有我、张[7]、章[8]和谢[9]。不过《赤光》仍旧办，现在还成立了一个和国内发生直接关系的通讯社，负责者为成[10]。这个通讯社很可以拿来代替传达消息的任务，以后还须做怎样同德国党的生活打成一片的工作。

现在中国书籍在柏林渐次增加它的必要性。我们的同情者现在已增至六人，有一个已直接要求参加了。在一九二八年年初他——名郭则沉[11]，山西人，在日本参加过C. Y.[12]，后来因为党派他回国工作，他不去，便说“退出了”。据他说的“第二个重要原因”是因为“不解”暴动问题。“共大”有个同志认识他，我们预备向他了解。

现在“左派同志”张发奎[13]又来抢广东了。说中国不会再发生混战的邓演达[14]，听之当有些惭愧吧。

到Hamburg后，望你时常通信。

致

共产主义的敬礼

尚有一函，拜转定一[15]兄。

廖承志

一九二九年九月二十八日，柏林

（选自《廖承志文集》下卷）

[注释]

[1] Hamburg：即汉堡，德国的城市。

[2] 黄平：时任中共驻职工国际的代表。

[3] Marseille：马赛，法国的城市。

[4] 董：即董壁，当时在汉堡大学读书，中国共产党党员。

[5] 邢：即邢字清，当时在德国留学，中国共产党党员。

[6] 王：即王德宣，当时在德国留学，中国共产党党员。

[7] 张：当时与廖承志同在德国海员工作的同志，生平待考。

[8] 章：当时与廖承志在德国做海员工作的同志，生平待考。

[9] 谢：即谢用常，当时为中国共产党党员。

[10] 成：即成仿吾（1897—1984），湖南新化人。大革命时期，任广州大学（后改为中山大学）教授、黄埔军官学校教官等职。新中国成立后，历任中共中央党校副校长，中国人民大学校长等职。

[11] 郭则沉（1906—1973），陕西临潼人。当时为中国共产党党员。新中国成立后，历任中国农工民主党第七届中央委员会主席团委员兼秘书长，第四届全国政协委员、副秘书长等职。

[12] C. Y.：是 The Communist Youth League 的简写，即共产主义青年团。

[13] 张发奎（1896—1980），广东始兴人。曾任粤军第一师团长，1925 年任国民革命军第四军第十二师师长、第四军军长等职。

[14] 邓演达（1895—1931），广东归善人。1920 年参加孙中山组织的粤军，历任营长、团长。1926 年任黄埔军校教育长。北伐战争期间，任国民革命军总政治部主任、湖北省政府主席等职。1930 年 11 月，被蒋介石秘密杀害于南京。

[15] 定一：即陆定一（1906—1996），江苏无锡人。时任少共国际执委会委员等职。

[简析]

廖承志在正式动身赴汉堡做中国海员工作之前，就中共在柏林活动的情况向瞿秋白作了重点介绍，尤其对已成立的“通讯社”的任务和宗旨作了交代，表示“以后还须做怎样同德国党的生活打成一片的工作”。信的最后，廖承志就张发奎这个所谓的国民党“左派同志”来“抢广东”的事例，批评邓演达试图建立第三党或第三种政治势力来扼制军阀割据，解决国家前途命运问题的做法，是幻想，是不能成功的，应当感到“惭愧”。

[原文]

致柳亚子

（一九三三年八月）

亚子[1]先生：

我现在不得不再次遗下年老多病的母亲，离开此地了。春间三月的时候，曾得到先生的营救和奔走，是我永远不能忘记的一件事，这次的出走，是不会令先生受到连累——因为在这方面我都准备好了，万望先生放心！

我觉得，与其偷生来慰安爱护我的少数的人们，不如失掉爱护我的人们的安慰——因为大多数人的幸福是在前途等着，这是历史的命运给予人类的重担；这重担也许是很重，但是我也只能这样做了。如果世界上真有上帝其物的话，我只求能减少我母亲的痛苦。

也许将来还有一日，可以在先生面前求恕我的不辞而行。如果先生不怪我在这样的情形下面胆敢向先生求情的话，我只希望先生能够在每月中花一些时间，如能这样，我母亲便不致如在无人岛上了。

也许将来，中国的孩子们不必这样地离开他们的母亲吧，能这样，很多人的死便不是徒然的了。

仅以至诚，祝先生

健康！

承志再拜

再者阅后祈将此信火化为望

（选自《廖承志文集》下卷）

[注释]

[1] 亚子：即柳亚子（1887—1958），江苏吴江人。早年参加同盟会，清末进步文学团体南社发起人之一。新中国成立后曾任中央人民政府委员、全国人大常委会委员。与廖承志母亲何香凝关系甚善。1933 年 3 月廖承志在上海遭国民党拘捕后，柳亚子等人多方奔走，最终联名担保将其营救出狱。

[简析]

廖承志在给柳亚子写这封信时，已动身赴川陕苏区，奉命担任中共川陕区省委常委、工会宣传部长职务。在该信函中，廖承志首先感谢柳亚子对他的“营救和奔走”，表示是“我永远不能忘记的一件事”。进而，他向柳亚子满怀深情地表白，出狱不久就要离开年迈的母亲，奔赴遥远的川陕苏区，从事他所信仰的共产主义事业。尽管内心无时不牵挂年迈而孤苦的慈母，但作为革命者应当抛小家为大家，舍个人利益为全体中国人民的自由解放而奋斗。“与其偷生来慰安爱护我的少数的人们，不如失掉爱护我的人们的安慰——因为大多数人的幸福是在前途等着，这是历史的命运给予人类的重担；这重担也许是很重，但是我也只能这样做了。”这段话显示出廖承志作为一位共产主义信仰坚定不移的革命者，既富有亲情、人情的一面，又具有广阔的胸襟和远大的志向。

［原文］

致何香凝

（一九三七年七月二十八日）

母亲：

来信谨悉。闻病，近况如何？希加意保重。华北抗战发动，全国动员想在不久，但希望你在冷静沉着中恢复康健以从国事，不要因陡然兴奋而致损害身体为要。

致毛先生[1]信已转去，他很高兴。各友人都问你日安，都盼望你康健能早日恢复。

闻品泉兄[2]又到沪，祈代候一二。

我的身体日日俱进，相信比前时更好，这是完全不必挂念的。我想，抗战发动，我们相见之期自在不远，只盼你保重身体。

普妹[3]等我四年，希望你喜欢她，她的小孩脾气谅早已除去吧？

你所有来信都已收到，食物也都收到了。

这里鸡蛋之类的营养品也仍充足，你不用再花时间和金钱为我购买了。你应该多买东西自己补养。

历次寄上杂志，未悉收到否？祈示知，倘未收到，当用别的方法再寄。

此祝

康健！

志

七月二十八日

（选自《廖承志文集》下卷）

［注释］

［1］毛先生：即毛泽东。

［2］品泉兄：即何品泉，广东南海人，廖承志的表兄。

［3］普妹：即廖承志的未婚妻经普椿。

［简析］

1937 年“七七事变”发生后，全国掀起了抗日御侮的高潮。廖承志此时尽管深切思念年迈孤独的老母亲，但并未因思念亲人情切而意志消沉，而是坚信中国抗战必定能取得胜利，“抗战发动，我们相见之期自在不远”，从而希望老母亲保重身体，等到抗战胜利后亲人团聚的那一天到来。自古忠孝不能两全，当国家民族危难之际，好男儿只有尽忠报国才是最好的人生选择。

［原文］

致何香凝、廖梦醒

（一九三七年八月三十一日）

亲爱的母亲、醒姐[1]：

前带上两函，以［已］收到否？

上海发动抗战，并且风闻闸北、虹口都已成为一片瓦砾场。未悉你们都健在否？无论如何，请给我一点消息。

全国抗战发动的今日，每一个中华儿女，都负着光荣的保卫祖国神圣职责。我虽然明知上海已成为炮火连天之地，但也坚信你们的唤醒民众、号召民众参战的工作，必定更加加紧。我虽然顾虑着你们的安全，但为祖国设想，更希望着你们坚决往前，不屈不挠地奋斗！

我很想来看看你们，在如此的情况底下，自然你们也必定是很想见见我。可是战争已在进行了，一切的一切都只能为着战争的利益牺牲。我们这里已成为整个抗战的左翼要地，在这战略的中心下组织西北民众，号召西北民众的工作，也就唯有更加紧地落在我们身上。个人虽想来看看你们，但整个的工作要求，却不容许我离开此地。我个人，也唯有从工作的加紧中，遥祝你们的安全，遥祝你们的努力。

这是使我难过的事，也更是使你们难过的事吧。但是整个中华民族的生存，也唯有依靠于中国的母亲们、女儿们、儿子们，能够忍受当前的难过，能够抹下满眶的热泪，去为祖国的命运拼至最后一滴血。我们母子之间，今日还能通信，可是连通信的可能都丧失了的，不知多少。我们只好忍受它，我们只好勇敢地接受这磨炼。也唯有让我们大家，来担受这重担吧。

持久的抗战已经发动，经历的磨折困难今天才在开始。以后也许我们还要忍受更大的磨炼。以后遭遇的难过事，恐怕也要十倍于今日。如果我们最近能见面，那是最好；如果见面的时间更拖长，我们也唯有忍受。让我们到了鸭绿江边再庆祝家庭的团圆好了。让我们在民族抗战胜利的旗帜底下，再庆祝我们的会面好了！

我们这方面的消息，谅你都已知道。我的健康你不用挂心。

无论如何，请给我一点消息！

万请注意保重！！！

承志

八月三十一日，肤施[2]

（选自《廖承志文集》下卷）

［注释］

［1］醒姐：即廖承志的姐姐廖梦醒（1904—1988），时任宋庆龄秘书，在上海参加中国妇女抗敌后援会工作，并参与筹建保卫中国同盟的活动。

［2］肤施：为延安旧称。

［简析］

抗战爆发后，全中国人民都行动起来了，上海成了抗日战争的前沿阵地。廖承志得知日寇发动“八一三事变”占领上海的消息后，远在西北边陲延安的他，思念亲人的同时，在信中饱含深情鼓励、期盼母亲何香凝、姐姐廖梦醒以国家民族利益为重，投身到保家卫国的战斗中去贡献自己的力量。他在信中特别强调，亲人间彼此的思念不在于相守在身边，为了亲人间早日相聚，就必须勇敢投入战斗，因为“整个中华民族的生存，也唯有依靠于中国的母亲们、女儿们、儿子们，能够忍受当前的难过，能够抹下满眶的热泪，去为祖国的命运拼至最后一滴血”。廖承志广阔而远大的胸襟，由此可见一斑。

［原文］

致何香凝、廖梦醒

（一九三七年十月一日）

母亲、醒姐：

来的电报和信，以至托我们的朋友带来的东西都收到了——款五十元等等。谢谢！

我最近也许不能很快来看你们，因为一切都在忙着。然而你们放心，我非常健康，并且很好，你们都不必挂念的。

听说你们到杭州去了，确否？杭州为最近敌人轰炸与进攻之目标，希留神。

醒姐告我的沪上详情，都知道了。战争诚然是“残酷”，但是倘若大家不奋力来拼命打，就不好办了。我们必须争取战争的胜利，为此目的，任何手段都是必要的。

振兄[1]康健，须妥为保养，在目前，他应该到内地去疗养吧。

转来普[2]的信，都收到了。她倘若能够来，自然更好。我已另有信给她了。

闻说母亲瘦了些，则可见工作已相当繁重。必须好好保养，多休息一下才好。

自宣言[3]发表后，一切都向好的方面发展。自然，更好的局面，尚须努力，可是如此看来，我们见面之机总该不远了吧？

百忙中，只能写出一点，日后再谈。

祝

健康！

你们的志

十月一日

（选自《廖承志文集》卷下）

[注释]

[1] 振兄：指廖梦醒的丈夫李少石（1906—1945），又名李振、李国俊、默农等，广东新会人，中共党员。1930 年担任香港交通站站长，并与廖梦醒结婚。1943 年奉命到达重庆，任八路军驻重庆办事处秘书，全力协助周恩来工作。1945 年 10 月 8 日，在重庆遭国民党士兵枪杀，时年 39 岁。

[2] 普：即经普椿（1917—1997），此时为廖承志恋人，1938 年 1 月与廖承志于香港结婚。

[3]《宣言》：即《中共中央为公布国共合作宣言》，强调以团结抗日、实行民主政治为主旨，重申中国共产党为实现同国民党重新合作而准备实行的取消苏维埃政府、改编红军等四项诺言。

[简析]

廖承志在此信中，就抗日战争的残酷性、艰巨性和长久性谈了自己的看法。他明确指出，越是处在艰难困苦的环境，越要发扬“拼命”的精神，“我们必须争取战争的胜利”。自中共中央《宣言》发布以后，“一切都向好的方面发展”。只要全国人民团结一致，抗战的胜利一定会到来，亲人间的团聚也就实现了。他满怀信心预见："我们见面之机总该不远了。"

[原文]

致何香凝、经普椿

（一九四十年九月三日）

妈、椿[1]：

我现在江西泰和附近马家洲名叫青年训练所的集中营中。生活仍没有问题，只是他们逼迫我投降，是可忍孰不可忍？倘必要时惟有宁死不辱而已，希告各友放心。

我的事倘能设法则设法，否则不必过于勉强。只望你保重身体，

不幸时勿再以我为念！新生的孩子倘健在，可名为继英，取继续英勇事业的意思。你必须好好地抚养孩子们。椿：另外广东的现状已一团糟，以后任何人冒我的名来找你的都是假的，希注意——除了有我的亲笔迹。狱中无事咏几首[2]，以备临时转呈。

肥仔

（选自《廖承志文集》下卷）

[注释]

[1] 椿：即廖承志的夫人经普椿。

[2] 此信附诗四首：《拜别慈母》、《南柯子·辞世》、《诀普椿》、《寄此地友人》。

[简析]

1942年5月30日，廖承志因护送香港爱国民主人士和文化界著名人士，转道惠州等地分赴内地后，前往粤北去见母亲何香凝，行抵乐昌县城时，因被叛徒出卖而被国民党特务拘捕，不久被押解至江西泰和附近监狱。在狱中，他面对敌人的威逼利诱，始终没有屈服。他做好了随时牺牲的准备，"倘必要时惟有宁死不辱而已"。他嘱咐母亲和妻子，应保重自己的身体，如果他万一遭到敌人的杀害"勿再以我为念"。并叮嘱妻子经普椿不要为他感到悲伤、绝望，而要坚强生活，将新生的孩子抚养成长，取名为"继英"，将他的革命事业继承下去。与此同时，他将在狱中写作的四首诗文附信寄给了母亲和妻子。由此可见，廖承志视死如归的精神表现得深挚而又真切。

［原文］

致周恩来

（一九四二年九月二十八日）

渝胡公[1]：

我于五月卅日被捕，现在泰和附近的所谓青年训练所中。其中一切，纸上难述。希望你相信，小廖到死没有辱没光荣的传统！

其余，倘有机会，可面陈，无此机会，也就算了。就此和你们握手。中国共产党万岁！

志

九月二十八日

（选自《廖承志文集》下卷）

［注释］

［1］胡公：即周恩来当时使用的代号。

［简析］

廖承志因被叛徒出卖而被国民党特务逮捕入狱后，没有忘记向党组织及时汇报。此信函文字虽短，内容却很丰富。一是向周恩来表示，任何时候都不会叛变失节，“小廖到死没有辱没光荣的传统”。二是向周恩来表示，如果自己牺牲了，但对共产主义的信仰坚定不移，坚信革命事业一定会取得成功。在这里，廖承志没有半点悲观、失望，有的是博大的胸怀和坚定的信念。

［原文］

致何香凝

（一九四六年一月二十五日）

亲爱的母亲：

恢复自由后立即由渝发给你的电报，谅已收到了。我在此身体很好，正在休养，盼不要怀念。昨日由友人处得悉你已回香港去了，因此由香港转这信给你。坚和恺孙[1]如何？你近来身体好否？悬念之至。振[2]的事，出来了之后才知道，昨天上了他的坟，洒了些眼泪，想不到我竟无法和他相见了！醒姐我已有信给她。妈，醒姐以前纵有甚不是，现在都该可以原宥[3]她了。四年之内，诚可谓家破人亡，应有尽有，但也就更增强了我革命的勇气。并且已自由，今后可孝养你老人家的时日就多了。

家里的事如何？你现在住在什么地方？都请你详细告我，邓氏兄弟[4]等听说都回到香港去了，见面时请一一致意。

翘首白云，午夜孤灯，不禁万感交集。我以前不曾尽孝道的地方，就容我今后好好地做罢。

谨候

金安

男　承志字　于渝

一月二十五日

（选自《廖承志文集》下卷）

［注释］

［1］坚和恺孙：坚即廖坚，1939年生，廖承志的长女；恺孙即廖晖，1942年生，廖承志的长子。

［2］振：即李少石（1906—1945），又名李国俊、李振、默农等，广东新会人，中共党员。1930年担任香港交通站站长，并与廖承志的姐姐廖梦醒结婚。1943年奉命到达重庆，任八路军驻重庆办事处秘书，全力协助周恩来工作。1945年10月8日，在重庆遭国民党士兵枪杀，时年39岁。

［3］原宥（yòu）：宽恕；原谅。

［4］邓氏兄弟：即邓文田（1906—1983），廖承志表妹夫邓文钊的哥哥，曾任《华商报》督印人；邓文钊（1908—1971），广东五华人，廖承志的表妹夫。早年毕业于英国剑桥大学。当时在香港从事金融业，曾任《华商报》董事长兼督印人。新中国成立后，任全国工商联副主任委员、广东省副省长等职。

［简析］

廖承志自1945年1月22日从国民党监狱出狱后的第二天，给母亲何香凝写了这封信，重点内容有两点值得注意：一是姐夫李少石遇害后，姐姐廖梦醒心情不愉快，希望母亲能够了解她的处境，“以前纵有甚不是，现在都该可以原宥她了”；二是深情表白，他已恢复了自由，以后可专心对母亲尽孝道。

[原文]

致蔡福就

（一九四六年八月二十一日）

大蔡[1]兄：

笔与啤酒已收到。十分感谢！

你与姐姐谈的事，已与周公[2]谈过了。以前不曾弄好，十分抱歉，都是我们没有照料好之故。今后大概不再会有这类事了，因此盼你和潘兄[3]经常联络，想他必会更亲切地代你解决问题的。

你能留下，更佳。不要怀疑这事对革命会不会有贡献，因为这必有帮助，已断无可疑。问题只是，盼你勿急躁，勿只追求眼前的效果，而要为着长远将来打算，因此更宜慎重，要小心翼翼，更要尽量保护你自己的安全——不仅为个人，而也是为工作。

你不要希望每个朋友都明白你，因为这是不可能的。不明白你，不了解你，反而对你工作更有利。

你可常常到姐姐家中，但每次访问，不妨带些朋友，唱歌等等。如此人们才不致注意，也不会因你突然不来往而反更加注意。

请告令弟他转来的广播问题，已电延安，有复讯即奉告也。

敬礼！

承志

八月二十一日

（选自《廖承志文集》下卷）

[注释]

[1] 大蔡：即蔡福就（1910—?），广东中山人。曾任香港中国旅行社副董事长。

[2] 周公：即周恩来。

[3] 潘兄：即潘静安（1916—?），广东番禺人。当时任香港新华有限公司总管处经理。

[简析]

在信中，廖承志开导蔡福就不要因受委屈而耿耿于怀，留在香港、广州做党的地下工作，不仅“不要怀疑这事对革命会不会有贡献”，更应放下包袱，“小心翼翼”把工作做得更好。

［原文］

致李伯钊

（一九五一年二月五日）

伯钊[1]同志：

实在抱歉，今天不能出席了。对《龙须沟》的戏，并非客套一番，真实的感观如此：

一、这戏的演出是完全成功的。它的成功远远超过于《方珍珠》。这戏充满着爱、感情，并且每个人物都是有思想的，所创造的形象是真实的，语言是活生生的。这方面是《方珍珠》所不及的。

我最爱疯子、大妈这两个人物。他们是如此真实，并且处理得如此之好，使我对这两个人物发生很着实的爱。如果是别人处理的话——处理得不适当的话，疯子是会变成丑角的，但是疯子如此可爱！我不曾见过菊隐[2]同志，请你代我祝贺他的成功、辉煌的成功，并且祝贺那几位演员同志的成就和全体职演员同志的成就。青年艺术剧院应该很好地向人民艺术剧院学习。

二、《龙须沟》的演出，说明以北京为中心的戏剧运动高涨的开始。由去年到今年，北京演出了很多戏，一般来说，演出水平是逐步提高的，到了《龙须沟》，可以说是相当一大踏步的前进，再不许后退，否则必被观众所否定。戏剧的水平提高了一步，观众也跟着提高了一步。这是严肃的，彼此——各弟兄剧团之间鞭策着向前迈步的，是在广大人民面前受考验的友谊竞赛的开始！这开始的第一步处理得好，对全国戏剧运动是有帮助的。让我们彼此间互相勉励，互相推动，为着继续推动这新高涨而共同努力吧！

我想，青年艺术剧院在这应有的努力当中，必定是要向人民艺术剧院学习的。

三、焦菊隐同志导演的《龙须沟》，在思想上——最少在我们青年艺术剧院中，对两个问题的解决起了极大的作用：第一，对少数人自象牙塔里带来的“崇高的艺术修养”起了解除包袱的作用。他们迷恋着这僵尸，否认到人民中去生活和在这生活中间和人民的感情融合成一片的必要，因此这些人所能处理的，仅是“表演术”以内的问题，人物是没有思想的，没有灵魂的。第二，相当不少的人一屁股坐在“十年斗争”光荣包袱上，不再努力奋斗，不再企图感受新鲜事物，《龙须沟》对他们也起了解除包袱的作用。《龙须沟》证明，不管有多少年在工人农民中生活的经验，但如果自己在艺术创作上不进步，不学习，不继续提高一步的话，那么这些人所能处理的人物将永远是粗糙的、活报里面的角色，因而人物也不会有深刻的思想性的，其结果则同样是失败的。

经验主义者和教条主义者一样是不会有前途的——除非他转变。《龙须沟》是上了一课的。

在这意义上，我至诚地祝贺你——伯钊的成功。

但愿人民艺术剧院在这成功的基础上，不骄傲，不自满，带领着各兄弟剧团向更高的水平走去。

此致

敬礼！

廖承志

（选自《廖承志文集》下卷）

［注释］

［1］伯钊：即李伯钊（1911—1985），重庆人。1925 年加入中国共产主义青年团，1931 年转入中国共产党，长期从事党和军队的宣传教育工作。当时任北京人民艺术剧院院长等职。

［2］菊隐：即焦菊隐（1905—1975），天津人，戏剧艺术家。新中国成立后，先后导演了《龙须沟》、《茶馆》、《关汉卿》、《蔡文姬》等二十几部中外古今话剧。

［简析］

在此信中，廖承志充分肯定李伯钊领导下的北京人民艺术剧院排练演出的《龙须沟》这个戏剧“是完全成功的”，衷心希望李伯钊“在这成功的基础上，不骄傲，不自满，带领着各兄弟剧团向更高的水平走去”。

［原文］

致周恩来

（一九五三年八月五日）

总理：

送上《关于党内国外华侨工作会议呈中央请示报告》、《关于资本主义体系国家内华侨统一战线工作与社团工作的若干意见》（草案）及《资本主义体系国家中华侨学校工作方针的意见》（草案）。这三个文件，经侨委党组准备了很久，最近在李维汉[1]同志主持的中央统战部部务会议讨论后，重新改写过，在另一次统战部部务会议上通过；并经王稼祥[2]同志及中央对外联络部同志们审阅，表示基本上同意，章汉夫[3]同志也已阅过，也表示同意。维汉同志走前，嘱大家看过后还要送您转呈中央最后批准。我们还想把《统一战线》、《学校方针》两个文件经中央批准与会议讨论后，发给使领馆掌握执行。

我已和尚昆[4]同志联系过，他说下星期初（一或三）可以讨论，并闻。

以上是否有当，请指示。

敬礼！

廖承志

八月五日

（选自《廖承志文集》下卷）

[注释]

[1] 李维汉（1896—1984）：湖南长沙人。当时任中共中央统战部部长。

[2] 王稼祥（1906—1974）：安徽泾县人。当时任中共中央对外联络部部长。

[3] 章汉夫（1906—1972）：江苏武进人。当时在中共中央职工部工作。

[4] 尚昆：即杨尚昆（1907—1998），四川潼南人。当时任中共中央办公厅主任等职。

[简析]

在此信中，廖承志向周恩来具体汇报有关华侨事务三个文件制定的情况，考虑到事务重大，特专呈周恩来审批，以便在工作推行过程中减少失误和阻力。

[原文]

致周恩来

（一九五三年十月二十五日）

总理：

八月四日我们曾请示中央，在党内的国外华侨工作会议开过后，接着在十一月内召开华侨代表会议，并蒙原则批准。现在，党内的国外华侨工作会议已在九月十五日结束，有关文件亦于最近全部修改完后，准备于十一月一日召开侨务扩大会议（实质上是华侨代表会议）。现将有关十一月一日侨务扩大会议的事前请示报告及九月十五日结束的党内的国外侨务工作会议总结报告及有关文件呈上，敬请审阅后转呈中央审核。

在八月四日中央原则批准我们的请示报告时，曾具体指示应将《关于资本主义体系国家内华侨统战工作与社团工作的若干意见》及《关于资本主义体系国家内华侨学校工作方针的意见》两件，修改时须在原草稿上以红笔注明所修改的地方后再送呈中央，现遵示呈上各一份。但因会议中经过反复修改，故仅附用红笔勾过的原稿恐太花花绿绿反而看不清，现另重印后又再附各一份呈上。

由于归国参加会议的国外华侨的签证期限很短，他们急于快开会，开完后即赶快走，故敬请将十一月一日侨务扩大会议的会前请示报告，予以批示。

以上是否有当，敬请指示。

此致

敬礼！

廖承志

一九五三年十月二十五日

（选自《廖承志文集》下卷）

［简析］

1953 年 9 月，廖承志为全国华侨事务委员会党组织起草了《关于资本主义体系国家中华侨学校工作方针的意见》等文件，在确定国外华侨教育工作总方针的基础上，提出了八条具体建设性意见。此件为向周恩来总理专题汇报并呈请尽速批准的专函信件。获得批准后，廖承志于是年 11 月主持召开了全国侨务工作扩大会议，并作了《四年来侨务工作报告》。

［原文］

致周恩来

（一九五五年十一月十五日）

总理：

根据昨夜总理指示，今晨我和片山[1]谈了，写出现在送上的这个草稿，并声明必须得到周总理的同意才行，文字上还须再斟酌。

片山表示，作公开发表的就是这一问题，其余问题在座谈会上提出，不搞任何书面东西。但某些问题如文化交流等，则另与中国对外文化友好协会谈，可能的话还希望达成协议。

今晨谈时，片山顾虑还很多。我试探提出和平共处五项原则，并推说这是印度的，可是片山说连印度也“走得太远了，日本落后群众跟不上”。这样我只好不提了。但把互不侵犯的一点加上，他马上接受。

发表形式上，他很坚决，要求用联合公报的形式，目的是表现他和总理的关系。因此我建议可以用联合公报形式，但用两团体，即对方是拥护宪法国民联合会，我方是外交学会，秘书长出面是名副其实的公报性质。这样是否有当，请复示。

座谈之后片山随即提出今天下午可能提出的问题单子，并正式交给我们，现译出送上。片山声明，第一个问题的目的是引出联合公报，其他问题一般提出，如文化交流只提出一般方案，希望再由专门方面详议。至于赔偿问题，说是将日本作为独立民主和平的前提条件下提出，战犯问题只要求据理说一声“未尝不可以考虑”就够了。

以上是否有当，望示。

承志草

十一月十五日

（选自《廖承志文集》下卷）

[注释]

[1] 片山：即片山哲（1887—1978），日本和歌山人。曾任日本首相，晚年致力于拥护宪法运动和日中友好活动，积极主张恢复日中邦交正常关系。

[简析]

廖承志出生在日本，与日本官方和民间均存在着友好的关系。自新中国成立后，他以多种身份致力于中日友好。在1953年2月妥善处理日侨回国事宜，得到毛泽东充分肯定，在日本国内产生了极大影响的基础上，着手同日本有关人士商讨中日关系正常化的有关问题，协助周恩来做过许多有益工作。此信中谈到的中日文化交流、日本赔偿中国款项等问题，廖承志提出了基本方案，请示周恩来批准实施，为日后中日邦交正常化的建立打下了一定基础。

[原文]

致杨尚昆

（一九五六年二月二十六日）

杨主任[1]：

这个文件[2]是我们起草的，实在是粗枝大叶，你们改得真好，有些地方说得更透了。因此完全赞成。

只有两个地方：即十二页（6）款，恐怕这里说得灵活些更好。其次是十八页，关于归侨的思想估计。尽管归侨有种种缺点，但是他们究竟是国外华侨中较进步的人们，因此在说到他们受资本主义影响很深的同时，还必要清楚交代这一点，否则容易把归侨都看成为“落后分子”了，其实并不如此，他们是较容易改造和进步的。

以上是否有当，请考虑。如可以用，请付印。

最后，文件在中央修正批准后，请把原件退回。

敬礼！

廖承志

二月二十六日

（选自《廖承志文集》下卷）

［注释］

［1］杨主任：即杨尚昆（1907—1998），四川潼南人。当时任中共中央办公厅主任等职。

［2］指廖承志、方方起草的《关于召开国内侨务工作会议的报告》。

［简析］

廖承志知侨、护侨、爱侨，并非因他出身华侨之家而感情用事。他了解华侨中许多人身上流淌着炎黄子孙的血液，爱国心强烈，而新中国也急需海外华侨华人的鼎力支持。此信中所说的不要将归侨看成为“落后分子”，“他们是较容易改造和进步的”观点，是科学的、客观的。

［原文］

致毛泽东

（一九五六年九月四日）

主席：

日本前军人访华团[1]到了东北，看过长春、鞍山、沈阳，主动提出要求到抚顺访问服刑中战犯，并到了大连参观海校。在此之后，思想有了一定的变化：

一、在长春参观汽车工厂后，解决了他们对苏联的一些看法，认为“苏联的援助确是头等的”，“再过二十年中国将成为世界上头等的强国”。个别露骨反苏，挑拨中苏关系的人也开始动摇。

二、在沈阳、鞍山看了几个厂以后，思想上进一步发生了变化。在沈阳看了我们一九五五年国庆电影纪录片时，好几个人掉了眼泪，说“中国能有毛主席是幸福的”。土居明夫表示“原来心中的苦闷已消散，回国后决不歪曲报道，一定有啥讲啥。”

三、当他们到抚顺看了服刑中的战犯以后吓了一跳：甲、服刑中的战犯不但健康很好，并且当场驳斥他们的一些谬论，承认自己有罪，这对他们印象很深。土居明夫原以慰问“旧部属”（藤田茂）的姿态去的，结果反被藤田教训了一场，当场掉了眼泪。乙、在访问中的战犯家属和小孩们同管理员关系很好，这也使他们很感动。

四、看了大连海军学校之后，金泽自言自语说：“再不能打仗了，确要和平了。”土居说：“一定要搞好中日友好，反正以后再打仗也打不赢你们了。”他们对鞍山工人住宅、工人疗养院也受到感动，认为“这在日本是绝对办不到的事”，他们在北京时曾说过“中国工人农民生活并不怎样好”，这种说法现在已收回了。

总之，到了东北之后，解决了他们思想上的以下问题：甲、中苏友谊牢不可破，挑拨中苏关系没有用；乙、中国确有力量，这力量确在不断增长，和中国敌对或“再打仗”是不行了，还是友好妥当；丙、证明过去访问过中国的日本人所说的话是真实的，是实事求是的。

思想上还存在的问题是：甲、中国现在投了如此重大力量搞建设，个人自由恐怕总受一些限制；乙、日本自己究竟怎样做，内部争论纷纷，但也认为不便和中国方面讨论，颇感苦闷。

在这情况之下，为能使他们进一步扩大对日本的影响，主席接见他们一次确是有极大好处的。他们团内也确有此要求，但都说：“中国对我们这样客气，再提出来不知道是否太过分。”

我也确信，如主席能接见他们一次，效果将是极大的。以上请指示。（他们已到北京，上午到外交学会回拜，准备九月六日离京经上海、南京返国。如果主席有什么情况需要进一步了解的话，要求能给我十分钟报告一下。）
敬礼！

廖承志

九月四日

（选自《廖承志文集》下卷）

［注释］

［1］日本前军人访华团：指 1956 年由前日本海军中将金泽正夫，前陆军中将远藤三郎、堀毛一磨和土居明夫等 15 位参加过日本侵华战争的前军人组成的访华团。

［简析］

为了深化中日民间交往渠道，廖承志于 1956 年精心组织了日本前军人访问团到中国东北等地参观访问的活动。通过参观访问，日本前军人访问团成员对新中国的了解增多，有的人还对侵略中国的行径作了反思。在此基础上，廖承志专函毛泽东，提出了由毛泽东亲自接见访问团的建议。

［原文］

致邓文钊

（一九五七年九月七日）

文钊[1]：

听说你病了，甚念。你的信已收到了。

你应该首先努力恢复健康，以便今后为党、为人民、为社会主义服务。在这回反右派斗争中，人人都得受到教育，你也受到了教育，这是好的，应该的，对你今后是很好的事。你不应该因此就萌消极之念。你来信中说你没有；但我听来北京的朋友们告诉我，你在“准备后事”，“考虑遗产”，“准备遗嘱”，说你自己“好不了啦”，如何如何，这是万分要不得的消极念头。你在党培养教育下将近二十年，怎好这样想法？因此，这种想法便是你的病根。你必须把这种病根铲掉，你精神上健康起来，你的身体才能健康起来。

我们胖子总是有些毛病的。毛病之为物，你想它很重，它就真的重起来；你置之不理，视若无物（自然自己也要适当注意），它就没有什么，你又何必过分紧张？你的失眠，恐怕是与心理有关，心理和思想有关。你还是自己攻心为上，克服所有不健康的消极念头，解除一切包袱，你就会好的。

广东的同志也都是理解你的，不会忘掉你过去和我们在一起的贡献。但是你有错误的地方也就必须检讨。这是大家都要做的。你要在党领导之下，更加进步，再坚强一些，这才对。

祝你健康！

承志

九月七日

（选自《廖承志文集》下卷）

［注释］

［1］邓文钊（1908—1971）：广东五华人，廖承志的表妹夫。早年毕业于英国剑桥大学。新中国成立后，历任全国工商联副主任委员、广东省副省长等职。

[简析]

邓文钊作为廖承志的表妹夫，在新中国成立前为党和人民做了许多有益的工作，并在新中国成立后担任着重要行政职务，但在1957年“反右运动”中受到冲击，不免产生消极情绪。为此，廖承志希望邓文钊“克服所有不健康的消极念头，解除一切包袱”，轻装上阵，继续为党和人民努力工作，“更加进步，再坚强一些”。

[原文]

致邓广殷、孙君莲

（一九五九年九月十日）

阿殷[1]、小孙[2]：

来信接到许久了。现在才给你们回信，对不起。

你们的意思，我都明白的。阿殷到香港的任务，就是保住那资金，这就是任务。香港将来解放以后怎么办，那时自有分晓，也不必虑到太远的将来。目前你们两人应该打定主意，去时就两人同去，这样工作、学习都方便。到香港后在什么地方、部门工作，或居住在哪里适宜，都可以问潘伯[3]。他会指点你们的。

到了香港后，就要注意立污泥而不染，住在花花世界而不要被糖衣炮弹打倒，混在女人堆里而不要给脂粉气分心。这不是很容易，尤其阿殷要警惕。小孙同去，就比较能互相鞭策，好得多了。

可能你们住在香港久了，会厌烦的。那时又可以回来。我总难以相信，香港那种空气能够久住得下。不过，工作如何展得开，那是任务了，情绪、愿望，总的要服从任务的。

你爸爸如何？人生在世，总难免酒、色、财、气四个字，酒、色、财三字，文钊还好，还算清白，算是难得的，就输一个气字。何苦还定要对某一个人不佩服到底呢？那样做，对己对人，断无好处。文钊能把气字收敛过来，就道行完美，可以做一个更理想的干部了。阿殷年纪轻，这四个字上头，是要留心的。

阿囡一派小姐气，怕她会上当，出洋相。你们须帮助她才好。其余以后谈。

承志

九月十日

（选自《廖承志文集》下卷）

[注释]

[1] 阿殷：即邓广殷（1929— ），广东五华人。邓文钊之子，廖承志的表外甥。

[2] 小孙：即孙君莲，邓广殷的夫人。

[3] 潘伯：即潘静安。

[简析]

邓广殷夫妇到香港工作，实际上是党和国家赋予他们光荣使命，有利于极大限度地扩大爱国统一战线。廖承志希望他们在香港这个花花世界出污泥而不染，这其中“气”字的坚持和运用特别重要。

[原文]

给笃笃的信

（一九六七年七月二日）

笃笃[1]：

很感谢你把《欧阳海之歌》捎给我。读完一遍又一遍，觉得重新给我添了活力，有说不出的劲头，热血在翻滚。

你送给我一部好书，我还你什么呢？横直睡不着，便又画了两幅画。作为画，是不行的，但姑且描出我的心境。第一幅是爸爸在长征时的大致景象。千万不要忘记革命是千辛万苦，无数牺牲才得到胜利的。你爸爸要说诉苦忆甜，自问五谷不分、惭汗无地。但吃苦也在长征时尝过。你们是在一帆风顺，温暖暖，软绵绵的温室长大的，千万要警惕，不要忘了本了。

第二幅也在长征时候，是在丹巴亲眼看见的。旁边是四川参加革命不久的母亲，她后头站着的是她自己的丈夫。我记得那时是左边悬崖万丈，右边是金沙江，一片黄澄澄的麦浪，加上少数民族特有的碉堡式的房子，周围牛马成群。但是队伍要前进，妈妈不能带着孩子。就在千丈崖头，她找到了当地孤寡无亲的老汉，把儿子送给他。老汉是欢喜得直笑，哪知孩子妈妈正在给孩喂完最后一口奶，然后就前进了。孩子的父亲怎样想？你也想得通。革命是要前进的，焉能带着孩子去冲锋陷阵？舍不得吧，但可能还是父亲动员母亲把孩子留下的。旁边红军战士在唱歌，继续前进，打一仗消灭敌人还等在前头哩。旁边一个戴眼镜的红军干部，脱下帽子，给他们母子分离致以同情表示。后来呢，那父亲，那母亲，那戴眼镜的同志，到了延安，再也没有看到，肯定都牺牲了。那孩子！如今在哪儿？如果还活着，应是三十二三岁的人了。但我可以肯定，如果他还活着，必定连父亲、母亲叫什么名字都不知道！

笃笃！不知你读了有何感想？生活过得太舒适，像我们十几年以来一样，是害人的。你的毛病，你知我知，也该认真学习欧阳海的时候了。努力吧！做毛主席的好孩子！好青年！好学生！

那两幅画，仓促画成，说艺术，也不成熟，粗糙得很。但你姑且把它留下吧。爸爸在江西坐牢的时候，常常想起那情景，有朝一日，有时间的话，还想把它画成油画。如今都不成了。只留下粗线条的东西，给你看看也好。况且我的油画技术低，也画不出。

还有，四川人是喜欢用长围巾包头的，因此也就画上。

祝你好！如有的话，再捎一本《红岩》给我，歌乐山我是熟悉的。

常常到阿嬷那里，看看。

爸爸还好，你放心。

爸爸

七月二日

（选自《廖承志文集》下卷）

[注释]

[1] 笃笃：即廖茗，廖承志的次女。

[简析]

廖承志在收得女儿廖茗送给他的小说《欧阳海之歌》之后，画了两幅回忆长征的漫画回赠，希望女儿不要忘记过去，要牢记父辈们艰苦的生活经历，学习欧阳海精神，努力“做毛主席的好孩子！好青年！好学生”。

[原文]

给汝蘅的信

（一九七一年十月三十日）

汝蘅[1]：

我想我可以这样称呼你了。

廖晖[2]把你由阿尔巴尼亚寄来的十月三日的信给我看了。我想我应该说话了。

首先，必须告诉你，你所顾虑的问题全都是不必要的。你有这些想法，可见你经历的事不少，但是却都是杞人忧天。

我也曾是演员。演员的心理我是了解一二的。你的职业病，固是可惋惜的事，但也并不严重，相信今后也不致影响你的艺术前途。可是，你竟以为我们是势利到如此地步，以为你"红"了，就"巴结"你；不"红"了，就会相视如路人么？我们不会这样的。我们经过的事也多了，世故也不谓不深了，正因为如此，我们对诚挚的革命的感情更为重视。因此，对你的职业病及一切因此而起的影响，你完全不必过分顾虑。

其次，你也竟以为我也会如此势利，一旦"解放"了就翘起尾巴，翻脸不认人了么？人所深为嫉恶的事，我们自认也不屑，并且不愿意做。你的姐姐把一切都告诉我们了，我们也都知道了一切。那又有怎样？我想这不会影响你的前途于万一，也不会影响我们于万一。你一切放心好了。你不必太过于"世故"。鲁迅说得对，不世故不行，太世故更不行。你年纪轻轻，却有些太"世故"了。不必为此操心。

你应当放下一切心头上的包袱，昂起头来，首先完成这次党和国家给你的重大的演出任务。不要被过多的顾虑束缚着手足。其次，你要相信廖晖，也要相信我们。我们只祝福你们好！如果有什么阻力的话，我们会克服它的！

自己重重烦扰在"职业病"的恐怖底下时，我怕你在舞台上转动时会不如意。你放下这个包袱，这就一身轻松，一切都好了。

祝你

好！

廖承志

十月三十日　北京

（选自《廖承志文集》下卷）

[注释]

[1] 汝蘅：即赵汝蘅（1944—　），山东安邱人。廖晖的夫人。当时为中央芭蕾舞团主要演员。

[2] 廖晖：廖承志的长子，赵汝蘅的丈夫。

[简析]

廖承志在这封家书中，饱含深情而又以平等的姿态，耐心开导赵汝蘅放下虚荣过重的包袱，轻装上阵，将重大演出任务出色完成好。在这里，看不出长辈对晚辈的说教，有的是平等、亲切而又合情合理的思想开导工作。

诗词注析

成晓军

［原文］

无　题

（一九三三年于申江[1]）

冷风扫叶烟漠漠，枯骨荒坟观魂魄；
铁窗飒飒雪风侵，笑望金陵[2]帝星落。
少年颈骨自铿锵，沐浴三番待环索；
英魂直上九重天，邀得同袍[3]醇醪酌；
九巡玉盏将尽时，方捉民贼付炮烙。

（选自《廖承志文集》下卷）

［注释］

［1］申江：即上海。
［2］金陵：今南京。当时为蒋介石国民党政府所在地。
［3］同袍：即同胞；同类人。

［简析］

1933 年 3 月 28 日，因被叛徒出卖，廖承志被上海公共租界警方拘捕，后押解至上海市公安局关押，经何香凝、柳亚子、经亨颐等爱国人士多方营救获释。在被关押期间，廖承志与狱友陈赓慷慨激昂地高唱国际歌，以其大无畏的革命乐观主义精神反击敌人软硬兼施的策略。面对国民党上海市市长吴铁城的诱降，坚定表示“刀砍枪毙，悉听尊便”，并将吴出示的要他签名的“我脱离共产党，服从三民主义”的纸条撕得粉碎。这首诗，即是廖承志在狱中心境的表白。

[原文]

戴枷行万里

(一九三五年于四川)

莫蹉跎，岁月多。
世事浑如此，何独此风波。
缠索戴枷行万里，天涯海角任销磨。
休叹友朋遮面过，黄花飘落不知所。
呜呼，躯壳任它沟壑填，腐骨任它荒郊播。
宇宙宽，恒星夥[1]，
地球还有亿万年，百岁人生一瞬过。
笑，笑，笑，何须怒目不平叫?
心透神明脑自通，坦怀莞尔[2]心光照；
绳套刀环不在手，百年自有人照料。

(选自《廖承志文集》下卷)

[注释]

[1] 夥：多。

[2] 莞尔：形容微笑。

[简析]

1934 年 12 月，廖承志因反对张国焘“右”倾错误，被张以“日本特务”等罪名逮捕关押，后被押解参加长征。此诗为长征途中所作。面对被自己组织的伤害和同志的误解，廖承志尽管内心异常痛苦，但他坚信真相一定会还他一个清白。

[原文]

惠州西湖留丹亭[1]

（一九四二年一月）

破堞[2]楼头来复去，留丹亭畔恣徘徊；
悠悠夜月东江水，忍望天南剩劫灰。

（选自《廖承志文集》下卷）

[注释]

[1] 留丹亭：位于惠州西湖畔。

[2] 堞（dié）：城墙上齿状的矮墙。

[简析]

1941 年底，香港被日寇侵占。次年 1 月，廖承志奉命营救护送香港爱国民主人士和文化界人士转道东江入内地。此诗为他途经惠州短暂逗留时所作。

[原文]

无　题

（一九四二年）

仙山远幻，渺渺难寻；
相煎萁豆[1]，万姓齐喑。
天道难论，鬼蜮森森；
狷薄[2]男女，纷堕魔林。
呜呼，
不知醇醪[3]万盏，酩酊昏昏；
浑忘浮世，休管它禽兽鬼神。
君不见，
人生只白驹过隙[4]，奚[5]恋霎时光阴。
酸咸苦辣，味已尝深；
安得深山荒岭无人处，放怀抱膝独长吟。

呼成瑞气冲霄去，不畏寒风吹冷化坚冰。

（选自《廖承志文集》下卷）

[注释]

[1] 萁豆：豆秆和豆子，此处用曹植“煮豆燃豆萁”典故。
[2] 狷薄：言行浅薄浮躁。
[3] 醇醪：味厚的美酒。
[4] 白驹过隙：比喻光阴迅速。
[5] 奚：疑问词。何；为何。

[简析]

此诗系廖承志被国民党特务拘捕关押狱中之作。他在愤而指责黑暗世界鬼蜮横行、公理不存的基础上，感悟人生苦短，不必过分留恋光阴，坚信正义必定战胜邪恶，革命事业一定能够成功。

[原文]

沁园春·世事感怀

（一九四二年）

天锁乌云，地满寒霜，正似深秋。
看清明才过，雪风扑面；
桃蕾李蕊，冻僵枝头。
冷浪南侵，寒潮北上，人说冰河正溢流。
都变矣，惜春红苞碎，世事堪愁。

人间难得自由。
叹往事，如烟一笔勾。
痛才华宰相[1]，一瞑不视；
干城骁将[2]，黄土埋收。
万马齐喑，苍生垂泪，壮语豪言一旦休。
休夸耀！
看夕阳虽好，日月难留。

（选自《廖承志文集》下卷）

[注释]

[1] 宰相：中国古代社会辅助皇帝处理内政外交的朝廷重臣。

[2] 骁将：勇猛的将领。

[简析]

此诗系廖承志被国民党特务逮捕关押在狱中所作。就全诗内容而言，流露出诗人失去人身自由、人生理想无法付诸实践的慨叹之情。

[原文]

题画诗

（一九四二年八月三日）

月上柳梢人已散，楼空院静自阑珊[1]；
寂寂虫鸣声声慢，逝水长流望难返。
风敲帘栊秋将老，落华缥缈暗伤残；
默默铜壶徒待晓，烛余红泪映衣单。
愁丝满鬓容颜改，再无纱翠照腰蛮；
独自凭栏空凝盼，月白天空亮茫茫。
安得蝉翼冲霄汉，飞伴游子早日还。

（选自《廖承志文集》下卷）

[注释]

[1] 阑珊：阑同“栏”。阑珊，喻指只留存栏杆破旧无人照管的景象。

[简析]

廖承志被国民党特务逮捕关押在江西泰和马家洲集中营期间，吟诗作画以表达他坚贞不屈的革命意志。此诗及后面《题画诗（三首）》、《菩萨蛮·题画》即是题于狱中所画作品上的诗词。诗人在深陷图圄的心境下，对早日获得人身自由的愿望异常迫切。

[原文]

题画诗（三首）

（一九四二年）

一

长青劲节身，霜雪任侵凌；
借问林间叟[1]，如我有几人？

二

枝叶满甘露，唯独内心苦，
甘露洒向人，苦心将谁诉。

三

倒悬练千尺，奔腾永不息；
激怒可崩山，静流濯[2]顽石。

（选自《廖承志文集》下卷）

[注释]

[1] 叟：年老的人。
[2] 濯：洗。

[简析]

在被关押于江西泰和国民党狱中期间，廖承志用作诗作画来抒发心境。此诗以树木、山水为依托，寄托自己内心的情感。

[原文]

拜别慈母

（一九四二年九月三日）

半生教养非徒劳[1]，未辱双亲自足豪，

碧痕他夕留播众，不负今晨血溅刀。

（选自《廖承志文集》下卷）

［注释］

［1］徒劳：白费心血。

［简析］

在被关押江西泰和国民党狱中期间，廖承志无时不思念年迈孤独的母亲。他深知母亲一定为他的处境焦虑不安，尽管不能当面安慰母亲，但他作此诗一方面是抚慰自己的心灵，另一方面是让母亲明白，儿子没有辜负母亲的精心教养，走正道做正事，且在狱中没有给母亲脸上抹黑，不会苟且偷生做失去人格的事情。

［原文］

南柯子·辞世

（一九四二年九月三日）

半生浑大梦，
梦后尽东风。
风消雨散尽成空，
空剩如虹壮气，
曜[1]苍穹[2]。

默默心情遥寄白云中，
留得枯骨待残冬。
待到冬过春还，
遍地皆红。

（选自《廖承志文集》下卷）

［注释］

［1］曜（yào）：日光；照耀。

［2］苍穹（qióng）：浩瀚的天空。

[简析]

此诗反映出廖承志广阔心境，坚信“待到冬过春还，遍地皆红”，革命事业一定能够获得成功，国民党反动派等黑暗势力的统治必定不会长久，最终将退出历史舞台。

[原文]

诀普椿

（一九四二年九月三日）

往事付流水，今夕永诀卿[1]；
卿出革命门，慎毋自相轻。
白发人犹在，莫殉儿女情；
应为女中杰，莫图空节名。
廖家多烈士，经门[2]多隽英[3]；
两代鬼雄魄，长久护双清[4]。

（选自《廖承志文集》下卷）

[注释]

[1] 卿：古时夫妻或好朋友之间表示亲切的称呼。
[2] 经门：指廖承志岳父经亨颐一家。
[3] 隽英：才智出众的人士。
[4] 双清：此处指廖、经两家的美好名声。

[简析]

廖承志与经普椿1938年结婚后，夫妻二人受党组织派遣在香港从事抗日救国的事业。自廖承志被捕入狱后，经普椿不仅要照顾年幼的孩子，而且要侍奉年迈的家婆，身心都要承受巨大的压力。廖承志在此诗中，饱含深情希望妻子以廖、经两家光荣历史为激励之源，坚强生活下去。

［原文］

寄此地友人

（一九四二年）

当年风尘常作客，惯取天下负义头；
残棋败局不足恋，长舸迳泊扶余柳。
迩来[1]烈骨沉塞外，狐鼠溲勃[2]皆王侯；
遥望太行空凭吊，安得如君重聚首。

（选自《廖承志文集》下卷）

［注释］

［1］迩来：近来。
［2］溲勃："牛溲马勃"的简称，指微贱无用之物。

［简析］

此诗写给何人待考。从诗作内容看，廖承志借思念与他有交往的朋友而抒发自己的宏大久远的革命志向。

［原文］

寄家妻

（一九四二年）

屏息拂晓雾，三军待信鼓。
夫人纤手动，万众齐欢呼。
万弦声震天，千桡[1]同飞舞。
箭头耻愤深，一雪积年辱。
难道中华无勇士，莫嘲后来身骑驴。
当年责已完，误国之任恕不负。
千载长恨有谁知，绘此丹青[2]一囚徒。

（选自《廖承志文集》下卷）

[注释]

[1] 桡：划船的桨。

[2] 丹青：此处指绘画用的颜色，也指画作。

[简析]

在此诗中，廖承志不再一味叮嘱爱妻要坚强，莫悲伤，而是表达自己的心思与爱妻共勉。

[原文]

狱中有感

（一九四三年）

大道迢遥万仞山[1]，几生接替登犹难；
情知断骨任湮殁[2]，且知微劳教易攀。
胡说识时为俊杰，我偏洗颈待刀环；
临刑莞尔[3]能无憾，是即天公大奖颁。

（选自《廖承志文集》下卷）

[注释]

[1] 仞（rèn）：古时八尺或七尺叫做一仞。

[2] 殁（mò）：死；亡故。

[3] 莞尔：微笑。

[简析]

此诗显示出廖承志已做好了最坏的打算，绝不向敌人低头倔服，绝不苟且偷生的浩然正气。

[原文]

菩萨蛮·题画

（一九四四年四月二十九日）

休怜心事付西风，犹将余情温旧梦；
漂泊满风尘，依然女儿身。
从来不洒泪，遣愁但[1]倾杯；
金钗谁似我，天涯共销磨。

（选自《廖承志文集》下卷）

[注释]

[1] 但：只。

[简析]

这是廖承志在狱中的一首题画诗。它寄托了诗人不向敌人低头，不苟且偷生的凛凛正气。

[原文]

狱　中

（一九四四年）

歌罢[1]催儿入梦曲，凭栏追念岵怀恩；
听人母子相扶过，俯首衣襟有泪痕。

（选自《廖承志文集》下卷）

[注释]

[1] 罢：结束；完了。

[简析]

此诗抒发廖承志身陷囹圄，对母亲的无限思念之情。

［原文］

深　秋

（一九四四年）

深秋山雨夜，寒气透窗纱；
萧瑟[1]葡萄叶，凋零棚豆花。
深宵如浊酒，寂静遣年华；
魂梦空飘浪，天涯是故家[2]。

（选自《廖承志文集》下卷）

［注释］

［1］萧瑟：景象冷漠萧条。
［2］故家：世家大族；此处应指从前生活的地方或故乡。

［简析］

作此诗时，廖承志已被国民党关押达两年多时间。铁窗外的雨和风，夹着深秋时节阵阵寒意，诗人不免触景生情。

［原文］

沁园春·雨夜

（一九四五年冬于重庆歌乐山头）

风啸松林，午夜囚窗，冷雨斜飘。
听嘉陵江下，惊涛拍岸；
北天极目，洪浪滔滔。
岳撼幽燕[1]，飚狂鲁齐[2]，助我豪情万丈高。
千雀跃，庆山人无恙[3]，倍昔妖娆。

横磨宝剑添娇，教跋扈，桓温[4]为折腰。
梦千军斜出，直趋蜀道；
金陵吟唱，大显风骚。

快刀断麻，摧枯拉朽，壮丽金堂着后雕。
天近晓，任深埋黄土，笑仰明朝。

（选自《廖承志文集》下卷）

［注释］

［1］幽燕：指现今河北、北京、天津等地。
［2］鲁齐：指现今山东。
［3］无恙（yàng）：无病。
［4］桓温（312—373）：字元子，晋明帝女婿，官至大司马。与郗超等谋废晋自建王朝，事未成而死。常自谓："既不能流芳后世，不足复遗臭万载邪！"

［简析］

1945年8月抗日战争胜利后，国内舆论倾向国共两党和谈解决争端，和平民主的呼声渐趋高涨。已被押解到重庆国民党狱中的廖承志，预感前途光明，出狱有望。诗中充满着诗人开阔的心境，坚信"天近晓"的现实很快到来。

［原文］

浪淘沙·望北城

（一九六七年）

檐头[1]雨潇潇，泪湿冰绡。
凭栏望断北城遥。
白发慈亲如在目，妻婉儿娇。

往事如烟消，乍觉[2]无聊。
倒书姓字听魂招。
梦见御沟花瓣出，流到荒郊。

（选自《廖承志文集》下卷）

［注释］

［1］檐头：屋顶向外伸出的边沿部分。

［2］乍觉：忽然感觉到。

［简析］

此诗为廖承志因周恩来保护，免受文化大革命造反派冲击，居住在中南海时所作。诗人在处境艰难的时候，思念亲人的情感自然流露于字里行间。

［原文］

一月十一日（三十年纪念也）

（一九六八年）

长空万里众星罗，小院南墙花影过；
静夜依依寻旧梦，近邻袅袅[1]唱儿歌。
每逢此日分离惯，且望他年聚首多；
白发相偕愿已足，荒山野岭共销磨。

（选自《廖承志文集》下卷）

［注释］

［1］袅袅：细长柔美。

［简析］

廖承志与经普椿1938年1月11日于香港结婚，此诗为纪念俩人结婚30周年而作。写作此诗时，正值文化大革命最乱时期，廖承志尚未恢复人身自由，"每逢此日分离惯"，即为写照。"白发相偕愿已足"，说明诗人对两人能从相识、结婚到步入老年，已经知足了。

［原文］

送妇归来

（一九六八年四月）

灯孤人独影萧条，送妇归来倍寂寥；
绕壁徘徊无立处，仰头隐约有云霄。
残羹手泽喜还在，留俟明宵汤热浇；
五月吉辰聊[1]作酒，举杯遥向北城招。

（选自《廖承志文集》下卷）

［注释］

［1］聊：姑且；略微。

［简析］

此诗似应为廖承志在失去人身自由期间，夫人经普椿去看望他，他在送走夫人回到住处之后有感而发。诗作反映出诗人渴望与家人团聚的迫切心境，但一时又无可奈何。

［原文］

无　题

（一九六八年九月）

独对孤灯守寂寥，秋凉似水透绵腰；
檐头[1]冷冷一弯月，心底焰焰万念消。
自悟残生随日促，尚拼余力渡江潮。
梦中忘却“靠边站”，还向旌旗笑手招。

（选自《廖承志文集》下卷）

［注释］

［1］檐头：屋顶向外伸出的边沿部分。

[简析]

此诗反映出诗人渴望人身自由、急于为党的事业作贡献的心境，虽有几分无奈，但他坚信“靠边站”不会太久。

[原文]

六十辰自嘲

（一九六八年九月）

回首苍茫六十年，忽闻小语降天边；
牛郎亟[1]欲邀君去，广漠银河逐片填。

（选自《廖承志文集》下卷）

[注释]

[1] 亟（jí）：急迫地。

[简析]

按照中国传统，一个人年满六十岁就步入“花甲之年”了。这对于忘我工作惯了的廖承志而言，深感失去人身自由又极想加倍工作，人生苦短，时不我待，但又无事可做、不让做的急迫感不时涌上心头。

[原文]

迎一九六九

（一九六八年十二月）

呵[1]手送三九，围炉迎立春；
悠悠逝不舍，亟亟[2]奋追循。
叶腐润泥壤，枝枯乐作薪；
灰飞为电子，犹自不沉沦。

（选自《廖承志文集》下卷）

[注释]

[1] 呵：三九寒冬，作者用嘴哈手让手暖和。

[2] 亟亟（jí）：很急迫的样子。

[简析]

此诗反映出诗人不甘“休闲”，意气风发的心境。“犹自不沉沦”，即是对这种心境的最好阐释。

[原文]

浣溪沙·遥赠

（一九六九年十月二十一日）

早起微明独对窗，
秋风拂面[1]映朝阳，
腮边湿处倍清凉。

昨夜无眠空转辗，
几番悄自启衣箱，
去年小影笑容双。

（选自《廖承志文集》下卷）

[注释]

[1] 拂面：微风轻轻吹过脸面。

[简析]

诗人为当时中国国内政治局势和自身境遇，不时感到慨叹和忧郁。

[原文]

荒　唐

生死玄关已打通，同袍[1]遍地喊声隆；

放眼烟云穷宇宙，却怜玉阙[2]在寒峰。
冷暖酸甜观睥睨[3]，屠刀利铡笑从容；
我行我素欣空阔，仰天霞彩望飞龙。

（选自《廖承志文集》下卷）

［注释］

［1］同袍：喻作同胞；同类人。
［2］玉阙：传说为仙人的宫阙或皇宫。
［3］睥睨（pì nì）：眼睛斜着看，形容高傲的样子。

［简析］

此诗写作年月不详，从内容看可能作于20世纪70年代初，廖承志似乎从国内某重大事件发生转变有感而发。

［原文］

无 题

（一九七〇年）

七十将临鬓满霜，余霞散绮[1]对斜阳；
沧桑变幻观《通鉴》[2]，哀乐沉浮有杜康[3]。
驱寇犹能趋万里，十年缧绁[4]气益强；
如今老迈人不顾，枥下[5]埋头读辞章。
抱孙漫忆从军事，每怀亡友心惨伤。

（选自《廖承志文集》下卷）

［注释］

［1］绮：美丽。
［2］《通鉴》：宋司马光撰。此书为后世提供了可借鉴吸取教训的历史。
［3］杜康：传说为最早发明酿酒的人。这里指酒。
［4］缧（léi）绁（xiè）：拘系犯人的绳索，引申为牢狱。
［5］枥下：枥树下。比喻静心。

［简析］

在廖承志心目中，人生七十古来稀，怀旧之情油然而生。回首往事，传奇经历无所遗憾，唯有为思念死去的战友而感伤。

［原文］

题赠春帆楼[1]

（一九七三年五月十日）

莫信人言河豚毒，
我说此味实稀珍。
门司地道海鲜美，
廿载归来悼故人[2]。

（选自《廖承志文集》下卷）

［注释］

［1］春帆楼：位于日本门司。

［2］故人：指日本门司春帆楼女主人。

［简析］

1973年4月，廖承志任中日友协代表团团长率团访问日本。此诗为他访日期间参观有名景点，故地重游有感而作。

［原文］

阳　朔[1]

（一九七四年十月二十八日）

地壳初凝两亿年，沧桑变化浑如烟；
却留阳朔山和水，空惹后人苦探研。

（选自《廖承志文集》下卷）

［注释］

［1］阳朔：桂林山水景点之一。

［简析］

此诗重点勾画阳朔地质构造和山水环境变迁的联想。

［原文］

示儿孙

（一九七五年）

幼年山野任驱驰，未知人间有已时；
少年读书悟天道，弃家辞室任听之。
背剑轩昂入地狱，含辛茹苦死无辞；
芒鞋[1]踏遍千峰雪，征途万里笑胼胝[2]。
原意东风是西风，镣枷铐锁满身封；
含冤两年流血泪，虬髯[3]西域忽相逢。
从兹洗却黄冠垢[4]，再写檄书军门后；
无定河边遇伟人，聆教得成干净身。
由来远矣五十年，子孙慎莫轻迁延；
代代须成革命人，待到共产社会成。

（选自《廖承志文集》下卷）

［注释］

［1］芒鞋：草鞋。

［2］胼胝（pián zhī）：手脚磨起的老茧。

［3］虬髯（qiú rán）：卷曲如虬的胡须。

［4］黄冠垢（gòu）：农夫帽子的污渍。

［简析］

廖承志在《示儿孙》诗中，回顾了自己一生的传奇经历，希望子孙后代继承父祖辈光荣革命传统，为实现祖国美好的未来而贡献力量。

[原文]

春　寒

（一九七五年）

春寒夜半嫌衾[1]薄，合眼难眠心似木；
辗转簟床[2]郁念兴，涔涔[3]冷汗肌满慄[4]。
岂是七十见繁多，淫妖魅魑[5]群角逐；
岸貌圣贤座满堂，谁敢挥刀割鬼肉。
宫廷笑脸尽阉人[6]，马勃牛溲万钟禄[7]。
呜嗟夫，
神州王气何处寻，百姓向隅[8]呜咽泣。
安得焦雷云际兴，猛轰牝雉[8]满头秃！

（选自《廖承志文集》下卷）

[注释]

[1] 衾（qīn）：被子。
[2] 簟（diàn）床：竹席。
[3] 涔涔（cén）：连续不断的汗水。
[4] 慄（lì）：发抖。
[5] 魅魑（mèi chī）：传说中的山林妖怪。
[6] 阉人：宦官。
[7] 马勃牛溲：比喻乱七八糟的废物。
[8] 隅：角落。
[9] 牝（pìn）雉：雌性小鸟。

[简析]

此诗作于“四人帮”专权乱政时期。诗人对当时情境表示出万般忧虑与无比愤慨，希冀正义战胜邪恶，政清人和的局面早日到来。

[原文]

赠日中友好协会

（一九七七年五月）

和暖春风遍地来，梅花放后樱花[1]开。
冰霜冷气无惧意，万代友谊永在怀。

（选自《廖承志文集》下卷）

[注释]

[1] 樱花：日本国花。

[简析]

廖承志自1963年10月中日友好协会成立时起担任会长，一直致力于中日两国关系正常化，尤其利用这一民间交往团体，做过许多有益工作。此诗寄托了诗人希望中日两国民间交往所形成的友谊世代相传。

[原文]

悼周公四首

（一九七八年六月十日）

一

十年文革多辛劳，午夜磋商迄早朝；
诽谤谗言[1]无所动，障屏同志抗凶刀。
坚持正气心魂壮，力战群魔肝胆豪；
无限折磨非木石，钢人也教铁筋销。

二

三载沉疴余瘦骨，犹见灯明照夜深；
万家奔告相悲愤，群丑弹冠庆[2]禁门。
讳疾焉来扁鹊[3]药，谰言早见虎狼心；
牝雉司晨谁任责，含冤缧绁[4]万千人。

三

周公一去不言归，八亿苍生尽痛悲；
飒爽英姿犹在目，混茫岁月已难追。
满房遗物丝丝泪，一纸真容户户垂；
岱岳[5]黄河应莞尔[6]，英魂忠骨遍顷飞。

四

悠悠又届两周年，祖国幸临大变迁；
四恶[7]就擒普天庆，重恩遗爱[8]满人间。
运筹端赖诸公健，团结成城众志坚；
清明时节茅台酒，斟满千杯奠像前。

（选自《廖承志文集》下卷）

［注释］

［1］谗（chán）：言说别人的坏话。

［2］弹冠庆：弹冠相庆，比喻一人做了官，其他人互相庆贺将有官可做，引申为坏人得意的样子。

［3］扁鹊：战国时期医学家。

［4］缧绁（léi xiè）：拘系犯人的绳索，引申为牢狱。

［5］岱岳：泰山的别称。

［6］莞尔：形容微笑。

［7］四恶：指王洪文、张春桥、江青、姚文元“四人帮”反党集团。

［8］遗爱：遗留于后世的爱。

［简析］

廖承志及其一家与周恩来有着非常密切关系，私交与公谊之情均非寻常。在“四人帮”反党集团被粉碎之后，廖承志重新回到主管华侨事务等重要岗位。此诗充分肯定周恩来一生的丰功伟绩，尤其称颂他在十年“文革”期间的辛劳多多。“文革”结束两周年后的1978年，“祖国幸临大变迁”，国家内政外交均走上正轨，诗人在希冀祖国美好未来的同时，自然想起了为中国革命和建设呕心沥血的伟人周恩来。

[原文]

忆亡友

地下十年风和雨，长征途中英名传；
遵义[1]扶病传英断，宁夏会师奏凯旋。
长任幕僚[2]甘助手，一身尽瘁不自专；
律己森严堪作范，生涯朴素风格全。

（选自《廖承志文集》下卷）

[注释]

[1] 遵义：地名。地处贵州东部。红军长征途中举行的遵义会议，扭转了中国革命的航向。

[2] 幕僚：担任秘书和辅助责任的官员。

[简析]

此诗为悼念李克农而作。李克农（1899—1963），安徽巢县人，民主革命时期长期担任中共中央情报部门领导，新中国成立后历任中共中央社会部部长、外交部副部长、军委总情报部部长、副总参谋长。1955年授予上将军衔。廖承志与李克农关系密切，诗中充满着对老战友丰功伟绩的崇敬和怀念之情。

[原文]

游岚山

（一九七八年十月二十七日）

天高江户[1]正秋风，烟雨京都[2]叶未红。
大郾河[3]边人越艳，岚山[4]楼阁看新枫。

（选自《廖承志文集》下卷）

[注释]

[1] 江户：东京旧称。

［2］京都：日本重要古都。

［3］大堰河：流经日本京都岚山的大堰川。

［4］岚山：日本京都风景区之一。

［简析］

1978年10月22日至29日，廖承志陪同邓小平访问日本，并出席互换《中日和平友好条约》批准书仪式。在此期间，廖承志等人参观访问了京都等地，有感而发写下了《游岚山》这首诗。

［原文］

赠宫崎世民[1]

（一九七九年六月）

再遇蓬莱[2]须满丝，年迩[3]七十古为奇；
心交两代情长久，并肩百岁举红旗。

（选自《廖承志文集》下卷）

［注释］

［1］宫崎世民（1902—1985）：日本熊本人。长期从事日中友好活动，历任日中友好协会理事、常任理事、副会长、理事长等职。

［2］蓬莱：山名。古代传说为仙人所居。又指隐者所处或山东省蓬莱县。

［3］迩：近。

［简析］

1979年5月7日，廖承志率领来自全国各地各界600名代表组成的第一次“中日友好之船”代表团赴日本访问。在近一个月的访问中，与日本各界人士进行了广泛交往，对日本工业化作了较深入考察。此诗系廖承志访日归国后，赠送给宫崎世民的诗作。“心交两代情长久”之句系指廖承志的父亲廖仲恺与宫崎世民的父亲宫崎寅藏等宫崎家族的友好交往。

［原文］

赠罗青长[1]

（一九七九年九月）

把手相逢君十六，严颜庙后山犹绿。
嘉陵江畔浪滔滔，几度含杯嚼狗肉。
忽作楚囚在通江，从兹变幻商与参。
雪山草地都踏遍，相逢最后在延安。
回首当年俱少年，如今抱孙发皤然[2]。
酸甜苦辣都尝过，捂着尾巴是神仙。

（选自《廖承志文集》下卷）

［注释］

［1］罗青长（1918— ）：四川苍溪人，时任中央调查部部长、对台办主任。

［2］皤然：白发飘逸。

［简析］

廖承志在此诗中，回顾了自己与罗青长从少年相识至老年挚交的往事，倍加珍惜来之不易的深厚友谊。

［原文］

怀念孙夫人[1]

（一九八一年）

一

童年初睹丰姿美，六十五年事尚新；
痛惜伟人今谢去，深宵泪湿满衣襟。

二

暮春月里星辰稀，新竹摇风似悲啼；

巾帼[2]英雄馀冻骨，天涯难觅芳魂归。

（选自《廖承志文集》下卷）

[注释]

[1] 孙夫人：指孙中山的夫人宋庆龄女士。

[2] 巾帼：女中豪杰。

[简析]

廖承志对宋庆龄崇敬爱戴至深。这不仅因为宋庆龄是孙中山的夫人，更在于他自孩提时候起就得到了宋庆龄的多方关爱。他的母亲何香凝是宋庆龄并肩战斗的战友、相互关爱支持的朋友，他的姐姐廖梦醒则长期担任宋庆龄的秘书和助手。所以，廖承志在悼诗中满怀深情追念宋庆龄对他的恩情，赞颂宋庆龄巾帼不让须眉，是慈母，是顶天立地的男子汉，更是功勋卓著的一代伟人。

[原文]

无　题

（一九八二年十二月二十三日）

流水落花七十五，柏林江户漫留步。
金山埃及瞬观花，京沪延安须记取。
缧绁长征岂敢忘，薄幸香江[1]无忆处。
鬓发如银齿动摇，儿孙长立不须顾。
难得骨存八宝山，鬼魂笑伴腊梅露。

（选自《廖承志文集》下卷）

[注释]

[1] 香江：指香港。

[简析]

作此诗时，廖承志身体每况愈下，自知在世之日不多，有感而发，对其一生中最值得回顾的经历，用诗作形式诠释于字里行间。儿孙自立自强，即使“骨存八宝山”，也没有什么值得遗憾的了。

［原文］

一 生

一生升沉多曲折，满头霜雪对儿孙；
自觉皮囊[1]将入木，却怜老妻瘦露筋。
泪堕难忘慈母貌，梦中犹忆雨台春；
少年辈辈如花放，但愿红芳满园新。

（选自《廖承志文集》下卷）

［注释］

［1］皮囊：比喻死去的身体。

［简析］

此诗虽未注明日期，应为廖承志晚年所作。“少年辈辈如花放，但愿红芳满园新”之句，寄托了诗人对所他所信仰的理想一定能够变成现实的心愿。

［原文］

清 明

（一九八三年五月）

金陵无限好，来到正清明。
信笔纪心事，鲜花唁[1]老亲。

（选自《廖承志文集》下卷）

［注释］

［1］唁：悼唁；寄托哀思。

[简析]

此诗为廖承志最后一次到南京给父母扫墓时所作，也是他生平所作的最后一首诗。

下　编

研究综述

邹永祥

廖承志的大名首次为国民所知是在1933年。当年3月28日，时任全国海员总工会党团书记的廖承志，因被叛徒出卖在上海被捕，后经何香凝等人营救出狱。对此事，《社会新闻》、《中华周报》等报刊以及柳亚子辑的《关于廖承志被捕档案》一书，多有报道。时年廖承志25岁。

1950年代，廖承志先后担任中共中央统战部副部长、国务院外事办副主任、团中央副书记、中央广播事业管理处处长兼北京新华广播电台台长等19个以上的职务，责任重大，要事繁多，其讲话和活动不时见于媒体。

1978—2012年，每年都有一批关于廖承志的论著面世，主要内容可分十类：廖承志生平；廖承志与亲朋好友；廖承志的七次坐牢；廖承志在抗战中的贡献；廖承志与港澳事务、对台工作、侨务工作、对日本的工作；廖承志与新闻工作；廖承志与艺术等。主要研究单位是国务院侨办、仲恺农学院的廖仲恺、何香凝纪念馆、广东省党史研究室和惠州市有关单位专家学者与理论工作者。据不完全统计，学界近30年发表廖承志专题研究文章近百篇，有关回忆和纪念文章则在500篇以上，专题研究廖承志的著作十余部。尤其是惠州市2005年成立廖仲恺何香凝研究会后，有关廖承志及其家族研究的工作向纵深方向发展。

从编辑出版单位看，侨办、政协、党史研究室和惠州市廖仲恺何香凝研究会这四个系统主办的报刊（包括内刊）发表有关廖承志的文章比较多。

根据各个时期纪念、研究的侧重点、主要成果及影响，近30年对廖承志的研究大致可分为六个时段：

第一时段是1982年。当年7月24日，时任全国人大常委会副委员长的廖承志，致蒋经国公开信，殷切期望台湾当局捐弃前嫌，以国家民族利益为重，实现祖国统一大业。这封信在海内外引起极大反响，并产生了深远的影响。当年乃至此后多年，海内外掀起了学习、响应和研讨这封信的热潮。

第二时段是1983—1984年。1983年6月10日，廖承志因病逝世，享年

75岁。6月24日，廖承志追悼会在京举行，全国人大常委会委员长彭真主持，国家主席李先念致悼词，称“廖承志同志为中国共产党的优秀党员、无产阶级革命家、杰出的社会活动家、党和国家的优秀领导人”，高度评价廖承志为中国革命和社会主义建设建立了不可磨灭的功绩，作出了重大贡献。

当年，中央及各地报刊发表社会各界悼念、回忆廖承志的文章众多。中国新闻社编辑的纪念文集《廖公在人间》和《中国建设》杂志社编辑的《一个伟大的爱国者革命家》，分别由香港三联书店和《中国建设》杂志社出版。

1984年6月，《人民日报》、《瞭望》等各大报刊刊文20多篇，纪念廖承志逝世一周年。6月10日，根据中宣部指示，仲恺农校的“廖仲恺何香凝纪念馆”增添廖承志事迹的陈列并正式开放。当月，《廖公在人间》一书增订再版。书中除收录李先念主席的悼词和廖承志《我的童年》两文外，还收录了全国政协副主席陆定一、廖承志夫人经普椿、外国友人海伦·斯诺等人的回忆文章73篇。由于作者都是廖承志的亲朋好友、老同事或老部下，所以该书是弥足珍贵的第一手资料，是研究廖承志生平最重要的一部回忆录。

1984—1989年，描写廖承志七次坐牢及其大智大勇、坚强不屈的文章相对较多。1988年纪念廖承志诞辰80周年，邮电部特地发行8分、20分两种纪念邮票。

第三时段是1990—1997年。当年8月，人民出版社和香港三联书店分别出版邓小平同志题写书名的《廖承志文集》（上、下卷）。全书50万字，收录廖承志1929年9月6日至1983年5月的文章、讲话、报告、电报、书信、诗词等264篇，其中文章、电报168篇，书信56封，诗词40首。此外，还录有廖承志的手迹5幅、漫画12幅，相关照片44幅。

在这部文集中，与广东有直接关系的著作约37篇，其中有关惠州的14篇，如《忆青少年时代》、《东江工作团出发前后》、《东、西江武装部队情况》、《对曾部受到严重打击之批评及处理意见》、《关于东江人民、枪支、活动地区的报告》、《关于叶挺被扣情况致中共中央的电报》、《遥献》、《东江纵队史序言》、《惠州西湖留丹亭》等。这14篇诗文，内容涉及惠州的抗战、西湖、叶挺、廖仲恺、惠州籍作家冯伊湄等。

《廖承志文集》是一部珍贵的历史文献，该书不仅记录了廖承志“广阔而生动的革命经历、睿智的思想、渊博的知识和高尚的品格”，“也从另一个侧面反映了中国革命走过的途程”，“对于缅怀他的历史功绩，学习他的革命精神和革命经验”（《廖承志文集》编辑说明），极有意义。

1990—1997年，有不少文章侧重于介绍、研究廖承志的统一战线工作和侨务活动。

第四时段是1998—2000年，廖承志传记出版。人民出版社和春风文艺出版社分别出版《廖承志传》和《廖承志和他的一家》两书。

《廖承志传》由邓小平题书名，有43.2万字，以大量的史实，生动的文采，精细而又传神地写出了一个骨硬志坚、胸襟宽阔的廖承志，写出了一个英烈的肖子，慈母的孝儿，深情的丈夫，温厚的父亲，足智多谋的革命者，多才多艺的艺术家，是官不像官的领导人，情系八方、誉满四海、深孚人望的国事操劳者。这本书最大的特色，不仅在于史笔的谨严和简约，而且文笔活泼、生动，在国内诸多政治家、革命家传记中，写法别开生面。它的出版，填补了国内廖承志传记的空白，标志着廖承志研究进入了综合研究阶段。1999年，该书由香港三联书店再版，并获得美国纽约国际文化艺术中心授予的传记文学成就奖。该书作者铁竹伟，是南京军区政治部创作室专业作家。

第五时段是2001—2006年，廖氏家族合传出版。

廖承志一家三代为中华民族作出了巨大贡献。这个家族出了三位国家领导人、两位党派领袖、两位中共中央委员（其中一位是政治局委员）、三代侨办主任、两代港澳办主任。这种家庭在近当代中国是绝无仅有的。

2001年4月，廖仲恺何香凝纪念馆馆长蒙光励先生著的《廖家两代人——廖仲恺　何香凝和廖梦醒　廖承志》由暨南大学出版社出版。该书39万字，全国政协副主席赵朴初、马万祺分别题书名和题词。该书在学界首次比较系统、全面地展示了廖家两代人（廖仲恺、何香凝、廖承志、廖梦醒）的丰功伟绩，是研究廖家的开拓性的重要著作。在评述廖家两代人主要活动与革命思想时，也披露了许多鲜为人知的传奇性故事。廖仲恺的沉着果断，何香凝的耿直刚烈，廖梦醒的文静贤惠，廖承志的风趣幽默，一一跃然纸上。

这部书有关廖承志的篇幅约13万字，由于作者曾参与编辑《廖承志文集》，查阅了大量的档案，走访了许多知情人，所以全书具有坚实的史实基础，例如书中专设一章，以12 000多字描绘了廖承志鲜为人知的长征故事。作者对许多史料作了细致的考证，提出了准确而又独具慧眼的见解，如1923年初廖承志初次访日及其历史作用，1928年廖承志从日本回国的真正原因，廖承志对香港实行“一国两制”、现行制度50年不变的政策的探索，等等。该书每章后面都有注释和考证，体现了作者认真、严谨的优良学风。尤其值得称道的是，作者处理史与文的关系恰如其分，史实严谨而不呆板，文笔生动而不妄言。该书出版后甚受欢迎，印2 000册半年内售罄，因此略加增订后于2007年2月再版。

2004年10月，中共党史出版社出版了《一门忠烈：廖氏家族》，有57万字。作者吴学文是原中国现代国际关系研究所研究员、中日关系史学会名誉会长，曾多年跟随廖承志从事对日工作，从事日本报道和研究50多年；另一作者王俊彦则长期致力于中国外交史研究和外交题材的纪实文学创作。因此，该书一个显著特色是着力描绘廖承志等人推动和发展中日关系的事迹，这一内容（第十五章）在全书中所占分量最重，共96页。

第六时段是2007—2012年，出版专题研究著作和纪念廖承志诞辰100周年。

在2007—2008年间，为了纪念廖承志诞辰100周年、逝世25周年，有的学者选取廖承志某一方面的突出贡献，开展深入细致的专门研究并推出长篇大著。已出版的有2007年9月中共党史出版社出版的《廖承志与日本》（吴学文、王俊彦著）、2008年作家出版社出版的《情注香江——廖承志与香港》（茆贵鸣著）。前书49.2万字，后书40万字，并由惠州市党史研究室洪汉文、彭长明两同志负责编审。

廖承志在周恩来总理直接领导下，肩负着我国对日工作总负责人的重担。他在中日人民友好和中日邦交正常化以及整个中日关系史上发挥了特有的作用，功绩显赫。中日两国领导人都高度评价廖承志对中日关系的特殊贡献。《廖承志与日本》一书，从廖承志的东瀛少年生活、参加抗日战争、开展对日“民间外交”、率团访日、关心对日新闻事业、实现中日邦交正常化等方面，评述了廖公的丰功伟绩。

《情注香江——廖承志与香港》主要记述廖承志在香港开展抗日民族统一战线工作，以及解放后主管香港工作的贡献。

2008年9月，在纪念廖承志诞辰100周年之际，中共中央举行隆重的纪念活动。国务院侨办组织拍摄的6集人物专题片《廖承志》在中央台播出。中共广东省委、广东省人民政府于9月24日在惠州举办纪念座谈会。《惠州日报》从9月19日起连载蒙光励先生著的《廖承志》，惠州市廖何研究会于9月25日下午举办纪念活动。暨南大学于9月22日举行纪念前董事长廖承志诞辰100周年座谈会。福建的华侨大学4月份举办了以“拳拳赤诚塑华园，桑梓英才皆承志”为主题的系列纪念活动，分“廖承志的一生”图片展和“寻找承志精神”PPT大赛两部分。8月，该校团委组织“廖承志生平事迹考察团”，走访广州、惠州、深圳、南京、泉州等地，回溯廖承志生平，纪念先生诞辰。在海外，《美国侨报》的侨报网专辟“廖公百年”网页，介绍廖承志事迹。

就廖承志专题研究文章而言，2008年纪念廖承志诞辰100周年、逝世25周年，使学术界和理论界在这一领域的研究向前推进了一大步。据初步统计，除了众多回忆性、纪念性文章公开发表外，学术色彩浓厚的论文，在这第六个时段中至少有70篇，内容主要涉及廖承志的人格魅力、廖承志的思想品德、廖承志与新中国华侨事务、廖承志与香港澳门的回归、廖承志与中日关系、廖承志的书画艺术等多个方面，研究的广度和深度均比前几个时段有所加强。

尤其值得一提的是，作为廖承志的祖居地的惠州，有关方面近几年来加强了对廖承志生平思想的研究，市园林局委托惠州市廖仲恺何香凝研究会承担"红花湖廖承志陈列室"（暂定名）策划方案，已将10余万字的策划材料上报中央及地方有关部门审议。惠州学院东江文化研究院与惠州中华文化促进会合编、广东百业投资集团资助出版的《东江文化》内刊，近几期相继刊发了《廖承志：传奇人生七十五年》、《廖承志生平大事纪述》、《廖承志重要书信选》等文章。由惠州市廖仲恺何香凝研究会与中共惠州市委党史研究室合编的《廖承志研究备览》一书，也拟于廖承志诞辰105周年之际由暨南大学出版社公开出版发行。

综上所述，廖承志虽然离开我们30年了，但国人对他的纪念和研究从未止步，而且越来越深入、细致、全面、系统。廖承志永远活在人民心中！

论文选粹

宋振凌

廖承志组织华侨抗日功垂千史

郭美兰

廖承志是一位卓越的无产阶级革命家，优秀的共产党员。在抗日战争时期，他坚决贯彻执行党中央建立广泛的抗日民族统一战线的方针政策，克服各种艰难险阻，动员和组织广大爱国侨胞以人力、物力和财力支援前线，对抗日战争的胜利立下了不可磨灭的功绩。

一、在八路军驻香港办事处的工作

1937 年“七七”事变，日本帝国主义发动了全面侵华战争，中国人民奋起抗击日本侵略者。广州地扼华南咽喉，是抗战初期抗击日寇的基地；香港战略地位特殊，是当时各方面爱国人士荟萃之处和与海外联系的枢纽。因此，搞好广州、香港地区的抗日民族统一战线，对于团结、带动和吸引广大华侨支援抗战具有重大意义。当时八路军、新四军英勇抗日，赢得了海外广大华侨的钦佩，他们纷纷捐助物资、药品和款项，中共需要在香港设立可靠的办事机构接收。党中央和周恩来先后派廖承志等同志去广州、香港筹建八路军驻广州、香港办事处，开展抗日民族统一战线的工作。1938 年 1 月初，廖承志到达香港。不久，在中共香港市委的协助下，于香港皇后大街 18 号设立了办事处（其公开招牌是“粤华公司”，经营茶叶生意）。廖承志任八路军驻港办事处主任，同时，还作为八路军、新四军的代表，领导南方各省的统战工作及八路军驻广州办事处。

廖承志同志的胆识和才能出类拔萃，他的祖辈、父母和他本人都是华侨，对侨胞感情深厚，彼此间有广泛的联系，这为他的工作提供了有利条件。在主持八路军办事处工作期间，他面临广州、香港的极其复杂的社会环境，成功地完成了党中央下达的各项任务，表现了从事统一战线工作的出色才能。

首先，他善于以真诚的态度争取人、团结人。无论是对港澳同胞、海外侨胞、外国友人，还是对民主人士、知识分子、劳动群众，从普通老百姓到陈嘉庚那样的大侨领，廖志承都做了大量深入细致的思想工作，把广大群众团结到党的抗日民族统一战线旗帜之下，表现了一个优秀共产党员对抗日救国运动的崇高责任心。毛泽东说：我们共产党要善于拿“统一战线这个武器去组织和团结千千万万民众和一切可能的革命友军”，要把“过去是敌人而今日可能做友军的人们，都从敌人营垒中和敌人战线上拉过来”[1]。廖承志正是运用毛泽东这一策略思想的典范。1938 年 3 月底，廖承志在广州宴请了他 20 年代在日本士官学校的同学。这些人都是当时国民党的中高级军官，不少人先后参加过一些反共反人民活动。廖承志认为，他们都是职业军人，大多数都是为了升官发财而入士官学校的，有一些人则在士官学校学习时就走向了进步。这些士官生当年被人称为“士官牛”，国民党反动派都能驱使牛，如今大敌当前，在反对日本侵略、保卫祖国的神圣抗战中，这些“士官牛”怎么不能和我们共同奋斗呢？廖承志设宴款待他们，是为了团结一切可以团结的人投入抗日的伟大斗争中。后来在抗日战争和解放战争中，这些当年廖承志宴请过的士官学校同学，发生了各种各样变化：有的离开了国民党反动营垒，积极参加抗战；抗战结束后，有人宁可弃戎经商，也不参加反人民内战；有的参加了人民解放军。由此可知，廖承志在统战工作中是一位具有远见卓识的领导者。

其次，大力组织和领导了抗日舆论宣传的书报出版发行工作。为了向海外广泛宣传中国共产党的全面抗战路线和抗日民族统一战线的方针和政策，及时报道八路军、新四军抗击日寇的光辉战绩，争取更多的同情者和支持者，廖承志等人首先在香港组织出版了英文版的毛泽东著作，这是毛泽东著作在香港第一次印刷出版。他亲自安排把这些著作寄往欧美各地，还利用当时广东余汉谋支持抗日的时机，在广州公开出售了毛泽东的《论持久战》等书籍，使人民群众、海外华侨和国际友人更好地了解中国共产党抗日救国的方针政策。他在香港积极促进表亲邓文田、邓文钊兄弟出面，办起了蜚声海外的《华商报》，并大力支持其他民主党派人士办的各种进步报纸。这些进步书报得到了港澳同胞、华侨和国际友人的高度赞赏。

再次，他出色地完成了各类抗战物资的接收运转工作。海外侨胞捐赠的款项、药品、医疗器械、车辆与各种物资，要由八路军驻香港、广州办事处及时转送到八路军和新四军手中。廖承志和办事处的全体同志历尽艰辛，并利用他独特的身份和地位以及在海外享有的崇高声誉，做了大量工作。当时香港华比银行的华人代办正是廖承志的亲戚邓文田、邓文钊先生。海外华侨给八路军、新四军的捐款直接汇给香港华比银行廖承志收，手续既简便，又能取得他们的充分信任，大大推进了支援抗战工作。在当时香港这样一个复杂的三角地带，能有一家银行代收给中国共产党方面的捐款，的确是极不容易办到的事。与此同时，新四军也在香港《大公报》刊登了以军长叶挺、副军长项英署名的一则启事，通告“各界同胞捐赠的物资、款项、均由敝军驻粤港代表廖承志收转”[2]。

二、密切配合“保卫中国同盟”的斗争

“保卫中国同盟”（下文简称“保盟”）是孙中山夫人宋庆龄，为团结争取国际上的进步人士以及海外华侨援助中国抗日，在香港创办的一个爱国进步组织。廖承志作为她的得力参谋和助手，在这个组织中起了极其重要的作用。1937 年 12 月 23 日，宋庆龄从上海前往香港。她一到香港，就与廖承志商议筹建组织“保盟”一事，经过充分准备，1938 年 6 月 14 日，“保盟”宣告成立。“保盟”有庞大的中央委员会和不少工作人员，廖承志担任秘书长，是“做实际负责工作”的人[3]，许多具体任务都是他完成的。《保盟宣言》明确宣布：“保盟”的主要使命是“成为需要者（中国人民）和资金、物资捐赠者（国外有关机构与‘保盟’支部）之间的桥梁”。一方面让国际友人知道中国战区和敌占区人民的真正需要所在；另一方面把捐赠物资送给真正迫切需要的人们。“保盟”以强大声势，团结了许多国际友人和海外华侨，推动了很多国际组织和华侨团体从世界各地募集大批款项、物资和药品、医疗器械等。这一批批的物资、款项都是廖承志以极端负责的精神，经过周密安排、及时安全地转运到武汉，再运到延安等地的。1938 年 10 月，广州、武汉沦陷后，又通过越南海防经滇缅公路辗转运送到延安。“保盟”和八路军办事处对革命根据地和抗日游击队的巨大支援，是相当困难的，当时存在着种种干扰，他们既要突破日军的封锁，又要消除国民党的阻挠。1939 年，英国工业家约翰·桑尼克劳夫爵士捐赠了一辆大型救护车，车内装配一个手术室。宋庆龄嘱咐“保盟”把这辆救护车送到最缺乏医疗用品的延安去。廖承志等人经过精心安排，派出一个车队开辟了一条经过当时法属印度支那海防的路线，沿着崎岖的山路，绕道而行奔往边区。为了确保这辆车顺利到达，特别安排由新西兰作家杰姆斯·勃尔特姆和德国医生汉斯·米勒等人护送。这样，历经艰难险阻终于把车送到了延安国际和平医院。此后收集的大量物资，也都源源不断地从这条运输线送

往边区。后来这条线路被敌人切断后，国民党又挑起反共摩擦并封锁边区，运输问题更为严峻，“保盟”仍然想尽一切办法，寻找更为迂回的路线，有时竟在没有现成道路的地方组织骡马车队继续运送物资。由此可见，宋庆龄领导“保盟”所取得的巨大成绩，与廖承志等人的不懈努力和辛勤工作是分不开的。八路军、新四军前线的医疗队和边区的国际和平医院里，许多第一次出现的东西，都应归功于他们。如第一架战地用的轻便 X 光机、第一具显微镜、第一批外科器械、麻醉剂、磺胺药物以及第一架制造外用青霉素的简单机器。当游击队中的伤病员由于缺乏药物和设备而濒临死亡的时候，当一个分院连一个听诊器也没有的时候，能得到“保盟”送来的国际援助品是何等珍贵！“在药品中包括最有效的消炎药——‘白浪多息亦’（磺胺的前身），当时是世界上刚刚生产出来的最新产品，国内还没有用过，亦从上海运到了新四军驻地。”[4]

1938 年冬天，抗战前线的新四军和伤病员处境极端困难，饥寒交迫，每千人就有十人由于挨冻而死。“保盟”闻讯后，立即连续向国际友人和海外侨胞大声疾呼：“立即给长江流域的游击队送去 2 万条毛毯。”于是，新加坡、菲律宾、安南、暹罗及香港地区的华侨和同胞积极筹募捐款，节衣缩食，经过半年的宣传和组织工作，许多援华机构和个人直接把大批毛毯和寒衣送到了香港。加拿大、美国、新西兰、澳大利亚等国的国际友人和海外侨胞也都捐助了毛毯和寒衣。廖承志等同志将捐助的物资尽快地送到急需的新四军手中。当新四军收到这些珍贵的物资后，广大战士交口称赞“保盟”负责人宋庆龄和廖承志等是“雪中送炭”[5]。

三、主持“一碗饭运动”

1941 年夏，宋庆龄与廖承志等人掀起了一次大规模的“一碗饭运动”[6]，号召各界人士点滴捐助，救济伤兵、难民。这次募捐的做法是：成立一个委员会，发售餐券一万张，每张 2 元，持券者可到指定的餐室吃炒饭一碗，参加赞助的饭店、酒家、茶室提供炒饭，全部活动收入捐赠作伤兵、难民的救济基金。由于这个活动是以孙夫人名义号召的，政治上影响很大，经济上效果很好。各阶层人士，甚至连香港总督也“支持这一活动”[7]。1941 年 7 月 1 日晚，“一碗饭运动”开幕，香港英京酒家门前，车水马龙，冠盖云集，成千上万的群众围聚在马路上，英京酒家大厅北边墙上悬挂着“‘一碗饭运动’开幕晚会”的横标。主席台中央端坐着宋庆龄，邹韬奋、廖承志等坐在她身边。在宋庆龄发表热情洋溢的讲话过程中，台前就有许多人表示马上要捐钱，廖承志连忙解释说："等孙夫人讲完后，还要进行义卖，捐献和赠纪念品。"宋庆龄讲话完毕后，廖承志宣布义卖活动开始，他说："我们尊敬的孙夫人对'保卫中国同盟'开展的'一碗饭运动'率先响应，这里摆着的是孙先生生前珍爱的，也是孙夫人珍爱的墨宝和纪念品。现在当场义卖作为捐献……"[8]廖承志的话还没有说完，就有许多人涌向主席台，珍品很快就被抢购一空。这时，"保盟"工作人员和晚会参加者，纷纷在大厅发表即席演讲，鼓励人们积极投身抗日救亡运动，谴责妥协投降的罪恶阴谋，爱国气氛非常悲壮、热烈。

"一碗饭运动"轰动了香港。各报登载了介绍其运动的画片和照片；文艺界人士写的文章在《华商报》上出了特辑；饭店门前张挂着"欢迎来吃爱国饭"标语和"爱国门"横幅；公共汽车上贴着"为祖国无家可归的难民请命"等标语和宣传画。工、商、妇、学等团体协助推销餐券。人们走上街头，以能吃到这一碗"救国饭"为荣。9月1日举行闭幕典礼，宋庆龄将亲笔写的"爱国模范"的奖旗和纪念品赠给热心运动的单位和个人。

"一碗饭运动"不仅是一次募捐运动，也是一堂生动的爱国主义教育课。它生动地体现了华侨、香港同胞的爱国情操和国外友好人士的国际主义精神，反映了宋庆龄、廖承志等人灵活开展统一战线工作的成绩。"保盟"把募捐活动与抗击日本法西斯主义，争取民族独立的宣传工作结合在一起，振奋了民族精神，鼓舞了人们的斗志。

四、组织和关怀东江游击队

1938年10月21日广州沦陷。10月13日，中共中央即电示八路军驻香港办事处和中共广东省委，"要在东江日占区开拓游击区"。廖承志接到中央指示后，立即在香港召开会议，研究在东江敌后开展游击战争问题。他在会上指出，要坚决贯彻执行党中央指示，放手发动群众、武装群众，在敌后建立我们的基干部队，开展游击战争。根据会议决定，12月24日，他派当时海员工作委员会书记曾生等同志率领一批党员和香港爱国青年前往惠阳平山，组织人民抗日武装，开展敌后游击战争。在广大群众支持下，很快组织了一支有100多人的抗日人民武装，经过勇敢斗争，建立了东江地区第一个抗日民主政权。与此同时，由王作尧率领的东莞人民抗日游击大队也正式成立。根据中共中央关于《利用国民党政府的命令组织自卫军》指示的精神和广东的特点，廖承志认为我党在东江敌后建立的抗日武装，以自发组织的抗日群众面目出现，有利于争取国民党番号和自身的生存发展。中共东江特委和曾、王两部队遵照廖承志的意见，经过努力，分别取得了第四战区第三游击队挺进新编大队（曾生部）和第四游击区挺进直属第三大队（王作尧部）的番号。部队接受国民党番号后，取得了海外华侨和港澳同胞更有力的支援。廖承志在港澳地区、海外华侨中，不断动员广大爱国青年学生、工人参军作战。有许多华侨千里迢迢回国参加了这支游击队，直接参加抗日斗争。曾、王两部保持党的组织和独立编制，到1939年底发展到1 700多人，成为威震祖国南疆的东江纵队。

廖承志还亲自组织几个华侨救亡团体展开抗日活动。1938年10月11日，日军在大亚湾登陆，直插惠州、博罗、增城、广州。日本帝国主义的暴行，激起广大华侨的无比愤慨，南洋各地抗日运动迅速发展，各种救亡团体相继成立。当时最大的救亡组织就是以陈嘉庚为主席的“南洋华侨筹赈祖国难民委员会”（即“南侨总会”）；南洋惠州华侨成立了“惠侨救乡会”，推举黄伯才为主席。在廖承志和八路军驻香港办事处的推动和支持下，“南侨总会”、“惠侨救乡会”和“香港海陆丰同乡会”等联合成立“东江华侨服务团”（简称“东团”）。东团在香港设有总团办事处。在廖承志的直接领导和关怀下，东团发展很快，从海外各地回国的华侨队员从200人发展到500余人，并先后到东江地区参加抗日游击队和抗日根据地建设，对中共在东江地区建立和发展抗日人民武装起了很大作用。

为了东江抗日根据地的发展壮大，廖承志竭力发动海外侨胞、港澳同胞募捐款项、物资支援东江纵队。1941年以前，东江人民游击队的被服、军鞋和药物等，大部分是经廖承志发动的华侨、港澳同胞捐献的。1942年1月，香港失陷后，廖承志把八路军驻香港办事处与中共中央、中共中央南方局联系的电台呼号交给东江纵队。从此，东江纵队能够直接得到中共中央的指示，为进一步发展抗战队伍和坚持抗日斗争提供了有利条件。

五、组织爱国华侨奔赴抗日前线

在八路军驻香港办事处和东团香港办事处的组织安排下，东团下属吉隆坡队于1939年5月从南洋回国参加抗日救亡斗争。全队73人，都是自愿报名经口试合格录取的青年，“在离开吉隆坡时，个个都抱定‘破釜沉舟’的决心，不到英国当局领取重回吉隆坡的入境证，以表示自己救国救民、绝不回头的决心”[9]。5月19日吉隆坡各界人士为他们举行了热烈的欢送大会。归侨一行，受到八路军驻香港办事处和东团香港办事处的热烈欢迎。5月29日，廖承志安排他们与港九社会团体慰问曾生游击队的代表同行，到沙鱼涌参加东江第四游击队新编曾生大队。曾生游击大队的成员多数都是归侨，他们在战斗中英勇顽强，多次给日寇以沉重打击，许多同志壮烈牺牲。这些归侨一直坚持到抗日战争最后胜利，表现了他们对祖国的一片赤诚之心。

1939 年 5 月，菲律宾华侨慰问团到达香港，欲转往延安。在八路军驻香港、桂林办事处的帮助下，冲破重重困难，终于到达新四军军部——云岭，受到新四军领导同志的热烈欢迎，后来这批华侨都参加了新四军。

据不完全统计，经廖承志领导的八路军驻香港办事处、广州办事处先后介绍到八路军、新四军去的爱国青年、爱国华侨、港澳同胞达 1 000 多人。这些青年在党的教育下，经过长期艰苦锻炼，许多人成为党和军队的优秀干部，对加强和壮大人民抗日武装力量，大力抗击日寇侵略，作出了重大贡献。

在抗日民族解放战争最艰苦的 1938—1941 年间，廖承志不负党的重托，在领导八路军驻香港办事处的工作中，为了巩固和发展抗日民族统一战线，大力动员和团结海外侨胞、港澳同胞参加祖国抗战，殚精竭虑，奔走呼号，倾注了满腔热情，表现出卓越的才能和不屈不挠的斗争精神，为抗日战争的胜利作出了独特的贡献，声誉四海，功垂千史。廖承志永远是我们学习的榜样，他将激励我们为共竟祖国统一大业，同造中华振兴宏图而奋斗。

（原载《华中师范大学学报》1993 年第 1 期）

注释：

［1］毛泽东：《论反对日本帝国主义的策略》，《毛泽东选集》第 2 卷，北京：人民出版社 1991 年版，第 154 页。

［2］梁上苑：《追忆廖公在香港的时候》，香港《大公报》，1983 年 7 月 19 日。

［3］［4］［5］［6］［8］蒋洪斌：《宋庆龄传》，南京：江苏人民出版社 1957 年版，第 158、171、172、164、165 页。

［7］钟明：《宋庆龄抗战时期在港数事》，香港《大公报》，1985 年 5 月 30 日。

［9］《文史资料选辑》第三辑，北京：文史资料出版社 1985 年版，第 25 页。

廖承志和战时的香港文化

茆贵鸣

“皖南事变”后，国民党顽固派采取疯狂的军事行动，加紧反共活动。当时，在重庆、桂林、上海等地，尚有许多从事抗日文化宣传的知名人士。为安全起见，廖承志向中共南方局建议：迅速将他们全部撤退到香港，并由他所领导的八路军驻香港办事处具体负责此项工作。

胡风称：“他的政治品质是让人信任、敬重的。”

1941 年初夏，夏衍、茅盾（第二次）、邹韬奋（第二次）、胡绳、张友渔、韩幽桐、宋之的、戈宝权、端木蕻良、章泯、萧军、萧红、胡考以及梅兰芳、胡蝶、王莹等大批知名人士陆续撤抵香港。

6 月 6 日，随着长长的一声汽笛鸣叫，一艘由德属广州湾始发的“宝石花”客轮缓缓停靠于香港码头。

又一名文化精英安全撤抵香港。他，便是声震中国文坛的胡风。

早年的胡风，是“左联”的一名文化战士。抗战爆发后，他由上海抵达当时中国的政治文化中心武汉，成为在汉口成立的中华全国文艺界抗敌协会的常务理事和研究部主任；不久，又逆江而上，来到战时的“陪都”重庆，经时任国民政府军事委员会政治部副部长周恩来的提名，成为由郭沫若、阳翰笙分任正副主任的文化工作委员会中的十名专职委员之一。

从抗战一开始，胡风即以满腔的热情积极投身于抗战文化事业。他在由自己主编出版的《七月》杂志的发刊词中坦言：

> 能有洞烛一切的巨眼和凸现万象的伟力，为文如喷泉四射，使自己成为民族的也是文苑的骄子，当然是可以慰人自慰的，但如果不能做到，退而为这文苑建设工程搬运一瓦一石，从为搬运工作里面，寄付着对于民族解放战争的一瓣微忠，也应该是虽然微末，但却非毫无用处的罢……

《七月》是战时重庆抗战文化中颇具影响的一份文学杂志，胡风从筹备创刊起，即投注了巨大的心血。他对《七月》有着割舍不掉的情愫。

1941 年 2 月的一天，胡风按约准时来到中共南方局所在地——重庆曾家岩 50 号。

这是周恩来为帮助文化人撤离山城而安排的一次专门约见。

周恩来告诉胡风，“皖南事变”发生后，国民党的反共气焰日盛。为了减少损失，保存干部，目前滞留于重庆的左翼文化人必须尽快撤离，去处分别是延安和香港。

胡风闻言，首先考虑的倒不是去延安还是去香港，而是他的《七月》。他说：“国民在政治上失败了，我们正应该在重庆坚持下去和他们斗争。如果他们捕人，就会更加失去舆论、失去道义，从而加重他们在政治上的失败……”

周恩来深知胡风对《七月》的感情。他耐心地对胡风说：“撤退固然是为了保存干部，但还有一层更重要的积极意义，那就是对国民党的背信弃义表示强烈抗议的一种形式。对待政治斗争，我们切不可感情用事，否则将会招致不必要的损失。”

胡风终于接受了党的安排，准备撤离重庆。但究竟是去延安还是赴香港，他又犹豫了起来。

此时，重庆的第一批文化人已陆续开始撤退，其中欧阳山、艾青等人去了延安，茅盾等人则去了香港。为此，胡风又一次找到周恩来。

“还是去香港吧！”周恩来在经过了一番沉思之后说，“这样，如果可能的话，你还可以经香港到南洋一带，通过日本侨民寻找日共的关系”。

胡风仍希望在自己离渝的时候能够将《七月》保存下来。为此，他向周恩来建议，将在新四军工作的聂绀弩调来重庆接替，以便续编《七月》。周恩来欣然同意。

5 月 7 日清晨，胡风带着周恩来亲自交给他的一张由重庆七星岗莫斯科餐厅赴香港办货的假证明，以及特意为他筹集的 100 元美钞和若干法币，悄悄地登上了一辆南下的汽车……

胡风偕夫人梅志及孩子晓谷、晓风，携带简单的行李，随人流步出了客轮走上码头。静候于出口处的孙钿一下子跑了上来，紧紧地拉着胡风的双手，连声说：“先生辛苦了，让你们全家受累了！我受廖承志的委托，特来等候迎接你们。请先生随我来吧。”

孙钿（原名郁文源）是一位颇受胡风赏识的“七月派”诗人。这位当年曾留学于日本的热血才子，因为听闻家乡“八一三”战事的枪炮声响而中断自己的学业，毅然返回沪上，时年仅 20 岁。上海沦陷后，他又辗转至河南确山参加新四军并加入了中国共产党。在大别山那艰苦卓绝的战斗生活中，他的那些“紧紧地拥抱着战斗生活的诗歌”，曾被胡风赞誉为“是纯真而坚决的战斗意义的声音”。后来，胡风干脆以《旗》为题，将他的诗作编入了《七月诗丛》。

胡风与孙钿异地重逢，自然是喜不自禁。孙钿根据廖承志的指示，将胡风全家安排于九龙弥敦道上的新新酒家。这套清洁、宽敞、舒适的房子，很适合胡风全家居住。

胡风一家刚抵香港，夏衍、蔡楚生等先期抵港的内地著名文化人，当天便相继来访。他们与胡风及其家人共叙离别之情。

“真是他乡遇故知。我觉得，在重庆的两年半生活里所感到的那一种重压，都已经消失……”胡风后来在回忆这次抵港时的感受时，曾动情地发出如此感叹。

次日，廖承志在孙钿的陪同下，来到新新酒家，探望胡风及其家人。

廖承志详细地向胡风介绍了香港方面的情况，以及内地文化界人士撤抵香港后的近况。他说：“蒋介石一手制造的‘皖南事变’，使中共蒙受了重大损失，许多进步的文化界人士亦无辜地遭受迫害。我们现在要充分地利用香港这块特殊的阵地，团结并争取更多的在港文化界人士，以形成强大的舆论宣传阵地。上月，我们根据中共南方局和周恩来副主席的指示，已经成立了一个五人委员会（‘五人委员会’，即‘中共香港文化工作委员会’，由廖承志、夏衍、潘汉年、胡绳、张友渔五人组成），专门负责领导香港的文化宣传工作，同时，我们还设立了由夏衍、胡绳、张友渔分别负责的文艺、学术、新闻小组，并成立了文艺、戏剧、学术、新闻、妇女、国际问题等座谈会。胡先生的抵港，无疑又强化了我们抗日文化的宣传力量。希望胡先生继续拿起您那如椽巨笔，为中国的抗战文化再写华章。”

廖承志还抱歉地对胡风说：“其实，在胡先生来港之前，周恩来副主席已亲自发电报给我了。实在是因为事务缠身，未能亲自迎接，还望先生见谅。来香港后，有关你们全家的生活问题，我已交代给孙钿同志，由他全权负责照料。你们有什么困难和要求，请尽管直言。胡先生，你们看这样安排行吗？”

“真是太感谢了！我们十分满意。”梅志赶紧接过话头，“昨天，孙钿同志当场就给了我 150 元港币。这不，先生这一身淡灰色薄呢西装、衬衫、领带，就是我用这些港币陪他在旧衣店里挑购的。穿上它们，精神得还真像个教授！”

对于清高、耿直而又充满个性的胡风而言，廖承志的造访理属情理之中，然而，廖承志的踏实稳健、平易近人，却给他留下了深刻的印象。

“第一次见到这位稳重诚恳的领导人，感到他的作风是那么亲切平易，他的政治品质是让人信任、敬重的。”若干年后，胡风仍旧记忆犹新地说。

《华商报》一经面世，即刻在香港引起反响

随着一批又一批爱国民主人士和文化、新闻界知名人士陆续撤退到香港，香港这块“文化沙漠”即刻充满了抗战文化的生机和活力。肩负着党在香港一带领导抗日民族统一战线工作的廖承志同志，面对大批的内地知名文化人陆续抵港这一盛况，决定在香港创办一份党领导下的有影响力的报纸。

1941 年 2 月 10 日，廖承志给周恩来发出电报。他陈述道：

> 现到港文化人相当多，我们决定在港办报纸……以救国会姿态出现，但不太露锋芒，不过，我党重要文件应发表。我想在《新华日报》受压迫，而港其他报受国民党收买的情况下，为冲破他们的封锁办这个报，就是其生命只有几个月也是有意义的。

廖承志之所以考虑以救国会名义，是因为救国会是一个被认可了的合法抗日团体，具有一定的影响力；另一方面，救国会的主要负责人之一的邹韬奋，自上次离港返沪续办《生活日报》后，眼下亦已随内地大批文化人撤抵香港。这样，在香港办报的中坚力量，无疑又得到了进一步的加强。

廖承志在得到周恩来的电报示复后，即开始付诸实施。他亲自出面商请自己的表妹夫、香港华比银行副经理邓文钊和他的哥哥、华比银行经理邓文田，由他们出任一名“法人”，并出面向香港当局办理注册登记手续，缴付 2 000 元港币的“按金”。尔后，约请邹韬奋、范长江、夏衍、金仲华、乔冠华、胡仲持、羊枣（原名杨朔）、恽逸群、张明养等，共商办报具体事宜，并确定了在国内坚持抗战、团结、进步，在国外反对对日妥协；批判“绥靖政策”和“东方慕尼黑”阴谋，坚持“有理、有利、有节”的斗争方式的办报方针。至于报纸的名称，廖承志说：“香港主要是靠转口贸易来维持其繁荣的经济的，因而商人是港英当局赖以支持其殖民主义统治的社会基础；换句话说，在香港这样的商埠，如果撇开商贾，实质上也就失去了繁华的基础。基于这样的考虑，这张报纸冠名以‘华商报’是最合适不过的了。因为‘华商报’三字，不仅含有华侨商人自己办报的思想，而且可以充分体现报纸统一战线的性质，同时还能广泛地增强华侨、工商及社会各界对报纸的感情，扩大报纸的发行量和阅读面。”

1941 年 4 月 8 日，《华商报》正式创刊。该报一经面世，便在香港引起巨大反响。这不仅仅是因为该报搜集了孙中山先生的生前墨迹“华”、“商”、

“报”三字作为报头；更重要的是，该报无论从形式到内容都令人耳目一新，其文之所及、笔之所触，无不使人亢奋，催人奋进。请看它的发刊词：

> 我们在这重要的时候，处身在远东大局的神经中枢香港，深深关切着祖国的使命。祖国正在艰危的奋斗中，向着民族解放的目标前进。……因此，我们原本上述的信念，在抗战的过程中，就海外舆论界的岗位，担当起号召，推动的任务……

不仅如此，编辑们还匠心独运地在创刊号头版的正中位置，醒目地刊载了香港大资本家何东爵士专为该报题写的“唤醒侨胞”四字。这一举措，不仅增加了华侨商报的味道，更为直接的效果是使广大工商界人士及普通的市民对此倍感亲切。

《华商报》创刊后，廖承志请邓文田出任督印人兼总经理，邓文钊、范长江为副总经理（实际日常工作由范长江主持）；同时，分别任命胡仲持为总编辑，陆浮为采访部主任（后兼任副总编辑），张惠通为营业部主任。不久，又任命张友渔为总主笔，廖沫沙为编辑部主任，并确定夏衍负责文艺版，邹韬奋具体执笔民主运动方面的社论。在此基础上，《华商报》又成立了社务委员会，并确定：在政治上由廖承志予以统一领导。

事实上，在抗战时期，除了重庆的《新华日报》以外，此时的《华商报》是中国共产党创办领导并公开发行的又一日报。因此，《华商报》实质上是担负着中共在香港进行对外宣传抗日的重要使命。亦正因为如此，处于重庆的周恩来不仅异常关注《华商报》在香港的出版发行情况，而且还多次就报纸的风格内容作出具体指示。他指出：“香港是我们同美国和南洋联系的据点，我们应求得占住这一据点!”

《华商报》从创刊号起即以连载形式，推出了著名出版家和文化人邹韬奋的20万字长文——《抗战以来》；接着，范长江的《祖国十年》、千家驹的《抗战以来的经济》等亦陆续问世；抗战四周年之际，《华商报》又发表郭沫若、茅盾、巴金、许地山、夏衍、胡风、许广平等人署名的《致世界作家书》，呼吁全世界文艺界团结起来，组织反法西斯作家联盟；至于在副刊《灯塔》上连载的《如是我见我闻》（茅盾），以及相继发表的《沉渣》（巴人）、《故乡》（艾芜）等较有影响的作品，则“用充满着爱与力的笔触，作深刻而隽永的叙述”，其“内容极为丰富，笔调尤为感人”。

然而，由于《华商报》坚持抗战、团结、进步，反对投降、分裂、倒退，无情揭露国民党顽固派的消极抗战、积极反共政策和残害人民的倒行逆施，这就激怒了国民党顽固派及其特务机关。他们多方捣乱、破坏。为此，廖承志在5月18日致电周恩来并书记处，作出这样报告："自该报（即《华商报》）出版后，国民党特务机关多方捣乱，如破坏承印及收买报纸，不许买《华商报》，曾函此，发行数量由一万份降到二千余份……"

面对复杂局面，廖承志处变不惊。他经常深入报社传达党的指示，并亲自约请邹韬奋、茅盾、乔冠华、金仲华等知名文化人及宋庆龄、何香凝、柳亚子等著名爱国人士为报纸撰稿，努力扩大影响，广泛争取海外华侨及港澳同胞的大力支持。华侨领袖陈嘉庚在得知《华商报》处于困境的消息后，立即委派得力人员从南洋赶赴香港开办印刷公司，专门承印《华商报》。

《华商报》又得以起死回生。

《大众生活》一复刊，即以鲜明的抗日政治主张昭示于读者

1941年5月17日，在廖承志的积极支持下，又一份与《华商报》相呼应的刊物——《大众生活》在香港复刊面世。

这是一份旨在宣传民主与抗日思想的综合性文艺刊物，由邹韬奋于1935年底在上海创办。这在当时来说，实质是以《大众生活》的名义恢复了被国民党政府先期扼杀的《生活周刊》。上海的《大众生活》紧紧与"时代最进步的运动——救亡运动联结在一起"，一出刊即备受欢迎，销量达20万份。然而，出刊仅16期即遭遇了与当年《生活周刊》同样的命运，"不得不于万分沉痛中暂时停刊"。

1941年是邹韬奋第二次抵达香港。较之1936年初夏赴港创办《生活日报》时的情形相比，邹韬奋显然已没有了上次抵港时的忐忑。这其中固然有茅盾、夏衍、范长江、潘汉年、胡绳等一大批文化挚友同在港岛的缘故，更重要的则在于，曹克安为他能在港岛恢复《大众生活》提供了一个很好的机遇。

当时，曹克安在香港已登记好了一个刊物，因为没能找到一位合适的主编，一直未及出版。曹克安曾读过邹韬奋的许多著作，对其人品亦十分敬佩。因此，当邹韬奋抵港后，一经熟人介绍洽谈，曹克安很快便表示愿意担任邹韬奋出版刊物的督印人。

邹韬奋不仅自任《大众生活》主编，同时还聘任了一批在港文化名人为该刊编委，其中包括茅盾、夏衍、胡绳、千家驹、金仲华、乔冠华等。

当时，《大众生活》的栏目主要有：社论，重点是评论国内外重大事件；周末笔谈，主要是或随笔或杂谈的有感而发，文章短小精悍，发人深省；论文，多为与战事有关的国际时事专题述评；通讯报告，侧重反映世界各国见

闻，以扩大读者视野；文艺作品连载；生活休养；散文杂感；书评；读者来信简复等。这样的栏目设置，加之大批文化名人和社会贤达踊跃撰稿，《大众生活》无论是内容还是形式，思想性还是艺术性，都堪称当时香港首屈一指的刊物。在战时的小小港岛，发行数却平均每期达10万份。

邹韬奋创办的《大众生活》在港岛一复刊，即以其鲜明的抗日政治主张昭示于读者。其复刊词曰：

> 我们不愿意讳疾忌医，对于进步的，有利于民族前途的一切设施，固极愿尽其鼓吹宣传之力。但对于退步的，有害于民族前途的现象，我们也不能放任无闻。……我们相信，靠着全国人民的巨大力量也一定能扭转乾坤，而到达胜利与光荣的彼岸！

此后，《大众生活》陆续连载的长篇小说《腐蚀》（茅盾），中篇小说《春寒》（夏衍）等，无论其思想性还是艺术性，都堪称精品；至于由当时一批国际问题专家如乔冠华、金仲华、张友渔、张铁生、羊枣、千家驹等人撰写的国际时事述评，以及由夏衍、廖沫沙、胡绳和邹韬奋自己撰写的或杂谈或随笔的有感即发的周末笔谈等，既剔透清晰，又入木三分。

《时代文学》多方面地反映出抗战时期国人的生活风貌

1941年6月1日，《时代文学》在香港创刊面世。这是抗战时期香港唯一的大型文学月刊。虽然自创办到香港沦陷仅出刊6期，但由于《时代文学》以其丰富的内容和多彩的艺术形式，多方面地反映出抗战时代国人的生活风貌，因此该刊成为海内外具有广泛影响的文学刊物之一。

《时代文学》的主编是周鲸文和端木蕻良（原名曹京平）。端木蕻良是1940年初携新婚一年多的才女萧红由重庆抵达香港的。

创刊号的《时代文学》，云集了一大批知名的文化人：丁玲、冰心、萧红、许地山、茅盾、夏衍、巴金、王任叔、胡风、聂绀弩、许广平、郑振铎、曹靖华、萧军、冯乃超、郑伯奇、萧乾、戴望舒、杨刚、艾芜、老舍等。

《时代文学》发表的作品，从形式来看，可谓丰富多彩；就内容而言，则更具有代表性和广泛性；其思想深度和艺术表现力，非一般作品所能及。

该刊的杂文和随感，短小精悍，文笔辛辣犀利。《一种嘴脸》、《侨居刹沙》、《她得出奇》、《春来闲读》、《姑恶篇》等无处不见有鲁迅杂文的“匕首”遗风。

报告文学，在当时虽说是一种刚刚兴起的文学形式，但在《时代文学》中却尽显风流。《一个小兵的故事》、《荷塘——抗战的乡村》、《王燕夫妇》、《报人的生活》、《南国之夜》等作品，从不同的侧面反映了那个特定时代人民大众的精神风貌。作者在这些作品中，以极其朴素的语言，描述了一个个不同侧面、不同层次的生活场景片断，洋溢着作者自己强烈的爱憎情感，其艺术感染力很强。

令人耳目一新的散文，同样具有时代的气息。因长篇小说《生死场》而备受文坛瞩目，并一举奠定在中国文学史上地位的才女萧红，在端木蕻良主编的《时代文学》上所发表的《给流亡异地的东北同胞书》，特别引人注目。作品饱蘸了作者失去家乡的痛苦心情，读者可以深深感受到作者那种对故土深深的怀念之情。

散文《山》，则似一支高亢的进军号响。作者陈琦将中华民族不可战胜的伟大力量和坚强意志比作雄伟的高山，并坚信："总得有这么样的一天，我们的活跃而且在山上强大起来的力量，就像巴颜喀拉山的积雪融解了似的，以不可抵御的压倒之势向东奔流而下，……那些卑贱残酷的敌人，就像蚂蚁和蚯蚓一样，被无情的狂涛扫荡着。"

《时代文学》成绩最大的还数小说。萧红寓居香港后带病写下的新篇《小城三月》及端木蕻良的《大时代》先后在该刊发表，其他如刘白羽的《太阳》、艾芜的《戏院中》、骆宾基的《人与土地》等诸多作品亦相继发表于该刊。这些脍炙人口的名篇，读者甚众，影响广泛。

《笔谈》是一个"庄谐并收，辛甘兼备"的综合性刊物

在日益繁荣的香港抗战文化中，有一个综合性文艺半月刊特别引人注目——这就是由著名作家茅盾于1941年9月1日创办的《笔谈》。

1938年4月16日，茅盾抵港后所创办的《文艺阵地》一经面世，即似一股清新的晨风，给当时沉寂的香港带来了生气，因为它将内地的抗战文学作品，包括解放区的抗战文学作品以及内地许多作家的名著和新文学的战斗传统带上了港岛。

港澳的读者自此开始认识到新文学在抗战中的作用，文学空气亦由此开始在香港活跃并影响到东南亚一带。当时，茅盾还罗致了当时最大的作家群，包括陆定一、叶圣陶、萧红、老舍、夏衍、周而复、丰子恺、田间、沙汀、骆宾基、欧阳山、司马文森、邹荻帆、杨朔、袁水拍、郑振铎、臧克家、草明、杜埃、何其芳等大批著名的作家。《文艺阵地》以其鲜明的特色成为抗战时期影

响最大的刊物之一。

茅盾再次抵港，是在阔别港岛两年之后的1941年3月下旬。此时，香港由于内地大批文化人的涌入，文化氛围较之于两年前已非常浓厚，各种体现时代特色的进步报刊纷纷出版。茅盾一方面在为《华商报》文艺化的综合副刊《灯塔》，撰写十万余字“意在存真”的《如是我见我闻》连载稿；一方面又在为《大众生活》撰写长篇连载《腐蚀》；同时，还要忙着应付其他各种报刊的约稿。

《笔谈》，就是茅盾在这样一种紧张从事创作的情况下创办的一份抗战文化刊物。

“这是一个文艺性的综合刊物，半月出版一次，每期约四万字。经常供给的是一些短小精悍的文章，庄谐并收，辛甘兼备，也谈天说地，也画龙画虎。也有创作，也有翻译。不敢自诩多么富于营养，但敢于保证没有麻醉也没有毒。”茅盾在其创刊号的《征稿简约》中开宗明义，表明《笔谈》仍然保持他以往主编刊物内容丰富、门类齐全的传统和“庄谐并收”的特色。

《笔谈》以其内容丰富、栏目众多，文学品位高、文学切合时事等特点，成为当时香港文化市场中的畅销刊物之一。可惜，因“珍珠港事件”后，日军很快进攻香港，《笔谈》仅出刊七期即被迫停刊。

“九一八”十周年纪念日《光明报》在香港创刊

1941年9月18日是“九一八”十周年纪念日。在这个特殊的日子里，又一份政治色彩很浓的报纸——《光明报》在香港创刊。这是中国民主政团同盟（简称“民盟”）在香港出版的机关报。

民盟是由国共两党以外党派和在野名流合为一体的一个新的第三者组织。该组织于1939年3月19日在重庆上清寺特园举行的一次秘密会议上正式签名成立。

当时，由于受蒋介石“党外无党”的统治，民盟虽已成立，但并未对外公开，一切活动只能在极其秘密的情况下开展。有鉴于此，为了广泛宣传民盟主张，努力争取社会的同情和支持，1941年5月，民盟中央常委梁漱溟受民盟中央的委派，只身抵港创办民盟机关报纸。

梁漱溟一抵香港，便遵照周恩来的嘱咐，立即拜会了八路军驻香港办事处主任廖承志。而此时，廖承志亦已接到了周恩来从重庆发来的电报。电报除告知他重庆文化人去香港的情况外，还专门嘱咐他尽可能地帮助梁漱溟在港办报的工作。廖承志握着梁漱溟的手说：“梁先生尽管放心，我们将全力为你办报提供方便和帮助。我已与《华商报》社长范长江交谈过，今后他将代表中央直接与你保持联系。另外，我母亲何香凝、姐姐廖梦醒，以及柳亚子、陈翰笙、彭泽民和茅盾、夏衍、金仲华等知名人士，均会给你的办报工作予以支持。”

拜晤了廖承志，梁漱溟开始与当时在港并已参加民盟的各派人士分别进行联系，其中包括青年党的曾琦、国社党的徐梦岩、宪政党的任宪子、东北同乡会的周鲸文、第三党的张云川、桂系的甘介侯等人；接着又陆续与在港左翼人士何香凝、廖梦醒、柳亚子、陈翰笙、彭泽民以及著名文化人茅盾、夏衍、金仲华等人取得联系。然而，令梁漱溟尴尬的是，虽然在筹备之初，黄炎培、张君劢、左舜生、章伯钧每人曾分别出资1万法币，梁自己亦出资6 000元，四川、云南两省的实力军人领袖刘文辉和龙云（秘密盟员）甚至还分别资助过4万和6万元，无奈来港岛后法币并不值钱；不仅如此，由于开办之初的租房、注册、请律师、购印刷纸张等必需费用的支出，目前已是入不敷出。

范长江偶然得知梁漱溟因囿于资金而迟迟不能出版报纸的困境后，很快送来了中共4 000元港币的资助款；不久，梁又得到了另一笔海外的捐资。这样，资金问题得到了解决，接着梁漱溟推荐萨空了任经理，自己则出任报社社长。

经过一番紧张的筹措和准备，万事均已具备。此时，梁漱溟又为报纸的名称问题再次约见范长江，征求其意见。范长江单刀直入：“依我看，作为一种‘第三势力’，你们民盟的机关报一定要取个响亮的名字。不仅在香港要叫得响，而且还要在全国具有影响！”

“英雄所见略同！”梁漱溟右手一挥，兴奋地说：“就叫‘光明报’！你看如何？”在《光明报》创刊的同一天，梁漱溟还专门举行了一个茶会，在港的茅盾、夏衍、范长江等文化界知名人士均前往祝贺。

10月10日，民盟成立宣言和政治纲领正式见诸《光明报》。尽管蒋介石在主观上并不能容忍民盟以第三方面独立的姿态出现，对《光明报》的梁漱溟在香港的所作所为也极为不满，但他对香港毕竟是鞭长莫及而奈何不得。因此，从某种意义上说，正是《光明报》这份报纸，促成了民盟这个秘密组织的最终合法化！内地大批文化人、新闻界人士的陆续抵港，使香港抗日救亡的文化宣传活动迅速高涨。当时，在以廖承志为首的香港文化工作委员会的领导支持下，除了《华商报》、《大众生活》、《时代文学》、《笔谈》、《光明报》以外，其他一些进步报刊（如张铁生主编的《青年知识》等）亦先后创办。这些刊物与1941年前在香港出版的如《华侨通讯》、《世界知识》、《今日中国》、《保卫中国大同盟》、《救国丛刊》、《国讯》、《抗战大学》、《民主》、《劳动者》、《东惠》、《中苏文化》、《大地画报》、《时代批评》、《耕耘》等进步刊物一起，均成为抗战时期香港文化生活的重要组成部分。与此同时，在廖承志的领导下，还相继改组成立了如中华全国文艺界抗敌协会香港分会及其下属的文艺通讯部、青年文艺研究社、中苏文化协会、香港中国通讯社、新美术社等一批进步文化团体和机构，有效地推动了文学、戏剧、电影、美术、音乐、国际政治军事评论等活动的迅猛发展。

这些文化宣传活动不仅有力地配合了国内的抗日战争和世界反法西斯战争，同时也有效地争取了港澳同胞、海外侨胞和国际友好人士的支持和同情，从而为中国抗战和世界反法西斯战争的最后胜利作出了积极的贡献！

（原载《百年潮》2003 年第 2 期）

廖承志与中日民间外交

李学如 周泉胜

廖承志作为新中国负责对日工作的领导人，“在发展中日两国人民的友谊和中日两国友好关系、促进中日邦交正常化方面，他所作出的特殊贡献尤其具有重大的影响”[1]。目前，学术界对廖承志与对日民间外交尚无专门论述，本文拟对此作些探讨。

一、架起中日民间交往的桥梁

战后中日关系的核心问题是两国如何结束战争状态、实现邦交正常化。而美国从其冷战政策出发，于1951年9月炮制了片面的旧金山对日和约和《日美安全保障条约》，1952年4月，又胁迫日本吉田政府与台湾当局签订了“日华和约”，建立了“外交关系”，为中日关系正常化设置了法律障碍。在这种背景下，中日官方关系无法展开。为解开两国关系的坚冰，中国政府和中国领导人便决定以民间外交的方式，突破中日关系的僵局。从1952年中日两国民间开始正式来往的时候起，廖承志就负责对日工作。在周恩来的直接领导下，他依照“民间先行、以民促官”的指导方针，为发展中日两国友好事业铺路架桥，在促进中日邦交正常化方面作出了卓越的贡献。

1952年10月2日，新中国举办的第一次大型国际会议——“亚洲及太平洋地区和平会议”在北京开幕。以中村翫右卫门、南博为首的日本民间代表团历经艰难险阻前来与会。为了协商大会日程中有关日本问题，作为这次会议的中方负责人之一，廖承志与日本代表团进行了多次彻夜长谈。10月13日，大会通过了争取实现全面对日媾和、反对日本复活军国主义的《关于日本问题的决议》。“亚洲和会”的召开，增进了中日两国人民的友谊和信任，促进了中日友好交往的发展。

1953年2月，中国政府委托中国红十字会邀请日本红十字会、日中友好协会和日本和平联络会三个民间团体的代表来北京会谈，协商解决日侨归国问题。廖承志作为中国红十字会代表团团长，参与了会谈全过程。在会谈中，廖承志首先说明，虽然日本军国主义政府过去的八年侵华战争给中国人民造成了巨大的灾难，吉田政府又继续敌视中国人民，但中国人民一向把过去的日本军国主义政府、当前的吉田政府和日本人民区别开来。他说："我们把一切爱好和平的日本人民看作是自己的朋友。"[2] 充分表达了中国人民宽宏大量的气度和发展中日两国人民传统友谊的良好愿望。双方经过长达一个多月的谈判，最终达成协议。根据协议，那些志愿回国的日本侨民由日本派"兴安丸"等三艘客轮分期分批接回，同时把愿意回国参加建设的爱国华侨分期分批接送回国。廖承志亲自到天津港口欢送和欢迎。"兴安丸"接送回国的日侨和华侨，成了发展中日友好运动的火种，他们在各自岗位上发挥了很大作用。协助日侨归国是中国开展民间外交的一个重大举措，不仅进一步增加了两国人民的相互理解和友谊，同时促进了日本政府对新中国态度的转变，推动了中日邦交正常化的进程。

1953 年夏，廖承志在天津会见了日本东京华侨总会的陈琨旺会长，在谈及中日友好方面时，廖承志强调："（华侨）应该遵守日本的法律，尊重日本人民的风俗习惯，努力促进与日本人民的友好关系。但是不要加入日本的政治团体，而且也不要结成华侨自己的政治团体，即不要干涉日本的内政。这是我国的外交政策。希望各位在促进中日友好方面作出更大的努力。"[3] 作为分管侨务和掌握对日政策的负责人，廖承志重视华侨在中日民间交往中的作用。无论是访日期间会见侨胞还是接见回国探亲或观光的侨胞，廖承志总是激励他们为中日友好事业多作贡献，并对华侨在中日民间交往中发挥的桥梁作用给予很高的评价。

1954 年 10 月 30 日，应日本红十字会的邀请，以李德全、廖承志为正、副团长的中国红十字会代表团对日本进行了为期 14 天的访问。在日本各界人士在东京公立讲堂举行的盛大集会上，李德全、廖承志发表讲话，说明这次访问"就是为了把中国人民要和日本人民长期友好和平共处的意愿和决心转告给日本人民，以便把两国人民的友谊和了解向前推进一步"。他们还指出："中日贸易是会有光明前途的，同时通过文化交流，将使中日之间加深相互了解，以至进一步改善中日关系并争取与日本建立正常关系。"[4] 这次访问震动了日本列岛，在日本社会引起极其广泛而强烈的影响。改进党干事长松村谦三专程到代表团住地，会见廖承志副团长，就中日关系交换了意见。李德全、廖承志这次出访是新中国第一个访问日本的代表团，打开了中日民间互访的大门，拓宽了民间交流的渠道。从此，中日民间关系从经济交流扩大到政治交往，此后日本各党派和各界友好人士陆续来华访问。

池田内阁时期，中日关系有所前进，民间交往日渐增多。为了适应新的形势，由中国人民对外文化友好协会、中国人民外交学会和中华全国总工会等19个民间团体发起成立中日友好协会。1963年10月3日，中日友协成立大会在北京政协礼堂隆重举行，廖承志当选为会长，并发表了热情洋溢的讲话。他说："发展与加强中日两国人民之间的友谊，不仅符合中日两国人民的利益，而且对保卫亚洲和世界和平也将具有重大意义。"他表示："我们必将努力推进中日两国之间经济、文化等方面的友好关系，我们将在万隆会议十项原则基础上，努力争取建立中日两国间的正常关系，实行和平相处，使中日两国人民子子孙孙世世代代地友好下去。"[5]中日友协的成立为发展中日友好增加了新的动力，它同日本许多民间友好团体保持着十分广泛的联系，为恢复中日邦交正常化提供了一个双方接触的渠道。在"文革"中，廖承志的党政要职都被剥夺了，但在周恩来的关怀下，中日友协会长一职始终保留着。廖承志担任中日友协会长整整20年，他以自己的心血和智慧架设起了中日友好的桥梁。

二、廖—高备忘录贸易

从1952年到1958年，中日双方共签订了四次民间贸易协定（第四次贸易协定由于岸信介的阻挠未能实施），这些协定打开了中日之间无官方关系条件下的民间贸易渠道，推动了中日关系的向前发展。但这些协定也有不足之处：没有长期计划、日方不能向中方出口成套设备、不能使用延期付款方式。因此，周恩来设想了备忘录贸易形式，即由双方有名望的人来担保，这种"个人"应是虽不参加政府但却是政界元老并对政府决策有很大实际影响的"个人"。日方可由自民党元老、现任自民党顾问松村谦三担任，中方可由廖承志担任。应周恩来邀请，1959年和1962年，松村谦三先后两次访华。双方达成了通过建立长期综合贸易关系，推动中日关系前进的协议。1962年10月，日本前通产大臣、自民党国会议员高碕达之助率政、财界实力人物42人访华。根据松村谦三与周恩来达成的原则协议，廖承志率外交、外贸等政府部门负责人组成的谈判班子与之谈判。通过廖承志与高碕达之助具体、细致的协商，11月9日中日双方达成《中日长期综合贸易备忘录》，廖承志和高碕达之助分别在备忘录上签字。为保证备忘录条款的实施，中日双方各自指定政治方面的联系人为廖承志—松村谦三，经济方面的联系人为廖承志、刘希文—高碕达之助、冈崎嘉平太。中方成立廖承志办事处，负责处理备忘录贸易诸项事宜，日方成立高碕办事所。从此，在中日民间贸易中除友好贸易外，又建立了廖高备忘录贸易新途径，这就是当时在日本赫赫有名的LT贸易。它规定了为期5年的长期、综合贸易和延期付款进口成套设备等内容。由于日本通产省和输出入银行都参加了进来，“LT 贸易关系实质是民间形式、官方接触的一种半官半民的关系”[6]。

LT 贸易渠道开通不久，双方就酝酿互设常驻贸易机构，1964 年 4 月双方达成协议。同年 8 月 13 日中国在东京设立廖承志办事处驻东京联络处，接着日方在北京设立了高碕事务所驻北京联络事务所。9 月 29 日，中日双方以此常驻机构为窗口，互派了常驻新闻记者。备忘录贸易在战后中日关系史上占有重要的地位，“它永远同廖承志的名字连在一起载入史册”[7]。

三、致力于新时期的对日民间外交

中日恢复邦交后，廖承志不忘老朋友，广交新朋友，为推动两国关系在官方和民间两个层次上同时发展作出了贡献。

1972 年 10 月 16 日，廖承志与来华访问的日中友协（正统）代表团的会谈中，高度评价了民间外交在恢复中日邦交正常化中的作用。他说，尽管 20 多年来，两国关系处于极不正常的状态，两国之间的民间来往、经济和文化交流却一直没有中断，而且不断发展壮大。两国人民在来往过程中，一直为争取实现两国邦交正常化不断努力，日中友协（正统）等友好团体和日本社会党、公明党、民社党等在野党以及自民党内的许多有识之士都曾对增进日中友好、促进两国邦交正常化起了积极、重要的作用。他认为：“田中首相访华绝非偶然，是历史发展的必然趋势。”[8]为此，廖承志一再表示“饮水不忘掘井人”。他说：“中国人民对曾经为中日友好和恢复中日邦交作出贡献的许多日本朋友是不会忘记的，我们将永远尊敬他们，怀念他们，感谢他们。”[9]恢复邦交后，不少人认为民间外交完成了历史使命，今后主要是两国政府之间发展官方关系，民间人士没有什么事情可做了。对此，中日友协根据周恩来的想法，有计划地邀请一些为发展中日友好关系而尽力的朋友到北京。廖承志抓住时机，做了许多工作，并特别指出，“我国的对外政策始终是着眼于人民，寄希望于人民的”。“中日关系正常化不仅为两国关系揭开了新的一页，而且也为两国民间往来的进一步发展造成了十分有利的形势。”“今后，在政府来往的同时，民间的往来也一定会更多、更广泛。”[10]同时，廖承志还谆谆告诫：今后中日关系前进的道路上还会遇到各种阻力，少数日本右翼势力仍会从中作梗，因此中日两国世世代代友好下去，需要两国人民的继续努力。

1973 年 4 月，正是樱花盛开的时节。以廖承志为团长的中日友协代表团，应日本各界 22 个友好团体的盛情邀请访问日本。在东京各界欢迎大会的讲话中，廖承志对民间外交与官方外交的关系作了高度的概括。他说，中日建交以来，两国人民的友好往来和各项民间交流，也有了更大发展。“经验证明，中日两国民间多方面、多渠道的友好往来，能为政府间的正常关系的建立和发展提供坚实的基础；而两国外交关系的建立和发展，又为进一步发展民间友好往来开辟更加广阔的前景。”[11]事实上，中日建交后，在“官民并举、以官带民”方针的指导下，民间外交的面更广、更宽，工作更深、更细，成绩更突出了。访日期间，代表团广泛接触了政界、财界、舆论界、友好团体的老朋友、新朋友，受到日本朝野的热烈欢迎，掀起了建交后中日友好交流的新高潮。田中首相在官邸会见了廖承志团长和代表团全体成员，会见时廖承志送给田中首相几片樱叶，并解释说：“这是从首相为庆祝中日恢复邦交而赠送给中国人民的大山樱上摘下来的。大山樱已在北京扎根落户，长势良好，为感谢首相的好意，请留作纪念。”[12]田中首相接过樱叶十分高兴，让人妥善保存。这一小小的插曲，在中日友好交流史上传为佳话。访日期间，代表团主动要求安排了几场扫墓和探视患病的老朋友活动。廖承志还挤出时间参加了几位老朋友家的婚丧嫁娶，充分体现了富有人情味的民间外交特色。

1978 年 10 月廖承志陪同邓小平访日，23 日出席中日两国政府交换《中日和平友好条约》批准书仪式。廖承志在《中日和平友好条约》问题上费尽了心血，同来北京访问的保利茂、二阶堂进、浜野清吾、竹入义胜、矢野绚也等老朋友促膝交谈，共同作出了大量的努力。

为了迎接缔约后中日友好的新形势，廖承志积极促成建立中日友好人民公社，大力推动继续发展友好城市关系，并不辞辛苦于 1979 年五六月间，率领由全国 15 个省、市、自治区和中央、国务院各机关共 600 人组成的第一艘“中日友好之船”访问日本。“中日友好之船”绕日本列岛一周，停靠 10 个港口，遍访了 33 个都、道、府、县，174 个城市，播下了大量的友好种子，开拓出一条连接两国人民深情的航道。正如廖承志在日本题词中说的那样：“乘船绕一周，友好达千秋。”[13]

廖承志对中日民间外交的贡献是多方面的，认真研究并汲取其中有益的经验，对于我们今后发展中日关系具有重要的现实意义。

（原载《思茅师范高等专科学校学报》2004 年第 4 期）

注释：

[1] 中国新闻社：《廖公在人间》，北京：生活 · 读书 · 新知三联书店 1984 年版，第 4 页。

[2]《廖承志文集》上卷，北京：人民出版社 1990 年版，第 210 页。

[3] 中国新闻社:《廖公在人间》,北京:生活·读书·新知三联书店 1984 年版,第 188—189 页。

[4] 田桓:《战后中日关系文献集(1945—1970)》,北京:中国社会科学出版社 1996 年版,第 173 页。

[5] 田桓:《战后中日关系文献集(1945—1970)》,北京:中国社会科学出版社 1996 年版,第 678 页。

[6] 孙平化:《中日友好随想录》,北京:世界知识出版社 1986 年版,第 64 页。

[7] 中国新闻社:《廖公在人间》,北京:生活·读书·新知三联书店 1984 年版,第 105 页。

[8]《廖承志文集》下卷,北京:人民出版社 1990 年版,第 465 页。

[9]《廖承志文集》下卷,北京:人民出版社 1990 年版,第 464 页。

[10]《廖承志文集》下卷,北京:人民出版社 1990 年版,第 465 页。

[11]《廖承志文集》下卷,北京:人民出版社 1990 年版,第 465 页。

[12] 田桓:《战后中日关系文献集(1945—1970)》,北京:中国社会科学出版社 1996 年版,第 110 页。

[13] 中国新闻社:《廖公在人间》,北京:生活·读书·新知三联书店 1984 年版,第 105 页。

开创新时期侨务工作新局面的指针

——解读廖承志副委员长在全国侨务会议、第二次全国归侨代表大会上的报告

陈昌福

粉碎“四人帮”，结束文化大革命后，我国进入社会主义现代化建设的新时期。为了更好地实现党在新时期的总任务，党把工作重点转移到经济建设上来，同时把侨务工作作为一项长期的重要的工作来抓。1978 年 12 月，全国侨务会议、第二次全国归侨代表大会（以下简称“会议”）在北京召开，中共中央李先念副主席代表党中央、国务院向大会致词，人大常委会廖承志副委员长在大会上作了题为《认真落实党的侨务政策，为建设现代化的社会主义强国而奋斗》的报告。这次会议对于纠正“四人帮”在侨务工作中犯下的错误，分清侨务理论、方针上的是非，恢复正确的侨务工作的基本原则和政策，实现安定团结的政治局面，有着重大意义和深远影响。这次会议揭开了新时期侨务工作的序幕，标志着侨务工作进入一个崭新的阶段。

一

文化大革命结束后，摆在侨务战线前的首要任务是拨乱反正，恢复和制定侨务工作的方针、政策。复出工作不久的邓小平同志对侨务工作作了一系列重要指示和阐述，为侨务工作的恢复、发展，也为开创新时期侨务工作的新局面，奠定了重要的思想和理论基础。

新中国成立以来，侨务工作“贯彻执行了毛主席、周总理制定的侨务工作的方针政策，取得了很大的成绩”。但在文化大革命中遭到了“四人帮”的严重破坏，颠倒了敌我关系，混淆了两类不同性质的矛盾，广大归侨、侨眷因此受到歧视、打击和迫害，他们的正当合法权益受到严重侵犯，造成一大批冤假错案。粉碎“四人帮”、邓小平复出工作不久，就积极推动侨务工作的拨乱反正。1977 年 9 月 29 日，邓小平在《接见参加国庆的侨台港澳同胞旅行团的讲话》中指出：侨务工作受到“‘四人帮’干扰破坏，损失比较大，有好多应

该做的事都没有人管”。侨务工作的“政策、方针都是毛主席、周总理过问的，因‘四人帮’干扰统统没有了”。有鉴于此，邓小平明确提出：“侨务工作，要提到日程上来了，准备恢复过去的侨务机构。”“侨务工作过去的政策是毛主席、周总理定的，绝大部分要恢复起来，某些需要改正，不完善的需要完善起来，不妥当的要改进。”但是，恢复、改正、完善和改进侨务工作，需要时间和过程，更需要把被“四人帮”颠倒了的思想观念重新颠倒过来。针对“四人帮”把“海外关系”视为“反动的政治关系”的谬论，1977 年 10 月 2 日，邓小平在《接见港澳同胞国庆代表团和香港知名人士利铭泽夫妇的讲话》中明确地说：“说什么‘海外关系’复杂不能信任，这种说法是反动的。我们现在不是关系（海外关系）太多而是太少，这是个好东西，可以打开各方面的关系。”邓小平关于“海外关系”的重新定论，使它的内涵得到了新的丰富和发展，给侨务工作注入了新的内容，激活了工作活力，不仅在保护和照顾归侨、侨眷的权益和特点方面，而且在发挥归侨、侨眷“海外关系”的作用方面拓展了新的领域，成为开创新时期侨务工作新局面的指针。这是邓小平重新确立的“解放思想、实事求是”的思想路线在侨务战线的经典运用，对于拨乱反正、打破我国长期同世界隔绝状况起了重要作用，同时也极大地调动了广大归侨、侨眷和海外侨胞参与建设现代化的社会主义强国的积极性。

1978 年 1 月，经党中央、国务院批准，成立国务院侨务办公室，协助党中央和国务院统一指导和管理国内外侨务工作，行使原“中华人民共和国华侨事务委员会”（即“中侨委”）职权，廖承志为主任。此后在以邓小平为核心的中共中央领导下，积极推进侨务工作的拨乱反正。开创新的侨务工作局面，已是刻不容缓、势所必然。

1978 年 12 月 22 日，也就是标志着共和国历史上重大转折的十一届三中全会闭幕当天，“会议”在北京开幕。两次会议在时间上的首尾紧续本身就说明了这次“会议”非同寻常的历史背景。“出席这次大会的归侨代表和侨务工作者代表之多，规模之大，在我们侨务战线是空前的”，“这是侨务战线的一次团结的盛会”。人大常委会委员长叶剑英同志亲笔为大会题词：为实现祖国社会主义现代化，要解放思想，大力发展侨务工作。“给今后的侨务工作指出了重点，明确了方向”。李先念同志代表党中央、国务院向大会致词祝贺，号召“全党应当关心支持做好侨务工作”，并殷切“希望海外侨胞、国内归侨、侨眷，和全国人民一起，为实现祖国社会主义现代化，为实现祖国统一大业，共同努力奋斗”。廖承志在报告中围绕解放思想、实事求是思想路线，全面阐述新时期我国侨务工作的重点和基本任务：在坚持社会主义方向，坚持我国正确的外交路线的基本原则基础上，认真落实党的侨务政策，努力完成新时期侨务战线各项任务，为建设现代化社会主义强国而奋斗！

坚持社会主义方向是国内侨务政策的基本原则。报告对国内归侨、侨眷的政策概括成为“一视同仁、不得歧视，根据特点、适当照顾”。廖承志在报告中指出：“二十多年来，按照党的‘统筹兼顾、全面安排’的方针和归侨、侨眷的实际情况，对国内归侨、侨眷的政策概括成为‘一视同仁，不得歧视，根据特点，适当照顾’。”这十六字是国内归侨、侨眷政策的基本原则，也是制定各项具体的国内侨务政策的基础和依据。这十六字是对原先“一视同仁、适当照顾”八字方针的继承和发展，两者在本质上是一致的。1957 年中侨委根据毛主席在 1945 年 4 月中共“七大”《论联合政府》报告中提出的“保护华侨利益，扶助回国华侨”的指示精神，按照“统筹兼顾，适当安排”的方针制定了“八字方针”。“文革”中这个方针被作为“修正主义”、“搞特殊化”加以否定，并被“修正”为“既不能歧视，也不能搞特殊化”。粉碎“四人帮”后，在 1977 年底全国侨务工作预备会议期间，在恢复原“八字方针”基础上，又进一步完善为十六字方针，即在“一视同仁”后面加上“不能歧视”，在“适当照顾”前面加上“根据特点”。经过这次会议，将“不能歧视”改为“不得歧视”，加重了语气，比原十六字更加明确，更加规范地表述为“一视同仁、不得歧视，根据特点、适当照顾”，明确了坚持什么，反对什么，并为“照顾”提供了“根据”，从政策内容含义上更为丰富和完整。具体地说，这十六字方针包含两项相辅相成的内容：

一、“一视同仁、不得歧视”，就是说归侨、侨眷和国内其他公民一样是中华人民共和国公民，享有宪法和法律规定的公民同等权利，并履行宪法和法律规定的公民义务，任何组织或个人不能因为他们是归侨、侨眷而使他们受到歧视和不平等对待，任何对归侨、侨眷的歧视和不公平对待都是对他们合法权益的侵犯，是为法律所不允许的。

二、“根据特点、适当照顾”，就是说归侨、侨眷和国内其他公民的不一样在于他们具有“海外关系”的这一基本特点，以及由这一基本特点派生出的其他一些特点，对于他们的照顾是对于他们的特点的照顾，而不是由于他们是“特殊公民”，并且这种照顾要符合国情和侨情实际。归侨、侨眷“家庭中的一些成员或大部分成员居住在国外，彼此之间存在着密切的经济、通信和探亲往来等正常联系。有许多华侨虽然已经加入居住国国籍，成为外籍华人，但是他们还同国内亲人有着联系，这种联系也是正常的。因此，党的政策还要依据‘根据特点、适当照顾’的原则”。与侨眷相比，归侨还有自身的特点，这就是归侨原是华侨，是定居在国外的中国公民，后来才回国定居。不少归侨远离亲人，有的甚至只身一人在国内生活，比国内一般公民有更多的实际困难。

他们的思想状况和生活习惯也与国内公民有所不同。他们由国外转变为国内定居，自然需要有一段适应的过程。因此，根据这一特点给予照顾是完全必要的，也是合乎情理的。

照顾归侨、侨眷的特点是我国侨务工作的一贯政策，体现了保护归侨、侨眷和华侨在国内的权益和照顾他们特点的精神。我国的侨务政策始终强调这一点，这已是历史的定论。同时，实践证明“这些政策的基本精神，不仅现在是适用的，而且在今后比较长的时期内也是适用的”。在新时期，尽管国内侨情发生了很大变化，但归侨、侨眷具有“海外关系”这一基本特点不仅依旧没变，而且在我国实施对外开放的基本国策中，“海外关系是个好东西”仍然是侨界的特点和优势。这种海外关系涉及海内外亿万炎黄子孙，它是延绵和增进中华民族凝聚力的纽带，所以对于归侨、侨眷的照顾仍有必要。党和国家对归侨、侨眷实行“一视同仁、不得歧视，根据特点、适当照顾”的政策，目的是为了保护归侨、侨眷的合法权益不受侵犯，“有利于团结国外华侨和国内归侨、侨眷，有利于引导国内归侨、侨眷走社会主义道路，有利于调动他们的社会主义积极性”。报告还强调指出：“‘一视同仁、不得歧视，根据特点、适当照顾’这个原则，是辩证统一的，是相辅相成的”，“这两方面不能割裂开来”。只讲“一视同仁”，不讲“适当照顾”，实际上是否认归侨、侨眷特点的存在，也就是否定侨务工作存在的必要性。反之，把归侨、侨眷特点不切实际地夸大，照顾过“度”，同样也会使侨务工作偏离正确的轨道。

二

坚持正确的外交路线，是我国国外侨务政策的基本原则，报告对我国国外的侨务政策是赞成和鼓励华侨在自愿的基础上选择居住国国籍。报告明确表示：“我国国外的侨务政策是一贯的，坚定不移的”，并重申20世纪50年代中期我国制定的国外侨务政策：不承认华侨的双重国籍，严格根据华侨本人自愿选择国籍。“过去，我们始终坚持上述我国国外侨务政策，今后仍然恪守不变。”历史上，华侨双重国籍问题的产生，主要是由于华侨居住国家的法律和政策对华侨国籍的取得和丧失的规定，与中华人民共和国成立前有关国籍问题的规定的不同而造成的。1909年前后晚清政府颁布的《国籍法》（草案）对国籍问题的规定是采取“父系血统主义”的原则，以后北洋政府于1914年公布的《修正国籍法》和1929年国民政府制定的《修订国籍法》，都没有改变“父系血统主义”的原则。而当时华侨居住的一些国家大多实行“出生地主义”原则，这样便历史地形成了在国外出生的华侨子女的双重国籍问题。资料显示，20 世纪 50 年代具有双重国籍的华侨人数占海外华侨总数的 50%。

国籍问题是关系到当事人与国家的权利与义务的问题。双重国籍常常会造成两个国籍国之间对双重国籍者的管理和保护上的冲突，也涉及双重国籍者对两个国籍国的忠诚问题。特别是两个国籍国之间关系恶化或交战时，双重国籍者不仅要服从两个国家的管辖，而且要同时效忠两国，履行作为两国公民应尽的义务，从而陷入两难困境。因此，各国政府对双重国籍问题均持审慎态度。多数欧美发达国家或移民国家认可双重国籍，而发展中国家则主张并实行单一国籍。

在旧中国，“虽然也存在着双重国籍，但没有人拿这个问题来制造国际间的纠纷”[1]。可是，社会主义的新中国成立后，中国逐步走向强大时情况就不同了。中国是个人口大国，同时又有上千万侨民居住在不同社会制度的国家，其中 90% 以上的华侨集中居住在东南亚，华侨在当地人口中的比重也较大。第二次世界大战结束后，东南亚国家在摆脱殖民主义者统治、致力于本国的经济建设中，在政治上普遍对社会主义中国怀着恐惧和戒备心理，担忧华侨效忠中国，担心中国可能利用华侨“输出革命”；在经济上又不满华侨先于本土民族填补殖民主义者撤离后留下的真空而获得利益，并在当地经济领域占有举足轻重的地位。这些实际存在的疑虑再加上一些毫无根据的挑拨不仅给新中国与这些国家之间留下外交隐患，而且也不利于华侨在居住国的生存和发展，不利于新中国的建设。因此，从国情和侨情实际出发，中国政府决定不承认双重国籍，要求华侨根据自愿原则，选择单一国籍，明确华侨与居住国公民的国籍界限。这一重要举措有利于我国政府保护华侨在居住国的正当生存和发展的权益，有利于消除这些国家的疑虑，发展我国与华侨聚居的有关国家的睦邻友好关系，也有利于揭露一些别有用心的人利用华侨的双重国籍问题搞阴谋诡计，以防他们挑拨离间。

1955 年 4 月 22 日，我国政府在平等互利、互不干涉内政的原则基础上，通过双边条约，和华侨聚居人数最多的印度尼西亚，在万隆签订了关于双重国籍问题的条约，成功地解决了历史上遗留下来的华侨双重国籍问题。这个条约的基本原则和精神包括以下两点：其一，“赞成和鼓励华侨在自愿基础上选择居住国国籍，凡是取得了居住国国籍的人，就是居住国公民自动丧失其中国国籍，不再是华侨”。但他们同祖籍国及其家乡的固有联系仍然继续存在；其二，自愿保留中国国籍的华侨，他们“应该遵守居住国的法律，不干涉居住国内政，尊重当地风俗习惯，和当地人民友好相处，为发展居住国的经济，为促进中国和居住国的友谊而努力。当然他们的正当权益，我国政府有责任加以保护，也希望得到有关国家的保障”。随后我国政府同新加坡、马来西亚、泰国、菲律宾等国家政府通过友好协商，确定了我国公民国籍取得、变更、丧失的基本原则，签订了解决华侨双重国籍问题的双边条约，而且对防止今后再发生双重国籍问题也作了具体的规定。报告指出："二十多年来，我国政府本着友好协商的精神，同一些国家谈判解决了有关华侨的问题。我国的国外侨务政策，受到世界绝大多数国家的理解和赞赏。"

随着我国不赞成双重国籍政策的贯彻执行，已有90%以上的华侨先后加入或取得居住国国籍，成为华人。华侨国籍的变化，是第二次世界大战结束以来，华侨中发生的最本质、最根本的变化。它是政治、经济、文化和心态等一系列历史性变革的基础和前提；同时也决定了他们与我国的关系发生质的变化，即由祖国与侨民的关系变为不同国籍的民族间的亲戚关系。由于博大精深的中华文化和历史悠久的民族传统，华侨爱国爱乡的感情和华人与祖籍国的亲戚情谊在相当长的历史阶段将会继续存在。特别是随着我国改革开放的深入和发展，中国经济的崛起，国际地位的提高，华侨、华人同祖（籍）国的交往会比以往任何时代都更加密切、广泛。友好、合作、交流已成为我国华人工作的主要内容。

三

在明确侨务政策基本原则的基础上，认真落实党的侨务政策，努力完成新时期侨务战线的各项任务，为建设现代化社会主义强国而奋勇前进。在这次会议上，廖承志同志代表党中央和国务院全面阐述了新时期侨务工作的基本任务和重点：

第一，认真落实党的侨务政策，充分调动归侨、侨眷的社会主义积极性，为四个现代化贡献力量。

第二，认真学习，提高政治思想水平和科学文化水平。

第三，解放思想，办好华侨事业、企业。

第四，欢迎华侨参加祖国社会主义建设。

第五，密切党和归侨的联系，积极开展侨联活动。

第六，加强党对侨务工作的领导，健全侨务机构。

由于"文革"期间，党的侨务政策遭到严重破坏，侨务战线百废待举。会议虽然确定了六项基本任务，但重点是以落实侨务政策带动其他各项工作，首先是投入主要精力拨乱反正，恢复和重新在侨务工作中确立正确的方针、政策和基本原则。新时期的侨务工作便由此进入以落实侨务政策为主要内容的恢复阶段。落实侨务政策的主要内容有：

（1）正确对待海外关系，复查、纠正归侨、侨眷的冤假错案；

（2）清理归侨、侨眷人事档案中各种歧视性结论、评定；

（3）落实历史上被非法没收、挤占、改造的华侨私房；

（4）落实归侨、侨眷知识分子政策；

（5）落实20世纪60年代被精简下放的归侨职工。

在邓小平理论指引下，会议重新明确党对侨务工作的方针、政策和基本原则，从而极大地推动侨务工作的开展步伐。会议以后，侨务部门根据廖承志同志报告的精神，开展了一系列的落实政策工作，侨务工作出现了有目共睹的新气象、新面貌。据1989年国务院侨务工作会议公布的数字，自会议以后，共平反了归侨、侨眷、港澳同胞眷属在“文革”中的冤假错案和历史老案6.45万件；被挤占的华侨私房近百万平方米全部清退；农村土改中被错没收、征收的华侨私房已清退87%；城市中被错改造的华侨私房76%也发还产权，城乡总计处理华侨私房2 500多万平方米；同时还清理了60万名归侨、侨眷（含港澳同胞眷属）职工的人事档案；重新调整安置了20世纪60年代初期被精简的归侨职工及其直系亲属；40万归侨、侨眷知识分子中有3.4万余人加入了中国共产党，1.2万余人被选拔到各级领导岗位，5.3万余人晋升了职称。此外，许多在实践检验中被认为是正确的侨务政策，日后就通过一定的立法程序得到提升，被制定为法律法规，侨务工作也从主要依靠政策办事逐步转移到依靠法律办事的法制轨道。由于“党的侨务政策得到较好的落实，归侨、侨眷的心情舒畅，同国外亲人的联系，已逐渐恢复正常，调动了他们的社会主义积极性”，并“和国内人民一起奋发团结，为祖国社会主义现代化建设贡献力量”。

这次会议于12月28日闭幕。1979年2月3日，中共中央以中发〔1979〕7号文件形式向全党各级组织转发《李先念、廖承志同志在全国侨务会议、第二次全国归侨代表大会上的致词和报告》，文件明确指出：“认真落实党的侨务政策，充分调动广大华侨、归侨、侨眷的积极性，对于加速实现社会主义现代化建设，具有积极的意义。”要求“各级党委加强对侨务工作的领导，解放思想，大力发展侨务工作，为台湾回归祖国、完成祖国统一大业，为实现我国四个现代化而努力奋斗”。

（原载《上海市社会主义学院学报》2009年第3期）

注释：

［1］《周恩来统一战线文选》，北京：人民出版社1984年版，第313页。

试论廖承志对“仲恺精神”的继承和发展

成晓军

廖仲恺家族一门三代，先后担任过国家级重要领导职务。廖仲恺是孙中山最忠诚的战友和得力助手，是第一次国共合作期间中国国民党著名左派领袖人物，为坚持孙中山在世时制定的“联俄、联共、扶助农工”三大政策而献出了自己的生命。何香凝作为廖仲恺的亲密伴侣、同志和战友，在廖仲恺壮烈牺牲后，继承其未竟事业，坚持反帝反封建反蒋介石独裁统治不动摇，成为中国共产党的忠实盟友，新中国建立后担任过全国侨委主任、全国政协副主席、全国人大常委会副委员长等要职。廖承志在父母革命思想、伟大人格的熏陶和影响下，积极投身民主革命活动，成为一位坚定的共产主义战士，新中国建立后担任过全国人大常委会副委员长、中共中央政治局委员和全国侨委主任等多项要职。廖仲恺的女儿廖梦醒虽因“工作性质决定了其业绩鲜为人知，但她的贡献是不容低估的”[1]。她是早期中共党员，长时间从事党的地下工作，新中国建立后担任宋庆龄秘书、全国妇联国际部副部长等职，享受副部级待遇，且被人们誉称为“红色翻译家”。她的丈夫李少石，1926 年加入中国共产党，长期从事党的地下工作，1945 年 10 月遭国民党军士兵枪击，为民主革命流尽了最后一滴鲜血。至于现任全国政协副主席、连任中共中央委员的廖晖，则是廖仲恺的长孙。

廖仲恺家族真可谓“满门忠烈”。他们用自己的思想言行，甚至用自己的鲜血谱写出了一部“救国兴邦”的爱国主义诗篇，构筑了一部内涵丰富而又风格独特的家族文化史，值得我们认真总结、提炼和开发、利用。就惠州目前研究状况而言，这方面的工作还做得不够，基本停留在对廖仲恺个案的研究。正如张磊先生指出：“有关的研究和宣传是不够的，特别是作为一个光辉的家族，整体的反映更付阙如。”[2] 人们常说要继承弘扬“仲恺精神”，然而，如何继承弘扬？笔者认为，首先可以围绕廖仲恺家族成员对“仲恺精神”的继承、弘扬过程的考察，获得某些借鉴启迪。从而，本文打算就廖承志对“仲恺精神”的继承和发展问题谈些粗浅的看法。

一、“救国兴邦”爱国精神是“仲恺精神”的主体和核心

尽管廖承志作为老一辈无产阶级革命家，忠诚的共产主义战士，其坚定的共产主义信念产生和形成的原因是多方面的，但家庭的影响尤其是父亲廖仲恺思想言行即“仲恺精神”对他的影响是不可低估的。所以，我们在分析考察“仲恺精神”对廖承志影响的过程中，首先有必要对“仲恺精神”的内涵作出合理的认识和定位。

关于“仲恺精神”的内涵问题，学术界、理论界已作了许多有益的探讨，但因各人探讨问题的角度不同，从而得出的结论也各有侧重。笔者认为“救国兴邦”的爱国精神构成“仲恺精神”的主体和核心，是左右廖仲恺思想言行的灵魂。“救国”——救亡图存，推翻帝国主义、封建主义和官僚资本主义的统治，致力于国家民族的自由、民主、独立、富强；“兴邦”——振兴中华，维护民族利益，弘扬民族自信心、向心力、凝聚力，致力于国家安定和谐、繁荣昌盛。这两者共同构成廖仲恺具有的特定时代特色的爱国主义内涵。

生长于美国华侨家庭的廖仲恺，自幼谨守父训刻苦学习祖国文化，“不忘国学”[3]，时常受到父亲对他的“我们要爱护自己的祖国，就像爱护自己的灵魂、自己的生命一样”[4]告诫。从而，向往祖国、关注祖国、热爱祖国的思想情感逐渐萌发。同时，19 世纪下半叶发生在美国的排斥华人的风潮，“更加激发了他的爱国热情和强烈的民族观念，使他对祖国积弱，必须奋发图强有了深刻的认识”[5]。

1894 年，当他告别了侨居美国 17 年的生活，回到家乡惠州之后近两年间，目睹国家贫穷落后的客观现实，尤其是在中日甲午战争后民族危机日趋严重的刺激下，决定放弃旧学，前往香港改学“西学”。在此后的五六年，廖仲恺对满清王朝的腐败无能，对西方列强的侵略本质，有了更深的认识，“救国兴邦”的愿望也就更加强烈。1903 年，他在夫人何香凝的资助下，毅然自费留学日本，投身到留学救国的洪流之中。他的留学理由是：“国家危险至此，我们岂能坐视？日本留学界朝气蓬勃，志士云集，我也想东渡求学，结交革命贤豪，共图大事。”[6]在留学日本期间，廖仲恺在孙中山的影响和革命风潮感召下，他步入了职业革命家行列。“救国兴邦”爱国精神浸透于他的骨血，融入他的心灵深处，规约和指导他的思想言行。为推翻封建专制统治，建立民主共和政体，他奔走呼号，出生入死。为了“打破一切军阀官僚，铲除一切发展障碍”[7]，为了“打倒利用军阀侵略中国的列强”[8]，他坚决主张与中国共产党人合作，共同开展国民运动，致力于祖国和民族的自由、民主、独立、富

强。他勇于反思，与时俱进，矢志不渝追求救国救民真理，明确肯定列宁“是一个革命党里为主义奋斗、牺牲的人物”，“他所做的事都是为被压迫民族奋斗，为无产阶级而奋斗。……我们中国，将来实在不知受他多少利益”[9]。而中国共产党人则是与列宁那样有主义、有理想，能够担当起“救国兴邦”重任的人物，“彼等亦不是来拖累我们的，是与我们同做国民革命工夫［作］的”[10]。所以，必须发挥共产党人的作用，与他们携手合作。他认为，“救国兴邦”的目的不在谋一己之私利，所以，他勤奋工作，廉洁自律，克己奉公，明确表示：我们进行国民运动，“是要使人民自由，使人们不过枯燥的生活，并不是单为自己谋自由，单为自己谋不枯燥的生活”[11]。无欲则刚，无私则无畏，当反动派打算对他下毒手之前，他大义凛然地表示：“余无负于国，无负于党，个人更不营利，不牟利，要暗杀便暗杀，余复何恤。”[12]他认为，“救国兴邦”的目的是为工农劳苦大众为主体的绝大多数中国人谋利益，是为了将中国建设成为一个“主权在民”[13]的国家，建成“把主权放在四万万同胞手上，然后使四万万同胞都有管理国家的义务”[14]的局面。所以，他把“救国兴邦”的希望放在人民大众身上，把工作重心放在做民众的组织发动之上。他反复强调：“革命要成功，第一是要工农大联合共奋斗，若是分离，革命便不能成功”[15]；“只靠士兵去打仗，很难得到胜利，惟有工农兵的大联合，始可达到成功”[16]。他提醒人们，在发动工农大众的过程中，要使他们懂得“为国家谋自由与独立，争国家地位，和争民族的人格”[17]的道理，要使他们懂得“一个国家的权力，不是放在少数人手上，放在我们四万万同胞手上，国家一定比较安宁。”如果“人人知道把持国家，国家自然发达，人民自然安乐，享太平之幸福”[18]。在这里，廖仲恺把创建新国家，保障国家民族兴旺发达、独立富强的希望寄托在人民大众身上，使其爱国主义内涵更加宽广深厚而富有生命力。

总之，廖仲恺的“救国兴邦”的爱国精神，构成了“仲恺精神”的主体和核心，而其与时俱进、追求真理的精神，勤奋实干的工作作风，廉洁奉公的道德品质，为工农大众谋幸福的献身精神，坚忍不拔、不怕流血牺牲的人格风范等等，则系“救国兴邦”爱国精神总体内涵中的分解要素。这是笔者对于“仲恺精神”内涵的基本认识和初步定位。

二、廖承志继承、弘扬和发展、创新了“仲恺精神”

在廖仲恺家族成员中，廖承志是弘扬、实践和继承、发展“仲恺精神”最具典型色彩的人物。他之所以在1928年8月年仅20岁时，就成为一名光荣的中国共产党党员，从此立志为中华民族的独立富强，为工农劳苦大众的自由解放不懈奋斗，与他出生于一个民主革命家的家庭，与他在青少年时期深受民主革命精神的陶冶和洗礼存在着密切的关系，尤其是在父亲廖仲恺学识、人格、办事精神的感召下，他决心继承父亲未竟事业，立下了奋斗牺牲的志向。如他在《忆青少年时代》一文中说："父亲为人忠厚，勇敢坚强，廉洁奉公。我一直对他十分崇敬。他遇刺时，我发誓要竭力继承他的遗志。"[19]父亲廖仲恺的遗志是什么？如前所述，就是"救国兴邦"的爱国精神。廖承志晚年曾对爱国主义作了科学的阐释："爱国主义在不同的历史时期，有不同的具体内容。在民主革命时期，中国人民的爱国主义，主要表现为英勇地参加反对帝国主义、封建主义、官僚资本主义的斗争；今天，中国人民的爱国主义就是要热爱我们伟大的社会主义祖国，为建设现代化的高度文明、高度民主的社会主义国家而贡献自己的一切力量。"[20]这不仅是对爱国主义内涵的科学阐释，而且是对父亲廖仲恺"救国兴邦"爱国精神内涵的继承和发展，更是他本人在50多年革命生涯中弘扬和实践父亲廖仲恺"救国兴邦"爱国精神的总结。

综观廖承志一生思想言行，既继承、弘扬了"仲恺精神"，又发展、创新了"仲恺精神"。笔者认为，这种继承、弘扬和发展、创新，主要体现在如下三个方面。

首先，在民主革命时期，廖承志对"仲恺精神"中"救国兴邦"精神的继承、弘扬，以"救国"精神为主体，同时蕴含着对"兴邦"内涵的继承、弘扬和发展、创新。在长达半个多世纪的革命生涯中，尤其是在民主革命时期，廖承志经历过无数次的艰难困苦，有时还是生命攸关的危险时刻，始终为弘扬、实践父亲廖仲恺的救国救民理想，奋斗在反帝反封建，反对官僚资本主义和国民党独裁统治的第一线，为中华民族的自由、独立，为新中国的创建，立下了不朽的功勋。在这一时期，廖承志曾先后七次被捕，或被打入大牢，身心均受摧残；或被软禁，失去人身自由。面对敌人的威胁利诱，或被自己人误解伤害，他始终怀抱救国救民的心志，没有丝毫灰心丧气、妥协退让。譬如，在1933年8月刚从国民党监狱获释不到5个月，廖承志就告别年迈的母亲奔赴川陕苏区。临行前，他在给柳亚子的一封信中尽情流露出救国救民、舍小家为大家的爱国情怀："我觉得，与其偷生来慰安爱护我的少数的人们，不如失掉爱护我的人们的安慰——因为大多数人的幸福是在前途等着，这是历史的命运给予人类的重担；这重担也许是很重，但是我也只能这样做了。"[21]尤其是在八年抗日战争时期，面对强敌入侵，国破家亡的危机局势，廖承志这种深沉的爱国情怀焕发出耀眼的光芒。早在东北沦陷，华北危急，全面抗战爆发前夕，廖承志就明确指出："今天中国的最大急务是在如何救亡，如何收复东北失地，为实行这目的如何加紧准备对日抗战。”[22]在力促蒋介石集团释放在押政治犯，动员一切力量抵御日寇侵略的呼吁书中，他认为共产党人应勇担挽救民族危亡的重任，“只感觉到为中华民族解放奋斗到底的先锋的重责，更为沉重地压在我们每一个战友的肩膀上！”[23]这种以“先锋的重责”为己任，为祖国独立富强、民族自由解放不惜流血牺牲的爱国情怀，更体现于他在1937年8月31日给母亲和妻子的书信中。他首先指出，个人和家庭的安危，与国家民族的安危紧密联系在一起，“全国抗战发动的今日，每一个中华儿女，都负着光荣的保卫祖国神圣职责。……我虽然顾虑着你们的安全，但为祖国设想，更希望着你们坚决往前，不屈不挠地奋斗！”[24]进而，他明确强调，亲情固然重要，但国家民族的利益至高无上，我们应当为维护国家民族的利益不怕流血牺牲，义无反顾，在所不惜。他说：“战争已在进行了，一切的一切都只能为着战争的利益牺牲。”因为，“我们这里已成为整个抗战的左翼要地”，动员民众抗战的任务，“也就唯有更加紧地落在我们身上”。共产党员的职责，挽救民族危亡的重任，需要我们离开亲人和家庭，奔赴抗战救国的最前线。这虽然是“我难过的事”，也更是“你们难过的事”，然而，“整个中华民族的生存，也唯有依靠于全国的母亲们、女儿们、儿子们，能够忍受当前的难过，能够抹下满眶的热泪，去为祖国的命运拼至最后一滴血。”[25]这是多么深沉的爱国情怀，多么炽热的爱国激情。“为祖国的命运拼至最后一滴血”的信念，与父亲廖仲恺慷慨赴难前所言“我为国家，为本党，无论何人反对，我皆不畏；即击我杀我，亦在所不恤”[26]的信念形成了血脉相承的一致性。

全面抗战爆发后，廖承志受中共中央派遣于1938年初到达香港，负责指导华南抗日武装和动员海外华侨华人支援抗日御侮的工作。在他的悉心指导下，不仅东江抗日武装和东江抗日根据地得到迅速发展壮大，而且秘密营救转移了一大批文化界精英和著名民主人士；不仅吸引、组织了一大批海外华侨华人子弟奔赴抗日救国的第一线，而且在母亲何香凝、姐姐廖梦醒以及廖、何两家亲友的多方奔走下，一批又一批由海外华侨华人和港澳同胞捐献的财物，源源不断地输送到抗日救国的前线。单就南洋救乡总会而言，共捐献和筹集资金达3.8亿元（国币）[27]。1940年以前，东江抗日武装曾生所部的被服、军鞋、药品等物资，主要来自华侨和港澳同胞的捐献[28]。可以说，在八年抗战期间，以“救国兴邦”为主旨的“仲恺精神”，在廖承志为主体的廖氏家族及其社会关系网中发扬光大到了最富生气、最有成效的境界。同时，“仲恺精神”也深深激励着港澳同胞和海外华侨华人爱家乡、爱民族、爱祖国的爱国热情。

其次，在社会主义建设时期，廖承志还对“仲恺精神”中“兴邦”内涵即振兴中华精神进行了继承、发展和创新。

新中国成立后，廖承志先后或同时从事共青团、华侨事务等多项工作，担任着党和国家重要领导职责。此时，中华民族爱国主义的表现形式由挽救民族危亡为主体转移到了投身社会主义建设为主体的重心上来。在新中国正式宣告建立前的1949年5月，廖承志就很清晰地认识到了这个转变。他在中华全国青年第一次代表大会所作报告中指出：“为了建设新中国的事业，应当在青年中间普遍地提倡新的爱国主义。”这新的爱国主义指的是什么？那就是“中国青年必须以无限忠诚，热爱这个可爱的祖国，积极献身于我国的经济、政治、军事、文化的建设，积极加强和改善我国人民的权利和地位，巩固我国的国防，保证我国的领土、主权、利益、荣誉的神圣不可侵犯，爱护我们国家的一切公共财富，尊重和遵守人民政府制定的革命秩序和法律制度，向危害我们国家的生存和利益的一切敌人作坚决的斗争，借以保障我们国家的建设事业的蒸蒸日上。”[29]

综合廖承志在新中国成立以后至1983年去世这30多年间的思想言行，其贡献最大的则是负责党的侨务工作，排除党内“极左思潮”对侨务工作的种种干扰，千方百计扩大党的爱国统一战线，发动、鼓励、吸引海外华侨华人、港澳同胞关心、支持祖国的社会主义建设，将他父亲廖仲恺的振兴中华、致力于祖国繁荣富强的爱国精神，作了新的发挥，增加了更具时代特色的丰富内涵。1957年4月30日，他在党的八届三中全会上作了有关侨务工作的专题发言，反复强调扩大华侨爱国统一战线的目的在于：“争取他们在各种复杂情况下，都能团结在祖国的周围，拥护祖国社会主义建设。”[30]他认为，争取华侨爱国爱乡的可能性是客观存在的，其中一个最重要的原因是：“华侨远离祖国，侨居国外，热爱祖国，热爱家乡，他们对于祖国的独立和富强寄予了极大的希望。”[31]廖承志在实践中认识到，要激发海外华侨华人的爱国热情：一是要使祖国尽快繁荣富强起来，为海外华侨华人提供可以支撑的精神动力和国际影响力；二是要落实好海外华侨华人在国内亲属的各项政策，落实好归国侨胞侨眷的各项政策，努力挖掘和发挥他们建设祖国的积极性，激发他们关注支持祖国的热情。可以说，中华人民共和国不断发展壮大，中国国际地位的不断提高，与广大海外华侨华人、归国侨胞侨眷以及港澳同胞的关注、支持分不开，与他们的爱国爱乡热情被极大限度地激发出来分不开，也与廖承志及其母亲何香凝、姐姐廖梦醒等廖氏家族成员，在实践“仲恺精神”中作出的诸多努力紧密联系。此外，廖承志晚年在构思港澳“一国两制”框架方面，在力争台湾回归大陆方面，都做过许多有益的工作。在这些工作中，明显体现出廖承志继承、弘扬和发展、创新父亲廖仲恺的“兴邦”即振兴中华爱国精神的深层内涵。

再次，廖承志对“仲恺精神”予以发展、创新最全面、最深刻而又最典型的表现，在于他具有的坚定的共产主义信念。而廖承志坚定的共产主义信念，最明显并集中体现在七次被捕的人生经历之中。

在民主革命时期，用廖承志自己的话来说有六次被捕入狱，还有一次特殊被捕。第一次被捕时间是在1927年9月下旬，地点在日本，被捕原因是廖承志在国内参加过爱国民主运动，其姐廖梦醒在日本开展秘密活动引起日本当局的注意；第二次被捕时间是在1927年12月中旬，地点也在日本，被捕原因是廖承志在中共领导的留日学生组织的活动中公开发表宣传马克思主义的学说；第三次被捕时间是在1928年5月中旬，地点还是在日本，被捕原因是廖仲恺积极参加声讨日军侵占山东、制造“济南惨案”的罪行；第四次被捕实际上有前后两次，时间是在1931年6月上旬和1931年9月底或10月初，被捕地点分别为荷兰和德国，被捕原因是此时廖承志已加入了中国共产党，受党的派遣到海外做中国海员的工作；第五次被捕时间是在1933年3月，地点在上海，被捕原因是廖承志担任中华全国总工会宣传部长和全国海员工会党团书记等重要职务，受到叛徒出卖；第六次被捕时间是在1942年5月底，地点在广东乐昌，被捕原因是廖承志担任华南抗日武装重要领导人、中共驻香港办事处主任，引起国民党政府的仇恨而被叛徒出卖入狱。第七次被捕即廖承志说的“特殊一次被捕”，时间是在1934年底，地点既不在国外，也不在白色恐怖笼罩的国统区，而是在川陕苏区，被捕原因是张国焘推行“左”倾机会主义，廖承志被诬陷为“日本特务”、“蒋介石侦探”而遭到关押，失去人身自由。

在这七次被捕过程中，廖承志面对敌人的严刑拷打、威胁利诱，面对自己人的误解和伤害，为人民大众谋幸福的共产主义信念矢志不渝。仅以第七次被捕和第六次被捕为例，分析廖承志作为一名共产党员所具有的优秀品质和精神风范。

第七次被捕即长征路上经历的“特殊一次被捕”，从1934年底至1936年底这两年时间，廖承志带着枷锁镣铐走完艰难的长征。在当时，他的内心异常痛苦。据他在《关于任弼时同志的一点回忆》中说：“那时候，我是张国焘的犯人之一……我们是被分开了的，我则被押解着跟随队伍向炉霍前进。谁都不敢和我们打一个招呼，我们也不和任何人打招呼。因为打一个招呼就会连累别人的。”[32]一方面，是分开着地失去了人身自由，另一方面既不敢和别人打招呼，别人也不敢和你招呼。这是何等的人际环境，何等的孤独和苦闷。但廖承志以其大无畏的革命乐观主义精神，以其对共产主义信念矢志不渝的人生动力，顶住压力，承受身心痛苦，坚持走完长征之路。他在《戴枷行万里》一诗中说：“缠索戴枷行万里，天涯海角任销磨。休叹友朋遮面过，黄花飘落不知所。……笑，笑，笑，何须怒目不平叫？心透神明脑自通，坦怀莞尔心光照；绳套刀环不在手，百年自有人照料。”[33]正是这种纯贞而坚毅的精神境界，支撑着廖承志笑对人生，应对困境，最终成就其共产党员的优秀品质，老一辈无产阶级革命家的人格风范。在50年后的1975年，廖承志在《示儿孙》诗中，以自己在长征途中的经历和表现警示后人，不必计较个人得失，好好做人，勤奋工作，牢记共产主义信念，将革命精神一代一代延续下去。他说：“背剑轩昂入地狱，含辛茹苦死无辞；芒鞋踏遍千峰雪，征途万里笑胼胝。原意东风是西风，镣枷铐锁满身封；含冤两年流血泪，虬髯西域忽相逢。……由来远矣五十年，子孙慎莫轻迁延；代代须成革命人，待到共产社会成。”[34]由此可见，50年前的这一次特殊被捕及其表现，在晚年廖承志心目中留下了抹不去的记忆，被视为一笔宝贵的精神财富。

廖承志的优秀品质和精神风范，廖承志对共产主义信念的矢志不渝，更能体现在他于1942年至1946年这四年的牢狱生活之中。1942年5月底，他在乐昌因被叛徒郭潜出卖被捕，先后被关押在广东、江西、重庆等地，时间不是几天几个月，而是前后达四年之久。在这四年间，他随时面临着敌人的严刑拷打，威逼利诱，如果没有坚定的革命信念，没有视死如归的牺牲精神，没有坚持到底的决心和意志，不是叛变投降，就是被折磨致死。但廖承志坚强地活下来了，并且在狱中被选举为中共中央候补委员。支撑他活下来的动力，激发他坚持革命气节的动力，不是别的，而是他的父亲“救国兴邦”的爱国精神，是他内心深处拥有的为人民大众谋幸福的共产主义信念。在狱中，廖承志写下了许多充满革命英雄主义的诗篇。如在《南柯子·辞世》一诗中说：“默默心情遥寄白云中，留得枯骨待残冬。待到冬过春还，遍地皆红。”[35]“冬过春还，遍地皆红”，表明廖承志坚信黑暗必将过去，光明必将到来，一个“遍地皆红”的新中国必将展现在世人面前。面对敌人的诱降，他在《狱中有感》诗作中说：“胡说识时为俊杰，我偏洗颈待刀环；临刑莞尔能无憾，是即天公大奖颁。”[36]一个坚贞不屈的革命者形象，在这些诗作中体现得淋漓尽致。1945年冬天，被囚禁在国民党政府所在地重庆，随时都有被杀头牺牲的危险，但他在《沁园春·雨夜》诗词中满怀信心地表白心迹：“快刀断麻，摧枯拉朽，壮丽金堂着后雕。天近晓，任深埋黄土，笑仰明朝。”[37]每个人都有父母之情，妻子儿女之情，尤其对深陷牢狱的人而言，思念亲人之情也就更加急切。廖承志在思念亲情的过程中不是流露于一般的私情，而是将其与革命信念、革命真理、革命目标紧密结合在一起，化作为与亲人间的相互鼓励与促进，相互抚辑与安慰。在1942年9月3日致母亲何香凝和妻子经普椿的书信中说他在狱中“生活仍没有问题，只是他们逼迫我投降，是可忍孰不可忍？

倘必要时惟有宁死不辱而已，希告各友放心”。他特意叮咐妻子经普椿：“新生的孩子倘健在，可名为继英，取继续英勇事业的意思。你必须好好地抚养孩子们。”[38]在给母亲和妻子的诗作中，廖承志表示已做好了随时牺牲的准备。如《拜别慈母》一诗说：“半生教养非徒劳，未辱双亲自足豪。碧痕他夕留播众，不负今晨血溅刀。”[39]在《诀普椿》一诗中说：“往事付流水，今夕永诀卿；卿出革命门，慎毋自相轻。白发人犹在，莫殉儿女情；应为女中杰，莫图空节名。廖家多烈士，经门多隽英；两代鬼雄魄，长久护双清。”[40]诗中尽情流露出诗人舍小家为大家，鼓励亲人以国家、民族前途命运为着眼的远大理想和坚强的革命意志。1946 年 10 月 8 日，廖承志在延安党员干部会议作了题为“监狱斗争经验点滴”的讲话，其中谈到在狱中“要坚定沉着”。因为，“如果你坚定，敌人也就没有办法”。这就需要我们被捕入狱后首先要下定一个决心，“做好牺牲的准备，根本就不想活着出去”。只要下定了这样的决心，“敌人任何恐吓，酷刑也都无济于事了”。他在讲话中特意提到：“不管在什么情况下，都要有坚定的信念。”这种信念是什么呢？这就是“相信我们所信仰的共产主义，是世界上唯一正确的世界观和思想方法，是战无不胜的世界观和思想方法。”[41]廖承志还对狱中斗争经验作了概括：“我们要做一个崇高的革命理想主义者，在任何情况下都要为这个理想坚持下去，直到为这个理想牺牲。这些在我个人看起来是极为重要的东西。我们要锻炼无产阶级气节，最重要的是加强平时修养，树立为人民服务的精神。”[42]由此可见，支撑和激发廖承志在前后七次被捕经历中，自始至终没有向敌人屈服，没有失去生活的信心的支柱就在于他对共产主义信念的矢志不渝。这种信念来源于坚定的为人民大众谋幸福，随时准备牺牲个人利益乃至宝贵生命的共产党员特有的优秀品质和精神境界，来源于父亲廖仲恺“救国兴邦”爱国精神的影响和激励。

综上所述，“仲恺精神”既是中华民族的一份宝贵文化遗产，更是廖氏家族的一份宝贵文化遗产。廖承志在践履和彰显“仲恺精神”的过程中，不仅作了继承和弘扬，而且予以发展和创新。具体言之，廖承志将“救国”和“兴邦”作为一个整体加以实践，尤其在“兴邦”——振兴中华、建设祖国这个方面多有发展、创新。他的政治身份与父亲廖仲恺不一样，他一开始步入政治生涯就直接成为无产阶级政党中国共产党党员，并且担任党和国家重要领导职务，更有条件、有机会为救亡图存、振兴中华，为人民大众作出贡献，实现自己的理想。廖承志继承、弘扬“仲恺精神”，尤其是对“仲恺精神”能够予发展、创新的主客观原因是：主观原因在于廖承志对中国国情了解更深刻，对人民大众历史作用的认识更深刻更全面，对共产主义学说的认同和信奉更系统更全面更深刻；客观原因在于廖承志经历了民主革命和社会主义建设前后两个时期，中国社会制度和时代环境比廖仲恺在世时发生了诸多变化甚至是根本性的变化，从而为廖承志发展、创新“仲恺精神”提供了合适的舞台。

（原载《悠悠乡国思——纪念廖仲恺先生逝世85周年全国学术研讨会论文集》，广州：暨南大学出版社2010年版）

注释：

［1］［2］蒙光励：《廖家两代人——廖仲恺　何香凝和廖梦醒　廖承志》，广州：暨南大学出版社2007年版，第2页。

［3］［6］陈福霖、余炎光：《廖仲恺年谱》，长沙：湖南出版社1991年版，第1、20页。

［4］转见尚明轩：《廖仲恺传》，北京：北京出版社1982年版，第7页。

［5］罗川山主编：《廖仲恺研究——廖仲恺先生逝世八十周年纪念活动文集》，广州：广东人民出版社2007年版，第228页。

［7］［8］［9］［10］［11］［13］［14］［15］［16］［17］［18］尚明轩、余炎光编：《双清文集》上卷，北京：人民出版社1985年版，第604、631、610、605、659、142、626—627、754、905、862、627页。

［12］［26］尚明轩、余炎光编：《双清文集》下卷，北京：人民出版社1985年版，第14—15、14页。

［19］［22］［23］［29］［30］［31］［32］［41］［42］廖承志文集、传记编辑办公室编：《廖承志文集》上卷，北京：人民出版社1990年版，第5、16、26、161—162、321、329、172、117、118页。

［20］［21］［24］［25］［33］［34］［35］［36］［37］［38］［39］［40］廖承志文集、传记编辑办公室编：《廖承志文集》下卷，北京：人民出版社1990年版，第672、703、716、716—717、796、823、803、807、811、720、802、804页。

［27］［28］中国共产党东江地方史编纂委员会：《中国共产党东江地方史》，广州：广东人民出版社2001年版，第292、293页。

论廖承志的画里人生

彭小舟　周晓丽

学界有关廖承志研究的成果，为数不少，主要集中在回忆、漫画、统战三方面；有关廖氏漫画研究的成果方面，也有史料型、回忆型、研究型三类；但对他的各类画作及其创作地点、类型、功能缺乏分析，至于画外与作者人生之间的关系的探讨更是付诸阙如。本文利用既有史料，初步探讨廖承志的画里人生，敬请专家指正。

一、画里信史：亲身经历的革命征程

从国民党元老之子到中共高级领导人，从归侨到新中国侨务主管，从少年到老年，廖承志的传奇一生，大都笼罩在历史的迷雾之中。但他的画里别有乾坤，昭显着他走向成熟的征程。

（一）从东洋日本到圣地延安

出生于日本的廖承志，其父是同盟会元老廖仲恺，其母何香凝出身于富商家族，同时还是一位画家。在母亲的熏陶下，他也喜爱美术，从小就画得一手好画。当他看到有日本坏蛋欺负中国小朋友时，就画一张丑化他的漫画，把他气得满脸通红；第二天一早便得到宋庆龄的夸奖，孙中山也“称赞他的画画得不错”[1]。

1916 年，8 岁的廖承志回国，与各种流派画家频繁接触，画技开始迅速提高。1934 年，廖承志出任红四方面军总政治部秘书长，开始与张国焘共事；但张氏却关押了这位追求光明的坚贞党员。幸好他能写能画，尤擅长人物速写画像，才幸免于难。可以说，他是戴枷走长征的。他曾为根据地刻画过钞票，所写标语与所画马克思、恩格斯、列宁的肖像常被悬挂在会场，还现场给总司令朱德、总参谋长刘伯承及普通战士画过像。长征中有一幕“母子别离”的景象，曾震撼他想画上一幅速写画，但到“文革”爆发前都没有画出来。

廖承志有幸得到周恩来、任弼时等人的保护与营救，才安全地抵达陕北，不久恢复了自由，其绘画能力在圣地延安第一次真正得到良好的发展与展示。

（二）从抗日前线到反共监狱

抗战伊始，廖承志以饱满的政治热情投身于抗战前线，作画时间一度减少，但在一个悖论般的时空中，“迎来”了较为充足的绘画条件。1942 年 5 月 30 日，由于郭潜叛变告密，正在指导华南抗日工作的廖承志，在乐昌县坪石镇被军统秘密逮捕，被押解到赣南马家洲集中营。但他以乐观的态度面对铁窗生涯，利用一点难得的纸墨，画了《仕女图》、《思乡图》、《狱中生活》、《郑成功抗倭图》、《老者浴雪图》、《面瀑省言图》等作品，还画过一组共 8 幅反映狱中真实生活的自画像，风趣、幽默地揭露了敌人对革命家的虐待以及所遭受的恶劣待遇。廖承志的精神产生了极大的宣传效果，也争取到看守所里的一些人，其中一个叫姚宝珊的看守就主动替他与张文彬传递过信件。后来姚宝珊替他带出了信件与材料，并送到了延安。他在信中对周恩来说：“希望你相信，小廖到死没有辱没光荣的传统。”[2] 有关诗画，不但体现了他的绘画水平在不断提高，而且形象地表达出他的坚贞意志和乐观精神。

（三）从团代会到民间外交

新中国成立了，廖承志身兼多种重要职务，工作十分繁忙，但只要一有时间，还会像从前战争年代一样，利用一切时间练字和作画。

新中国成立初期，团中央书记处书记廖承志用画笔把新中国正在发生的惊天动地的变化记载下来，无疑很有意义。在一次中央常委开会休息的短暂时间里，他曾为年轻女记者画了一幅漫画速写，旁边还写着“王金凤小姑娘肖像”；接着又画了一个挺着大肚腩的人，题曰“姓廖的老头自画像”。廖承志的素描、国画、漫画比较精妙，尤擅画人像。一些外国友人知道廖承志的漫画独具特色，只要有机会都会提出索画的请求，他基本不会谢绝。

“文革”浩劫之中，廖承志不得不暂时放下手中的画笔，但不料又一次迎来创作的高峰。原来那幅数十年间呼之欲出而又“难产”的长征图画，此时却“应运而生”。1967 年 7 月 2 日，他在信中对女儿廖茗（小名笃笃）说：“你送给我一部好书，我还你什么呢？横直睡不着，便又画了两幅画，作为画，是不行的，但姑且描出我的心境。第一幅是爸爸在长征时的大致景象。”[3] 粉碎“四人帮”后，廖承志再次出来工作，本想痛痛快快过一回画瘾，然而这时候的工作变得更为繁忙，但他仍抽出时间给亲友及身边工作人员画一些漫画，如曾给一个晚辈朋友在狗年画过一只小狗。

廖承志的身后，除留下毕生为中国革命事业建树的丰功之外，也保存下一批画法娴熟、构思精深的漫画作品。这些流传在国际友人和亲朋好友中间的油画、素描和版画，既有与何香凝等前辈书画大师合作的精品，也有他自己即兴挥笔之作，忠实形象地反映出他的传奇而又充实的一生，如若汇集起来，无疑将是与他事业相映争辉、交互阐释的传世珍品。

二、画中亲情：革命家庭的隽永温馨

廖承志的画，除了浓浓的历史感与沉重感外，也不乏温馨与亮色。“怜子如何不丈夫”，通过画，在革命与感情之间，廖承志较好地担负起儿子、丈夫、父亲的社会角色。

（一）在母亲身边的日子

1908年9月，廖承志出生在日本。廖承志7岁在东京天主教会学校读书的时候，就在课余画人物素描；少年时就受母亲何香凝的熏陶，对书画艺术产生了浓厚兴趣，热爱绘画艺术，善画人物。

从20世纪30年代起，何香凝与廖承志母子就开始合作绘画。新中国成立后，母子俩合作的绘画作品增多。何香凝的山水画中的人物，多数都是廖承志的手笔，有古装的老翁，也有现代的农民、渔民。母亲笔法自由而墨色厚重的山水、花卉，配上儿子造型结实的简笔人物，常常使画面产生意想不到的独特效果，不乏传世佳作，成为艺坛佳话。

新中国成立后，两代人继续在侨务和统战方面不懈努力，贡献卓越。何香凝与廖承志母子又都擅长书画，以画抒情，以画自娱，共同创作了许多绘画作品。

（二）温馨坚贞的画面

廖承志无疑是个孝子，是一位好丈夫。他画母亲和妻子的面容，也画出了不少肥硕、搞笑的自画像，或惟妙惟肖的亲人画，全都各具特色。

从进入鄂豫到长征前后，廖承志画母亲的机会不是太多。他曾留下一幅为母亲精心绘制的油画肖像及致母亲和恋人字条各一个，便踏上革命的征程。据廖承志女儿廖茗回忆，这幅油画历尽沧桑，在其母亲床头高挂，“似在无声地诉说与见证着这一段不平凡的人生故事”[4]。在新中国成立后辛酸沉痛的一段日子里，母子两人又开始合作。他在“文革”中被“监管”时，曾画了一幅神态惟妙惟肖的母亲肖像。

在20世纪30年代初，廖承志曾给初见面的经普椿画了一幅肖像油画；在

“文革”被“监管”时，也曾给女儿画过有关长征故事的两幅画。

（三）特殊的表达途径

廖承志通过给亲人、意中人画画、送自画像以言志、示爱。他在不同时期所作的自画像，可谓反映现代家庭生活的无价之宝。

据考证，廖承志母子合作时在其母“作品图中图上一两个‘公仔’，广东话，‘即小人儿’，不止是他想过画画的瘾，更重要的是使母亲高兴”[5]。就算在监狱中也不忘老母，曾画政治漫画以致庆，并题诗“入泪难忘慈母貌，梦中犹忆雨台春”。至于送给经普椿的画、函、电，前五年是为了示爱，此后则是表示“廖家多烈士，经门多隽英；两代鬼魂魄，长久护双清”。甚至于他同时给何香凝、经普椿婆媳寄送诀别信，如被关押在赣南马家洲监狱时，就曾秘密致信说明“现在江西泰和附近马家洲名叫青年训练所的集中营中。生活仍没有问题，只是他们逼迫我投降，是可忍孰不可忍”，并嘱托“新生的孩子倘健在，可名为继英，取继续英勇事业的意思”。[6]

廖承志的画，是从家里开始学的，合作也是从家里开始的，他挚爱的那几位女性也在家里；可惜，职业革命家基本只能是三过家门而不入，居所无定，甚至身系囹圄，只好通过耗时不多、信息含量丰富、敌人不感兴趣而自己又擅长的途径予以表达。他的画就这样深深地和其家庭联系在一起。

三、画外有话：祖国画报工作的参与者与指导者

画作众多的廖承志，作为女画家何香凝的爱子、新中国的高级干部，担任中宣部副部长、统战部副部长、外事办副主任时，自然成为新中国画报工作的积极参与者与重要指导人。

（一）指导国内的画报建设

廖承志自己忙里偷闲，只能过把画瘾，却拿出大把时间来进行全国性的绘画指导与组织工作，这集中表现在“三刊一书”的发行与编纂方向上：

一是《新中华报》。他鼓励繁荣文化，主张画报要扩大覆盖面。1956 年 5 月 8 日，他说：“各地可以办一些画报和杂志，内容要健康一些，并且把每一本杂志都办出特色来。《新中华报》应该下定决心面向港澳和海外，为港澳和华侨读者服务。”[7]

二是《人民画报》。1961 年 9 月 14 日，他在国务院外事办公室召开了讨论画报业务的会议，中心议题是“研究如何提高《人民画报》宣传艺术”。他

指示“对外宣传为主”[8]，主张用大幅的照片，十分强调图片的艺术感染力。

三是《人民中国》（日文版）。他强调“先要改进的是杂志的美术编辑工作”，鉴于“选择照片是一门学问，不妨参考一下日本杂志处理照片的方法”。他遗憾地指出：“可以介绍中国的电影，也可以介绍古画和今画。我们的小人书画面不生动。《人民中国》要自己组织人来画。绣像画有好的也可以用。”[9]

四是《中国风光》。他欣喜地指出，为庆祝中华人民共和国成立三十周年而编辑出版的该画册，“可以说是无数同志流着汗水编成的”，其出版“是很有意义的一件事”，“对中国旅游事业的发展，是一个贡献”。[10]

（二）联络海外同胞的捷径

1958年起，廖承志长期主管港澳工作，后更兼任港澳事务办公室主任，以生动活泼、喜闻乐见的宣传方式，为港澳的繁荣和回归倾注了大量的心血。

廖承志极力主张搞好港澳地区的出版工作。1977年12月，他在接见港澳地区出版工作者时热情地“建议在香港出版一个高质量的画报，发行到国外，以补《人民画报》之不足。这本画报要求比较明显地宣传祖国。可以向内地要图片，也可以自己来拍摄”[11]。

当然，廖承志早就开始了对港澳地区出版画报的关注。在1941年的严峻时刻，在廖承志的支持和帮助下，香港恢复和创办了许多报刊，其中就有《大地画报》、《华商报》和《大众生活》等刊物。在他和同志们的努力下，中国共产党人取得了极好的宣传效果，为建立港九大队和东江纵队、密切香港与内地的关系奠定了坚实的基础。

推而广之，他将统战与画报、美术与影视很自然地结合起来。他对香港电影的“三结合”及与内地合作提出了自己的看法。1979年，廖承志在广州见到香港电影界大佬廖一原时兴致勃勃地谈道，“香港及海外观众都喜欢看武侠片，为什么我们不可以拍一部少林寺或者太极拳呢”[12]，并提议要到实地拍摄和找有真功夫的演员。廖一原听从了他的意见。后来《少林寺》拍摄成功，产生了全球性的轰动效应。

（三）开展民间外交的捷径

“海外关系”复杂而充实，五湖四海皆宾朋。廖承志是香港何氏家族的外孙，祖孙三代曾经侨居美国与日本，与台湾国民党高层有千丝万缕的联系。这使他风度潇洒的画里人生因此显得多姿多彩。他的画无国界，因而有利于海内外同胞进行迅速而便捷的联络，进而成为开展民间外交的捷径。朋友遍天下的廖承志学问渊博、多才多艺并待人以诚，在开展对外民间外交方面有着独特的便利。

例如，不但他提出的建议往往能使日本人容易理解和接受，他画的熊猫更为日本友人所钟爱。在20世纪70年代末80年代初，日本掀起一股“熊猫热”。廖承志应日本朋友之邀，画了许多熊猫作为礼品。1979年5月，日本友人滨野清吾访华时，特意请廖公为他画了一幅有熊猫的画。廖公为滨野清吾作画时，巧以熊猫自喻，画了个拟人化的熊猫，熊猫憨态可掬，双掌抱在腹上。他题上“自画像”，令人望而捧腹，十分形象地体现出廖公平易近人、幽默诙谐、可敬可爱的性格特征。1980年，在日中友好协会会长宇都宫德马先生家，为廖梦醒访日而举行的赏樱会上，这幅画又出现了，宾主都愉快地笑了。1980年，廖承志为日本友人宇都宫德马亲绘的《小熊猫图》，经我方人员带到东京。当宇都先生见到廖承志这幅新作时，不禁连声叫好，并视如至宝。廖承志赠他的新作不仅与当时正在日本兴起的“熊猫热”相映成趣，而且此画亦与宇都先生以往得到的廖承志作品截然不同。廖承志的《小熊猫图》采用了拟人画法，特别将熊猫画得笑容可掬、憨态逼真，让所有日本朋友赞叹不已。

廖承志以其日趋精致的技法、广泛交往与豁达的作风，积极投入新中国的画报事业建设中，并高屋建瓴地予以指导，为贯彻“双百”方针树立了一个鲜活的榜样。

四、画里风流：博学风趣的鲜活形象

廖承志终生与画结缘，却未专门学过画画。虽然他自己对此十分谦虚，曾自承“坦白地说，我对绘画之道，是十足的外行”[13]，但因天资加上勤奋，其作品风格活泼，寓意深远，质量有保证。可惜的是，因种种原因，存世画作较少。著名画家郁风后来评论他的画时说：“可以看出，在生活中对一切事物的浓厚兴趣使他观察入微，以至能够在他的天才的头脑中，将活动着的人物动态组成凝固的画面。在这点上，甚至有些受过专业训练的人也未必有这种默写能力。”[14]这一切与其博学多才、风流潇洒的社会形象十分契合。

（一）中西合璧，形式活泼

身为何香凝的儿子，廖承志在母亲的熏陶之下也喜欢作画，其天分颇高，作品也丰富多样。曾在日本上过美术课的廖承志，应该接触过油画。他在国民革命前后作过不少随意性较大的画，他还和母亲合作画过一些画，这些作品都受到广泛的赞誉。

但到做了职业革命家后，其作品的种类空前地多了起来。到抗日战争初期，廖承志在延安画过不少速写画、水彩画、油画和木刻版画；在重庆时曾给周恩来、董必武和第十八集团军重庆办事处的同事画过像。

值得注意的是，其政治漫画最引人注目，其画在坐牢时期所占比例则更大，在马家洲监狱时尤为如此。这些作品的政治性强，充满了艺术的张力，感染力强。当然，廖承志乐观潇洒，在其艺术世界里还有柔美一面，如他画过《仕女图》、《王金凤》等。

廖承志在兴趣驱使与组织安排下，还画了不少古画与今画、油画与国画、素描与漫画，甚至在川陕根据地时刻过钞票底板，可以看出其在种类的多元选择上颇具个性。

（二）就地取材，即兴创作

廖承志出身名门，郊游广泛，不摆架子，为人洒脱。由于阅历丰富，他画画时早就胸有成竹，下笔很快，而且作品取材广泛，故能不拘场地，且多现场赠送。

廖承志不但与母亲有过合作，还画过许多肥得令人发笑的自画像，多次送交母亲何香凝老人与妻子经普椿，其中寄自江西马家洲集中营的四幅漫画尤为动人心弦。

在张国焘主政的川陕苏区以及在长征路上，他长期作为“犯人”，处境较为艰难，但廖承志革命意志坚强，从不消沉，在需要他的时候，他毫不犹豫地挺身而出。据吴瑞林将军回忆：“连环画的文字说明，先由油印股刻好，再把蜡纸送给他，刻成连环画。他工作认真，一丝不苟，精益求精。每天送来的画页文字说明，他不完成就不休息。每天行军几十里，一到宿营地，别人都进入梦乡，他仍然趴在油灯下工作到深夜。”[15]他绘过马克思、恩格斯、列宁、斯大林等伟人的肖像，给朱德总司令、刘伯承参谋长画过像，并常常画花草、画山河、画物。

1937年，他特意在延安为六十初度的徐特立画了一幅水彩画像。徐老看了非常喜欢。美国女记者尼姆·威尔斯采访他时，还向他要了一张墨水速写画——一个“红小鬼”画像。此画见于《续西行漫记》书中。廖承志还曾先后向漆裕元等国内外友人赠送画作。

（三）寓意深远，诗画交融

廖承志作画，绝非无的放矢，而是用了心思，其在表达形式上有自己独特的风格。

廖承志作画大多是有感而发，并多次通过诗歌予以感性补充。例如长征路上的廖承志，深陷囹圄，但依然对革命前途充满了希望，内心极为豁达，一路上画画唱唱，不啻“缠索戴枷行万里，天涯海角任销磨”[16]。

在被敌人关到大牢里的时期，廖承志的革命意志十分坚定，经受了各种煎熬与考验。他陆续写了不少题画诗，如1942年8月3日感慨“安得蝉男冲霄汉，飞伴游子早日还”[17]，以“双清楼后人”的身份在监狱作画多幅，以诗画双双表达他坚贞不屈的革命意志。《题画诗》、《菩萨蛮·题画》等均系题于狱中所作画上的诗词。

20多年后，廖承志又一次失去自由，曾旧事重提，将萦绕于心的往事画到纸上。他在信中对女儿说：“这两幅画，仓促画成，说艺术，也不成熟，粗糙得很，但你姑且把它留下吧。爸爸在江西坐牢的时候，常常想起那情景，有朝一日，有时间的时候，还想把它们画成油画。……况且我的油画技术低，也画不出。”从这封写给女儿的家书中，可以看出廖承志不但善于画漫画和素描，而且还喜欢油画，尽管自谦油画水平低，不过从廖承志流传至今的两幅油画中仍可看到，其画水平并不低，发展潜力很大。同时代的高梁就认为“廖承志同志知识渊博，通晓五种外国语言，擅长诗词、书画和戏剧”[18]。今人窦应泰则说他“还是一位多才多艺的人，特别是他对丹青书画的造诣颇值称道”[19]。

廖承志不同时期所作的画像，地域跨越国界，时间横亘人生，留下来的不多却富有纪念意义，已成为珍贵的文物。尤为值得注意的是，他的画与他的革命生涯结合在一起，并不乏山水与温情，艺术的夸张与形体的肥硕，衬上风趣的性格与达观的精神，可谓人生如画，画如人生。前有“绘画如其人，方向毫不误”，后有“其画如其人，可以昭百代”[20]，二者均可昭示廖承志的画里有人生。而这画里人生又充分还原出一个有血有肉的真正共产党人，还原出一段真正的历史，有助于我们务实求真。

（原载《悠悠乡国思——纪念廖仲恺先生逝世85周年全国学术研讨会论文集》，广州：暨南大学出版社2010年版）

注释：

[1] 转引自王俊彦：《廖承志与廖梦醒》，《海内与海外》，2004年第6期。

[2] [3] [6] [10] [11] [13] [16] [17] 廖承志文集、传记编辑办公室编：《廖承志文集》下卷，北京：人民出版社1990年版，第720、756—757、720、604、485、562、796、800页。

[4] 廖茗：《父亲廖承志与母亲经普椿的挚爱一生》，《党史博览》，2002年第1期。

［5］王志俊、王明栋：《风流潇洒廖承志》，《科技文萃》，1994 年第 6 期。

［7］［9］廖承志文集、传记编辑办公室编：《廖承志文集》上卷，北京：人民出版社 1990 年版，第 294、396 页。

［8］转引自钱浩：《画报史上难忘的篇章——记廖承志谈画报》，《对外大传播》，1999 年第 6 期。

［12］《廖公在人间》，北京：生活·读书·新知三联书店 1984 年版，第 105 页。

［14］转引自杨建民：《廖承志狱中诗画明志》，《党史纵览》，2005 年第 10 期。

［15］吴瑞林：《和廖承志同志一起坐牢》，《人物》，1989 年第 4 期。

［18］高梁：《我认识的廖承志》，《炎黄春秋》，2003 年第 10 期。

［19］窦应泰：《廖承志的政治漫画》，《文史春秋》，2006 年第 8 期。

［20］赴林初：《何香凝老人画敬题》，《北京日报》1979 年 2 月 18 日。

我认识的日本问题专家廖承志

周 斌

廖承志，比他年岁大的中央领导人，都称他承志或小廖；与他同辈的许多人，都称他廖公；像我这样的小辈，都称他廖主任（1958 年 3 月他出任国务院外事办公室常务副主任，主任由陈老总兼）。他为人谦和，性格开朗，声音洪亮，从不摆架子，喜欢与他熟悉的人开玩笑。比起带有浓厚广东乡音的普通话来，他说的日本话，发音更标准，也更生动，更流畅。他还能自如地说英文、德文，并略懂俄文。受其母影响，他画的山水国画，也有很高的水平。

作为国民党左派、孙中山主要助手廖仲恺和何香凝的儿子，他生在日本，长在日本，直到在早稻田大学因参加反对当局的学生运动，被学校开除，驱逐出境。回国后一度又以国际海员身份，去德国等地从事革命活动。1934 年，26 岁时参加万里长征，后投身八年抗日战争和三年半解放战争。37 岁时，在 1945 年党的七大上，被选为中央候补委员。新中国成立后，在长期负责处理港澳、涉台、华侨事务的同时，又协助周总理具体领导了整个对日民间交往的工作。在 1956 年党的八大上，被选为中央委员。

他是中日友好协会的第一任会长，又是"廖承志·高碕达之助贸易办事处"（日本称 LT 贸易事务所）中方负责人。该办事处是中央特批的中国首个以个人姓名命名成立的对外合作机构。这个带有某种官方性质的机构，连同差不多相同时间实现的中日互派常驻记者，在两国复交前，都起过十分重要的作用。而这些无一不是在廖主任精心谋划和具体部署下实现的。

他的特殊经历，以及他在我国整个对日工作中的特殊地位和作用，使他在日本各个政党、各个地方、各个界别、各个行业，都有众多朋友。难怪毛主席在 1972 年 9 月会见来访的田中角荣首相时，也指着他诙谐地对田中说，他是在你们日本出生、日本长大的，这次你就把他带回去吧。田中同样诙谐地表示，好呀，廖先生在日本各地知名度很高，竞选全国区参议员，肯定可以胜出。

廖主任在中国对日工作中的另一个突出贡献，就是他通过大量的实践，培养了一大批了解日本、熟悉对日工作的人才。这些人在中国的相关部门，承担着推进对日民间交流、逐步实现两国关系正常化的重任，其中不少成了两国复交初期，与日本进行官方来往的骨干力量，少数人后来甚至成了所在单位的领导核心和有名望的专家学者。仅我比较熟悉的，就有外办的谢南光、杨春松、王晓云等；外交部的陈抗、李孟亮、丁民、王效贤、徐敦信等；中联部的赵安博、庄涛、刘迟、林丽韫、段元培等；对外友协和外交学会的孙平化、肖向前、唐家璇、金苏城、黄世明等；外贸部的吴曙东、林连德等；文化部的林林、蔡子民、崔泰山等；团中央的钱大卫、文迟、杨振亚等；全国总工会的陈宇、宋文等；新华社的丁拓、吴学文等；外文局的康大川、刘德有等；“和大”（中国人民保卫世界和平大会委员会——作者注）的洪道原、韩炳培等；总政群工部的金黎等。岁月不饶人，他们中的近半数已经先后离开我们，在世的也都七老八十、已安度晚年了。

我在外交部担任日文翻译期间，经常近距离地接触廖主任，留下了一些难以忘怀的往事。

一

我在日文版《人民中国》杂志社实习时，为了配合即将在东京举行的中国商品展览会，写了一篇人物采访，对象是时任中国贸促会副会长、赴日展览会团长的张化东。采访中张非常生动地向我介绍了他一生中最难忘的一段经历：他是东北人，成年后一直在张学良将军的部队里当兵。1936 年西安“双十二”事变时，他是一名排长。上司命令他所在连的连长带着他和下面的几个战士，一起抓捕在华清池住宿的蒋介石。他细述了蒋被抓当晚的种种狼狈相。

我觉得这是一个足于吸引日本读者的亮点，便绘声绘色地作了描述，自己对这篇文章很满意。杂志社领导也认为很精彩。但这一类人物采访，需要送请外办审定才可排版付印。两天后，就传来了廖主任的批示意见：这个选题很及时，文笔也不错，但作者明显缺乏政治常识和斗争经验。须知台湾方面对几十年前蒋在西安被抓这件事，一直耿耿于怀，伺机报复。而台湾在日本的特工势力不可小视。如果他们知道当年具体抓蒋的人已经来到日本，很可能不会错过这个千载难逢的机会，动手报复的。因此，为了安全一定要删除这段内容，才可以发表。

杂志社领导和我本人都觉得廖主任的这个指示非常正确，并当即删除了文章中自己最得意的一段。

二

同样是在实习期间，我被借去当一个来访的日本代表团的翻译。该团由日本各界近十位颇有影响的民间人士组成。接待单位特地借用全国政协礼堂，举行大型报告会，请几位日本朋友分别向北京各界一千多名市民，介绍当前日本人民的社会生活。

报告会气氛很热烈，过程很顺利。最后一名发言者，是一位八十几岁的佛教界人士。他演讲的题目是“日本佛教与日中友好”，但没有准备书面稿子。我心里没底，便事前问他打算讲些什么内容。他回答他会想到哪里就讲到哪里。见我皱着眉头，他又安慰我说，你尽可放心，凭你的日语能力，翻译肯定没有问题。

谁知道，他一上台讲的一大段话，就把我完全难住了。他大段引用佛经原文，我大约只能听懂四分之一。短短两三分钟，自己就陷入了学习日文以来最无助、最难堪、最尴尬的困境：翻译吧，四分之三内容听不懂，怎么翻？不翻译吧，怎么面对礼堂里一千多双期待的眼神，其中还包括母校北大日语专业的全体师生，又怎么向主席台上的中方领导和其他日本朋友交代？

就在这个进退两难、不知所措的关键时刻，我突然看见主席台上的廖主任正在向我点头微笑。顷刻之间，我感到他才是能够帮助自己摆脱苦海的唯一“救星”，便向后几步，低声诉说实在听不懂，不会翻译怎么办？他当即毫不含糊地发出六个字的“英明指示”：他胡说，你胡翻！

只能这样做了。我立即镇静下来，把能够听懂的一些词汇和个别句子，凑在一起，巧妙加工，改编成通俗易懂的现代语言，大声进行“翻译”。

如他讲话中说到中国、印度、日本、亚洲、国家、一家、传统、希望、和睦、幸福等词汇时，我就译成“中国、印度、日本都是亚洲重要的国家，一定要像一家人一样和睦相处。只有这样，三个国家和亚洲才有希望，才能幸福”。又如他讲话中说到佛祖、社会、善良、邪恶、公平、正义、灵魂、世界、高山、大海等词汇时，我就译成“佛祖主张善良，反对邪恶。如果大家都能听从佛祖教诲，国家、社会就会实现公平、正义，人们的灵魂就会得到净化，整个世界就会像高山、大海一样，永生永存”。

从结果上看，这种胡编乱造，不但没有造成恶劣的影响，还获得了阵阵掌声。然而自己心里总觉得不是滋味，特别是看见坐在会场第一排的母校北大三位日语专家边听边摇头时，我感到非常内疚。我想三位恩师一定会万分失望，一定不会想到，他们前几年辛辛苦苦教出来的这个“得意门生”，竟会是这样“欺世盗名”的“无耻之徒”！

报告会一结束，我就奔下台去，向他们解释自己万不得已、只能这样做的原委，请求他们谅解。三位恩师表示理解我的苦衷，并坦诚地告诉我，他们也只能听懂一半左右。

事后，只有廖主任表示满意，夸我“编造功夫”相当不错，解决了报告会险些无法结束的“危机”。事后我问他能听懂多少，他也回答一半左右吧。

三

一次，廖主任夫妇陪同当时被誉为“民间大使”的西园寺公一，以及廖的几位早稻田学友，乘火车去杭州、上海游览，指定我当翻译。所谓翻译，实际上只是为经普椿阿姨（廖承志夫人）一个人咬咬耳朵。一路上大家谈笑风生，气氛极好。西园寺说天堂杭州，山清水秀，是个理想的垂钓场所，到时他一定会拿出“日本钓鱼冠军”的看家本领，把所钓的鱼，请杭州饭店的名厨加工成“鱼宴”，招待杭州主人和各位同行者。对这番豪言壮语，大家反应不一。有的说是吹牛，有的说愿意乐观其成。廖主任则表示，事实胜于雄辩，待明天晚上餐桌上最后见分晓吧。

到达那天下午，杭州不冷不热，细雨蒙蒙，正是垂钓的最佳环境。杭州市领导知悉客人在火车上的争论后，破例安排西园寺去饭店正对面的西湖边上“露一手”，还特别指派饭店的一名服务员在其背后撑雨伞。

不知什么原因，下饵三个小时，竟然一无所获。西园寺扫兴而归，大家也都默不作声，气氛十分凝重。只有廖主任笑着说，杭州人民热情欢迎我们，而西湖的鱼群却娇惯坏了，存心不与我们合作。明天换个战场，定能大获全胜，以证明“日本钓鱼冠军”名不虚传。这几句话把大家都逗乐了。当晚，他让杭州外办派人和我一起，连夜去浙江农业大学“求援”，请校方明天上午对我们开放半天专属“养鱼池”，并把“养鱼池”旁边的木牌、标志临时撤掉，以不伤害日本垂钓者的自尊心。

浙江农大照办了。短短两个小时，西园寺就钓得二十几条大鱼，重量达到七八十斤。回饭店后，皆大欢喜，当晚真的办了两桌“鱼宴”。西园寺还得意地向大家介绍垂钓经验。大家不明真相，也都伸出大拇指，夸他实在了不起。

我不明白廖主任为什么这样维护西园寺，千方百计地让他高兴起来。后来经阿姨告诉我，在北京时，一次周总理特别嘱咐廖，说西园寺最近身体不大好，情绪很低落，让廖多抽点时间，陪陪这位“民间大使”。实际上，廖这次出游主要就是为了帮助西园寺散散心。

离开杭州前，廖主任嘱咐我再去一次浙江农大。我问是否为了当面致谢。

他说，当然要致谢啦，但更应该去赔偿。世上哪有闯进人家养鱼池去钓鱼的怪事？至少要把七八十斤鱼钱还给人家吧。说着就让经阿姨取出八十元现金交给我，并说这点钱不要让人家写收据，回北京后也不要向公家报销了。

以往，我一直以为乐天派廖主任不是一个细心人，想不到真的碰上该细心的时候，他会这么细心！

回到上海第二天是星期日。吃完早饭后，廖主任当众宣布今天自由活动，不作任何安排，只要求我去他房间值班听电话。我想北京可能会有急事找他，便二话不说去了他房间。可是十多个小时连一个电话也没有等到，觉得越等越不是滋味，心里一直挂念着上海的父母亲和不满两岁的儿子（我和妻子因经常出差，儿子一直放在我父母家）。晚八时多，廖主任和经阿姨回来后发觉我与往常不一样，脸上没了笑容，便问出了什么事。我说既没有电话，也没有出事，自己只想明天请半天假，回父母家看看老人和儿子。廖主任一听，就十分抱歉地表示，他犯了官僚主义，根本不知道我的亲人就住在上海，才安排我值班的。他让经阿姨马上去楼下小卖部买两大盒大白兔糖块，令我立即回家。他又开玩笑说，糖块是用来赔礼的，明天准你一天假，好好孝顺一下双亲大人和亲亲宝贝儿子。

我被他的真诚打动了，反而后悔自己修养太差，不应该当着他和经阿姨的面，流露出不愉快的心情。第二天一大早赶在他们吃早饭前，就回到了饭店，继续心甘情愿地为他们提供尽可能优质的服务。

四

一次，一个日本代表团访华。星期天，我陪客人游完故宫出北门，穿过马路，登顶景山瞭望北京全景时，一名团员突然歌兴大发，连续高声唱了几首日军侵华战争时期的“战歌”。我当即表示不快，要求他不要再伤害中国人民的感情。他不但不听，反而责怪我不懂音乐，小题大做。当天晚上，我方领导研究与该代表团下一步会谈对策时，我汇报了这件事情。另一位翻译也说，根据这几天的接触、观察，此人对我们最不友好，经常发表反华观点，并反对与我方发表联合声明。

廖主任听后只问了一件事：此人在代表团内处境如何，是支持者多，还是反对者多？大家一致回答，此人相当高傲，看来比较孤立。廖主任表示，既然如此，对付此人并不困难，可以由他自己出面，做点“教育”工作。但没有说明具体怎样做，只说明天他早点来这里，与代表团共进早餐。

第二天早晨，日本朋友见廖主任在餐厅等着，都很高兴，双方谈得十分融洽。就在早餐行将结束时，只见廖主任突然放下手中的筷子，严肃地表示，他只想问日本朋友几件事，请各位如实回答。对方同样把筷子放下，严肃地表示可以。

廖问：到达北京几天来，各位是否感受到中国人民都在真心实意地欢迎你们?

日方多数人抢着回答：是的。没错。我们都从心里感受到了中国人民的友好情谊。

廖问：你们访华目的之一，是否真心希望通过充分协商，在平等、互利的基础上，与中国发表一个联合声明?

日方多数人抢着回答：是的。完全正确。

廖问：既然如此，为什么你们中有人选择北京城的最高处，不听劝阻，高唱军国主义时代的反华歌曲，伤害中国人民的感情?

日本朋友你看我，我看你，一下子把目光都集中到了那位团员身上。廖主任马上表示，你们不必现在就忙着回答，可以先回去讨论一下。我只希望以后不要再出现这种不愉快的情况。说完就起身告辞了。

日本代表团立即回房开了一次会议。据说几乎所有的人都向那位团员猛烈开火。更重要的是，后来会谈进行得十分顺利，很快就达成一致，签署了双方都满意的联合声明。后来，在周总理会见时，日本朋友都说，廖先生的真诚态度和善意批评，是保证他们此次访华取得圆满成功的主要原因。

令我感到意外的是，我陪代表团到广州后，廖主任让我的一位领导打电话通知我，要我在客人回国前，单独去见一次那位团员，以传达廖主任原话的口气，告诉对方：廖先生批评了你，但你在访问后期的表现表明你虚心地接受了他的批评，他很高兴。由此可见，你还是中国人民的好朋友。希望你回国后继续为增进中日友好多作贡献。欢迎你有机会再来中国访问。那位团员没有想到，廖先生会如此大度，请我一定代他向廖先生致谢。

五

林彪出事后，在“文革”中靠边站的廖主任逐步官复原职，但他的健康状况大不如前了，不得不去美国做了心脏搭桥手术。手术十分成功，但他百无禁忌、特别喜欢吃的习惯，使体重不断增加。为此，经阿姨直接向周总理告了状。周总理当即向他发出了“三不准”（不准多吃、不准贪吃、不准偷吃）指令，并要求他全家一起进行监督。同时规定，他每次参加宴请等活动，都必须由经阿姨陪同，从旁控制，从严掌握。他主动告诉日本朋友，也告诉我们这些翻译，说自从“三不准”指令下达后，他就一直过着“食不充饥、肚中无油”的“悲惨日子”。家里再也见不到任何食品，偶尔从外面带回一些吃的东西，以备晚间食用，一进门就被彻底搜身。其中一次他回家换鞋时，把几块饼干塞在皮鞋里，也被坚决执行总理指示的子女查出取走。

我见他这样“苦不堪言”，同情心油然而生，便在有机会为他参加宴会当翻译时，就千方百计地转移经阿姨的注意力，让他尽量多吃一点儿。几次开会时，我也会事先准备好几块巧克力和小点心，偷偷递给他。所以他有一次笑着对我说：“知我饿肚者，周君也。”

进入20世纪80年代后，香港、澳门回归祖国，相继提上了日程。对台工作也开始出现一些好的苗头。他曾以幼年小伙伴的名义，给蒋经国先生发去充满感情、晓以利害的亲笔信。而上述这些都是他非常熟悉、大有可为的领域。

回忆起来，在我的翻译人生中，廖主任是我接触机会最多，对我帮助最具体的领导。包括见我在宴会上忙于翻译，过度紧张，很少进食时，他也曾多次笑着提醒我说，一要翻好，二要吃饱，才算是一个合格的翻译。他更是一个富有个性特点和人情味的领导人，也是迄今为止，我国最出色、最权威的日本问题专家。

（原载《档案春秋》2012年第4期）

理解“廖承志时代”：战后中日关系的传播政治学

刘建平

2012年是中日邦交正常化40周年，对历史人物的研究也格外活跃起来。在日本，相关学者甚至成立了“廖承志研究会”，希望通过对廖承志领导的新中国对日工作的机制和过程研究，寻求诸如“廖承志体制”等有中国特色的外交概念，思考“廖承志时代”留给当代中日关系的遗产。

这种概念设置或许有某种过分强调个人作用的偏向，但包涵着启发性的问题意识。由此我们可以注意到，廖承志与中日关系的时代特征关联早就被认识到了。1983年6月25日，在廖承志的追悼会上，中日友好协会副会长孙平化对日本友人、60年代曾经在北京参加《毛泽东选集》翻译的早稻田大学教授安藤彦太郎感叹：“一个时代结束了啊！”[1] 1986年孙平化接任中日友协会长，他不止一次地在回忆文章中谈到对日工作的“廖承志时代”或中日关系的“一个时代”结束、“中日友好进入了没有廖承志的时代”，并且称其意“很多很深”，“不是简单几句话能解释清楚的”。[2]但至于怎么理解“廖承志时代”，这位亲历者并没有给出答案。

日本舆论也有“廖承志时代”结束的议论，比如《朝日新闻》就廖承志逝世发表的社论指出：日中关系失去了“老朋友”，“依靠个人影响力的时代正在终结，越来越需要积累广泛领域的交流”[3]。这是敏锐的洞察，它看到了“人民外交”不可能替代或者必然归于“国家间政治”的规律。但历史的演变比这种隐含着忧虑和危机感的展望还要无情：1980年代以后，“历史认识”、领土纠纷等战后遗留问题导致中日关系周期性恶化；到90年代尤其是进入21世纪，这种周期性恶化不仅发展为外交对抗僵局，并且连民意调查也持续显示绝大多数相互“嫌恶”的特征。事实表明，不是“中日友好进入了没有廖承志的时代”，而是连“中日友好”也失去了统计学支持。至于所谓“积累广泛领域的交流”，其意义和方法都遇到了危机。

那么，如何理解“廖承志时代”？对此作出有历史过程研究和社会科学分析根据的回答，有助于我们找到战后中日关系的发展逻辑及其问题所在。当然，所谓“廖承志时代”其实是中日关系的“人民外交”时代，因此相关研究不应该以人物评价为目的，而是要有清醒的国际政治学意识。通过人物线索的“人民外交”史研究，我们可以尝试更加符合时代特征和中日关系特征的国际政治研究新范式，即以基于实证的传播政治学分析，取代从理论概念出发的传统国家行为权力政治分析。

一、战后中日关系议题的设定：传播地位与权力结构

日本与新中国的关系大致可以划分为国际共产主义运动时期、人民外交时期、邦交正常化谈判时期，等等。在现代国际法的意义上，战后中日关系的主题应该是由国家间谈判战争责任处理，缔结和平外交条约。但由于美苏冷战体制隔离了日本和中国，新中国初期的对日外交是在国际共产主义运动体制内开始的。

中日两国共产党的合作关系始于抗日战争时期。1940 年 3 月，日共领导人、驻共产国际代表野坂参三经共产国际派遣来到延安，领导在华日本人反战运动，帮助中共开展日本研究。日本投降后，野坂参三离开延安回国，其间先行秘密到莫斯科，与苏联确立正常联络，苏联表示了支持建立民主日本、与美帝国主义斗争的立场。[4] 在新中国成立前夕，刘少奇于 1949 年 6 月底秘密访苏。斯大林要求中共多做东方和殖民地、半殖民地国家的工作，特别就日本问题和中日关系指示说：你们应当与日本共产党建立密切的联系。现在美国正争取日本，如果美国在日本达到目的，以后中国的困难就会很大；如果你们能把日本争取过来，资本主义在远东从此就要完蛋。因此，日本走向哪一边，是带有决定意义的。日本人民是很好的，中国人民中仇恨日本人的情绪，不该成为你们争取日本的阻碍。但日本上层还有反动分子没有被打下去。今后你们的任务，就是要很好地帮助日本共产党及其他进步势力，打击日本反动分子，以便能够把日本争取到你们方面来。[5] 这样，建立中日两党关系、支持日共、争取日本、共同反对美帝国主义，就成为新中国对日外交的基本方针。

新中国成立初期，与东方兄弟党的联络工作由中共中央统一战线工作部承担。廖承志从 1949 年 11 月起任统战部副部长，抗日战争时期在延安受野坂参三领导、从事日本研究的庄涛负责日本方面的具体工作。1949 年 12 月，日共联络中共中央，拟派出代表常驻北京。同时提出：希望统计并尽可能遣返、适当照顾滞留在华的日本人，开展通商贸易，以便提高日本人民对共产党的信仰，击破美日反对派的反苏、反共宣传，促使产业资产阶级倾向于支持日共。中共中央于 1950 年 2 月初接到情报后，刘少奇即指示有关部门接待日共代表和调查、处理在华日本人事宜。1950 年 1 月，日共派出早年曾在中国学习、

工作过多年的经济调查代理部长安斋库治赴华联络。安斋于3月初到达中国，由中共中央统战部接待、安排（后转至中央对外联络部）。[6]于是，通过日共发展中日贸易和解决在华日本人回国问题而建立中日关系的渠道沟通了。

必须注意到，日共的联络给中日关系设定了关于日本人民利益的议题而取代了战争责任处理的主题，决定了此后以协助日侨回国、释放战犯、通商贸易、免除赔偿为主要内容的“人民外交”的展开。正如廖承志于1953年2月在中国红十字会代表团与日本代表团关于协助日侨回国问题的会谈上所说：中国人民坚决反对在美帝国主义指使下“企图复活日本军国主义”的吉田政府，但相信两国人民都是爱好和平、愿意相互友好的。“我们同情日本人民今天的处境及其为争取独立、民主、和平而奋斗的努力。日本人民的这种努力，已经有许多事实表现。因此，我们把一切爱好和平的日本人民看做是自己的朋友，把他们和吉田政府区别开来。”[7]廖承志在1960年8月11日会见日本社会党政策审议会代表团时更明白地指出：我们的“对日观”是重视日本人民。“日本人民是伟大的人民，是经过战斗和锻炼的人民。因此，我们对他们表示真正的友好，必须增进友好。”[8]这就表明，“人民外交”的意识形态逻辑，在于“日本人民”被想象为追求独立、民主、和平而且是反对日本反动政府政策的，中国政府为满足日本人民的愿望、建立中日人民友好关系而协助日侨归国、优惠对日贸易、释放战犯，就是对日本人民争取独立、民主、和平努力的支持。

由此可见，在国际共产主义运动体制和意识形态前提下，“日本人民”利益的代表以主动的传播者地位，在支持日本人民为和平、民主、中日友好而斗争的共同话语建构中，事实上向中国对日工作者传播着“日本人民”的利益期待。而由于中国的对日外交是党政部门严格控制的秘密工作，“中国人民”因为战争受害而要求战争责任处理的利益表达缺位，造成了对日外交决策过程中偏于“日本人民”利益的信息不对称。比如，“日本人民”传达的期待协助日侨回国、释放战犯以及战犯家属如何痛苦等待之类的信息大量进入中国的对日外交决策过程，但中国人民的战争受害则被认为是“过去”的事情、应该服从“大局”而受到传播阻碍。必然地，如何让日本政府对侵略战争和日本战犯的犯罪行为承担责任以使受到伤害的“中国人民”恢复尊严等政策思想就难以确立起来，“日本人民”的利益诉求则成为中日关系政治正确、道德责任的标尺，中日关系成为解决日本利益问题的交涉过程，“日本人民”具有推动中国对日外交满足日本利益的权力。这种权力甚至可以支配中国领导人作出勉强应付国内政治的决断，比如1956年6月27日周恩来在接见日本日侨回国事务三团体谈判代表和接运战犯代表时，听取了他们转达的日本外相重光葵对中国释放战犯表示的谢意之后，似乎是推心置腹地说：“我们决定分三批释放

日本战犯，释放的人数超过一千多人，只有四十五人已经和准备判刑。这些都是犯有严重罪行的。在中国人民面前，如果日本战犯一个也不判刑很难交代。”6 月 28 日，周恩来会见日本国营铁道工人访华友好代表团时又说：“为什么我们要对这一小部分战犯判刑呢？这是因为对中国人民要有一个交代。”[9]一方面尽可能满足，而对另一方面则勉强交代，“日本人民”利益的信息传播和议题设置所建构的“人民友好”关系的权力构造可谓较为明显。从后来公开的回忆来看，这种交代连参加审判、侦讯、拘押、教育战犯的干部也想不通而需要反复教育，那么一般“中国人民”也就更不易接受了。

二、“人民友好”的话语生产和利益实现机制

大致在日共代表安斋库治来中国的同时，由于斯大林急于推动反美斗争，苏联党从批判野坂参三的“和平革命论”入手，要求日共改变议会道路方针。斯大林的干涉使日共陷入宗派分裂的泥沼，日共更加积极地推动群众斗争，美国占领当局则采取镇压政策，日共主要领导人于 1950 年下半年秘密潜往北京。而斯大林继续强行要求日共接受所谓“民族解放民主革命”的新纲领，但暴力活动最终归于失败，并损害了党的威信，日共在 1952 年大选中连一个议席也没能获得。中共本来就不支持苏联怂恿的日共暴力活动，日共经过挫折也不得不调整政策。从 1952 年开始，有着日共积极活动背景的中日“民间”贸易、在华日本人回国问题的解决开始取得重大进展。

廖承志是这些中日“人民友好”活动的直接领导者。日共领导人逃亡来北京之后，1951 年 1 月中共中央成立了对外联络部，以联络并帮助包括日共在内的“东方各国兄弟党”，廖承志任第一副部长。[10]1952 年 5 月，为进行公开的中日关系活动，在周恩来总理的直接领导下，成立了以廖承志为负责人、汇集各有关部门力量的对日工作办公室和中央日侨事务委员会。为了加强对非政府国际活动的指导，1953 年 4 月中共中央成立国际活动指导委员会，日常办公机构设在中共中央对外联络部，廖承志任副主任委员。据跟随廖承志从事对日外交工作的干部理解，廖承志生长于日本，上层家庭出身，由他全面负责对日工作，既有熟悉日本情况、善于交往上层的优势，又有“通天”之便利途径即直接向周恩来汇报工作。[11]显然，在权力集中型党政体制下，权威主义综合协调行政的对日工作机制，是便于对日交往的和具有高度精英性、政治性的。正如不止一位的廖承志部下所言：“日本朋友遇到难题时，或者有了事关重要的问题时，都想找廖公谈。”廖承志逝世时，“许多日本朋友担心今后廖公不在，中日关系、中日友好是否还能像廖公健在时那样发展下去，过去有困

难到北京找廖公，今后怎么办?”[12]可见，权威主义综合协调对日工作机制能够高效、准确地解决日本方面提出的“难题”，但它欠缺监督性的政策审查和参与性的民意表达，成为日本利益的片面信息传播主导的“人民友好”话语生产和利益实现机制。

中日“人民友好”关系确立于1952年，经50年代中期协助日侨回国、宽释日本战犯而形成高潮。在1952年5月谈判贸易协议过程中，由于受到美日政府对中国禁运的限制，“日本人民”代表所提供的贸易条件本来不符合中国的原则，但中国谈判代表最终根据“有助于中日两国人民新的和平友好关系的建立”的“大局”观作出妥协。[13]在1953年2月举行协助日侨回国会谈时，中国给日侨回国的行政便利和经济资助之“宽厚”令日本方面感到意外，但廖承志请求日本方面帮助在日华侨归国时，却申明费用由中国负担；而他所努力争取的，则在于日本红十字会邀请中国红十字会访日，“以便加强中日两国人民的友谊”[14]。1954年10月底，中国红十字会会长李德全和顾问廖承志率团应邀访日。据当时代表团成员回忆，一到日本“就沐浴在日本人民友谊的海洋里”[15]。其实，这种“友谊的海洋”现象，是由日本提出利益要求而中国尽量给以满足的关系所决定的。日本民间之所以推动政府同意中国代表团入访，是因为尽管中国已经协助日侨回国，但还有那些最可能受难的战犯们生死不明，日本政府和留守家属们盼望着战犯们能够免受惩罚，尽快平安回国。而中国红十字会代表团就带去了在押战犯的名册，日方还安排代表团与留守家属见面以听取其“倾诉”。最终，中日双方签署了“关于回国问题等恳谈的备忘录”，中国红十字会承诺绝大多数战犯近期将受到宽大处理，继续协助日侨和日本战犯回国。[16]到1956年，中国政府对1062名日本战犯中的1017名免予起诉而释放，其余45名也都从轻判刑。如此以尽可能满足日本利益要求来建立友好关系，当然受到日本各方面的“热烈欢迎”了。

对于国内宣传，中国红十字会在公开报告中强调日本人民热情友好，但回避向日本方面承诺宽待战犯的事实。而关于处理日本战犯的思想教育和新闻宣传就更加复杂：廖承志在1954年2月举办的北京真武庙公检法干部集训班讲解形势和政策，目的是为了中日友好而抑制公检法干部们的“国仇家恨”；他还负责指导在北京卧佛寺起草公审日本战犯起诉书的工作，贯彻“一个不判处死刑，一个不判处无期徒刑，判处有期徒刑也要极少数”的原则；廖承志还直接对新华社的统一宣传报道作出指示，强调“不能用朴素的感情代替正确的政策”，并亲自审查定稿新华社的报道，把被害人“控诉日本战犯的滔天罪行”、旁听者“流着眼泪在听被害人哭诉”等叙述删掉，而加上“被告人的悔罪表现”和辩护人“请求法庭从宽处理”之类的说明。[17]可见，日本战犯家属和相关团体热切盼望与中国建立友好关系以求得宽大处理战犯的信息传播，经过中国对日外交的政策过程而内化为抑制中国人民感情和尊严要求、尽可能满足日本利益期待的能动机制，而“人民友好”宣传话语的建构则采取一些遮蔽事实、片面报道的手法。

满足“日本人民”的利益需要，造成“日本人民”热衷中日友好的事实，在50年代前期是为了满足“日本人民”愿望，到50年代后期则期待这种善意能够推动日本政府与中国建立邦交，以有利于中国摆脱美国冷战政策造成的国际政治孤立。但随着日侨和战犯问题的解决，1957年上台的岸信介首相撕破在邦交问题上对中国虚与委蛇的外交假面，这激起了中国政府的强烈批判；更兼1958年2月的“刘连仁事件”使得中国人民的战争受害苦难进入舆论层面，“中国人民”的利益表达呈现出来，中国政府明确提出了受害赔偿要求。及至5月的“长崎国旗事件”，所有友好期待和尊严要求都遭到拒绝，中国政府愤而切断了日本利益偏向的中日关系。

不过，中国政府的“经济绝交”很快被日本国民外交的意识形态话语克服了。1958年10月，日本工会总评议会代表团参加中国国庆活动，与中华全国总工会发表联合声明，表示了坚决反对《日美安全条约》、反对岸信介政府敌视中国的政策并号召日本工人和人民进行斗争的立场。[18]对此，《人民日报》发表评论说，这反映了“中日两国工人阶级友好团结的新发展”。[19]然而，“日本人民”的政治宣示并非为友好而友好的抒情表演，不久总评就向中国提出重开中日贸易的要求，这是因为，中日贸易断绝以后，日本从事中日贸易特别是以进口中国原料为生计的中小企业遇到很大困难，存在近20万工人面临失业的威胁。1959年1月29日，总评事务局长岩井章和政治部长小山良治到达北京，中国总工会的有关负责人接谈后向廖承志汇报，经商定认为可以给予特殊照顾。2月12日周恩来会见岩井章，说：贸易与工人是有密切关系的。但代表工人阶级的你们很清楚，妨碍中日贸易的是日本政府。但我们对日本人民是友好的，同情他们的经济困难，小企业中确因贸易中断发生困难的，如有友好进步团体的介绍和保证，可以考虑。[20]这样，日本的国民外交以“工人阶级”的意识形态通行证获得了向日本出口“照顾物资”的特殊贸易方式，事实上恢复了中日经济交流。由此，发展出更大规模的“友好贸易”，直到形成有双方政府后援的民间贸易体制。

可以看到，日本的国民外交之所以能向中国政府交涉到日本利益，从日本方面而言是因为它有着说服中国政府的意识形态话语生产能力，从中国方面而言则是由于“人民外交”的“中国人民”不在场和利益表达缺位，日本利益的片面信息灌输引导着中国的权威主义对日外交决策的方向。

三、归于国家间政治：被情报战解构的“人民外交”神话

当然，中日关系被美国的冷战政治压迫于经济外交的范畴，本来就不符合中日双方的利益。随着中苏分裂、中美关系改善，美国再没有必要阻止中日邦交正常化，甚至有意让日本在台湾问题上拓路。[21]于是，中日邦交正常化进入两国的政治议程。

一般理解，邦交正常化谈判应该以战后处理为主题；但日本政府拒绝为侵略战争作出赔偿和谢罪，所以一再释放闪烁其词的“日华条约论”信息，极力把谈判的主题引导到承认中国主权在于大陆即处理“台湾问题”上来，掩饰对于中国处理战争责任问题的不安。而中国方面对这种释约游戏的意义并不理解，日本政府立场摇摆、态度暧昧的情报信息烟幕弹在中国领导人看来似乎是中日邦交正常化既逢机遇又有困难。因此，以争取日本领导人访华为最高目标，中国方面积极地寻求非正式接触以了解情况、推动时局，日本的“超党派外交”乘机活跃起来。

中日之间的这种非正式接触始于1971年初。中国乒乓球队于3月下旬赴日本参加第31届世界锦标赛，周恩来安排外交部亚洲司副司长王晓云等专职对日外交干部参加。王晓云在日本与自民党领袖以及赞同中国“台湾问题”原则的公明党委员长竹入义胜等见面。6月底，竹入义胜应邀率公明党代表团访华，与中方发表联合声明强调“中日两国人民要友好的愿望是大势所趋、人心所向”，提出恢复邦交的“五项主张”，即一个中国、台湾是中国的一部分、日蒋条约非法、美国从台湾撤军、恢复中华人民共和国的联合国的权利。[22]这成为后来中国“复交三原则”的基础。1972年5月，日本公明党副委员长二宫文造代竹入义胜委员长率团访华，传递田中角荣如果胜选组阁将解决日中复交问题的信息。周恩来、廖承志等接见二宫文造，表示了欢迎来访、不必谢罪的态度。当二宫提到田中是否需要派“和式基辛格”时，周恩来答称不能替田中说，但邀请竹入义胜方便的时候来访。[23]

7月初，田中角荣胜选自民党总裁后成立新内阁，大平正芳任外相，把实现日中邦交正常化作为最大的外交课题。但田中、大平又迟迟不作出访华安排，这是因为还嫌不了解中国具体的底牌。从后来竹入义胜获得中国谈判草案使田中下定访华决心的过程来看，其主要是担心中国要求赔偿。

由于不见田中角荣的准确反馈，中国方面对“和式基辛格”的期待高涨起来。到东京赴任不久的中日备忘录贸易办事处首席代表肖向前于7月下旬秘密联络公明党，希望竹入义胜尽早去北京。竹入遂会晤大平、田中，要求得到

政府委托以便于与中国方面讨论。岂料，大平态度暧昧，称“已经通过各种渠道在与中国接触、收集情报”；田中甚至拒绝写一字信凭。考虑到不带着官方意见去北京将无言以对，竹入义胜竟与同党的政审会长正木良明一起拼凑，写下了“维持日台条约、容认《日美安保条约》”等政府一般主张计20条，7月25日从东京飞赴香港，当天转乘火车到达北京。中日友协会长廖承志先予接谈，竹入介绍自民党的情况，以“认可《日美安保条约》、不废弃日台条约、维持日台交流”的三项主张作为日本方面的见解。7月27日周恩来会见竹入，竹入假戏真唱作“特使”很是心虚，所幸周恩来并没有认真追问而直接肯定其田中信使的身份，竹入也就“没能启齿说出否认的话”。据正木良明的证言，竹入重点提出三点要求：一是邦交正常化不能缔结和平条约，因为与台湾已有和约，外务省和自民党的多数都反对；二是要默认田中首相事前与美国协商；三是听说中国不要求赔偿，要给予确认。[24]

会见后，周恩来当日即主持中共中央政治局会议，讨论、通过《中日联合声明要点（草案)》，由周恩来批示呈毛泽东审阅。29日晚，周恩来第三次会见竹入，当面宣读和说明经毛泽东批准的《联合声明要点》，内容有宣告战争状态结束、日本“充分理解”中国提出的“复交三原则”并承认“唯一合法政府”、同意“和平共处五项原则”、反对霸权、建交后再讨论缔结“和平友好条约”、中国宣布放弃战争赔偿要求等共八项，另附三条关于台湾系中华人民共和国领土、联合声明发表后日本与台湾断交、在台湾解放时适当照顾日本在台企业等“默契事项”。[25]

带着出乎意料的收获，竹入回到东京的第二天（8月4日）即往首相官邸求见。田中、大平看到记录面露欣喜，马上拿到外务省研究。5日，田中又约谈竹入，确认记录“无一字一句之差”，但仍半信半疑道：“你可是日本人啊!”竹入誓言“地地道道的日本人”，田中遂下定决心访华。[26]

竹入义胜作为中日人民友好的象征性人物，在邦交正常化谈判前的秘密接触中，假扮田中角荣的“特使”，得到中方谈判草案。知己知彼的日本外交谈判团队以主动进攻的姿态谈判，得以把中国压在以“日华条约”为前提的底线之下，谈判的结果是不明言结束战争状态、搁置钓鱼岛问题和不正式谢罪、不承认中方有权要求赔偿。无论从作为侵略战争受害者的立场而言，还是从邦交正常化以后周期性发作的“历史问题”冲突来看，邦交正常化谈判的结果意味着中国对日外交的失利与两国战后和解的挫折。而之所以发生如此的失利和挫折，则主要是因为日方在谈判前利用中国的“人民外交”事先即得到中方的让步，更兼了解到中方草案的情报而精心准备，谈判时再给予中方诸如无权要求战争赔偿之类得寸进尺的袭击，中国只固守住了被承认“唯一合法政府”，而战后处理问题则都被日本暧昧化了。

很显然，中国的对日外交把日本国民误认为“日本人民”，中日邦交正常化谈判实质上是日本国民共同体与中国政府间的谈判，所以既以“日本人民”的名义免除战争赔偿，又照顾日本政府的困难而对战争责任、领土纠纷作暧昧化处理。对于日本来说，这是以主动的情报信息工作引导中国外交决策的传播政治学胜利；而对于中国来说，“日本人民”的情报战与日本政府正式谈判的合流，事实上打破了中国对日外交之所谓区别日本人民与日本政府的意识形态前提，解构了“人民外交”的神话，意味着长期以来关于“人民”的国际主义意识形态想象失败了。

四、结语：中日关系的“新时代”开始了吗

大致说来，中日关系史上的“廖承志时代”就是“人民外交”时代。战后中日关系的传播政治学实践解构了“人民外交”，随着邦交正常化的实现，“人民外交”作为一个时代似乎是结束了；然而，在“人民外交”后遗症即战后处理遗留问题导致中日关系周期性恶化的意义上，中日关系没能摆脱“历史问题”，即没有走出旧的时代。从1972年中日实现邦交正常化，经过1978年签订《中日和平友好条约》、1992年日本天皇访华、1995年战后50周年、2008年发表中日关于全面推进战略互惠关系的联合声明等，所谓中日关系的“新篇章”、“新起点”、“新世纪”、“新时代”等历史区分概念层出不穷，无非是制造“终结战后”的舆论，试图推动中日关系创造出“面向未来”的友好合作。而尽可能简单地处理和终结“战后”以开始“面向未来”的友好合作，正是“人民外交”时代的中日关系目的。事实证明，“人民外交”时代之后的中日关系没能达到目的，战后处理暧昧化造成的历史遗留问题即钓鱼岛问题和历史认识问题，象征性地延续着中日国家利益的敌对和帝国日本对亚洲落后国家的蔑视，这种敌视与蔑视的复合结构一直把中日关系控制在“周期性恶化”的陷阱之中。

而周期性恶化更加深了两国的相互误解并积累敌意，使得“中日友好”之说至少在日本越来越不便启齿，而被“战略互惠”的定义所取代。

但无论如何，概念游戏不能掩盖战后遗留问题作为中日关系冷战陷阱的事实，而且这种概念游戏的谎言传播正在进一步恶化相互之间的不信任。在当今的信息化时代，秘密外交的暧昧妥协越来越难以得到黑箱政治的掩护，国际关系的情报战已经演变为国际传播和公共外交的一部分；也就是说，信息化时代的外交必须具有国民性才可能有合法性，才可能形成国民共同体意义的外交能

力。认识“人民外交”时代的国际关系人情化想象之脱离国家间政治实际的错误，反省“人民外交”之脱离人民的国家哲学迷失，在这种历史学习、思想拨乱反正的基础上对战后遗留问题给以国家间政治和国际法意义的正式解决，中日关系才能结束因意识形态想象而友好的“人民外交”时代和企图以友好掩饰未和解的“后人民外交时代”，开辟中日关系因和解而友好的新时代。在外交学和传播政治学的意义上，就是要检讨和告别意识形态想象先行的“人民外交”而努力创造立足于战后和解的新的公共外交。

但必须指出的是，中日两国都还没有表现出这种政治主体性和知识自觉性。日本继续甘于从美国操纵的东亚冷战政治延续中获得作为美国工具的利益；中国则仍然安于“从胜利走向胜利”的“一贯正确”历史叙事而勉强地维持着友好话语的逻辑。其实，竹入义胜早在1987年就当着中日友协会长孙平化之面，把假扮特使一事向邓颖超说明并请求“原谅”了，但三人并没有因此反思中国对日外交的问题所在，追究日本对华外交的机制原理，而是在中日邦交正常化到底是田中的“功劳”还是竹入的“功劳”或者“是党中央的决定，并非恩来同志一人之功”的问题意识上讨论和理解。[27]很显然，如果没有基于实证学术研究的知识革命，如果不能基于战后中日关系的历史知识达成追求和解的共识，“战后”就难以真正终结，两国国民舆论沉迷于相互“嫌恶”情绪的中日关系也就没有“新时代”意义的未来。

（原载《现代传播》2012年第10期）

注释：

［1］安藤彦太郎「解説」、『廖承志文集』德間書店、1993年、589頁。

［2］孙平化：《我的履历书》，北京：世界知识出版社1998年版，第104页。孙平化：《中日友好随想录》，北京：世界知识出版社1986年版，第159—160页。

［3］「廖承志氏の急死を悼む」、『朝日新聞』1983年6月12日。

［4］刘建平：《苏联、斯大林与新中国初期的对日外交》，《国际政治研究》，2008年第4期。

［5］刘少奇与斯大林谈话（1949年7月27日）。

［6］伊藤律：『伊藤律回想録——北京幽閉二七年』《文艺春秋》、1993年、22と66頁。『安斎庫治追悼集』労農通信社、1995年、66—73頁。笔者对中共中央对外联络部某老干部的采访，2005年9月7日。

［7］《中国红十字会代表团首席代表廖承志在协助日侨归国问题第一次正式会谈上的发言》（1953年2月18日），参见《日本问题文件汇编》，北京：世界知识社1955年版，第99页。

［8］廖承志：《接见日本社会党政策审议会代表团的谈话》（1960 年 8 月 11 日），《廖承志文集》上卷，北京：人民出版社 1990 年版，第 373 页。

［9］《周恩来年谱（1949—1976）》上卷，北京：中央文献出版社 1997 年版，第 593 页。

［10］《关于成立中共中央对外联络部问题》，参见中共中央文献研究室编：《建国以来刘少奇文稿》第三册，北京：中央文献出版社 2005 年版，第 25—26 页。

［11］王效贤：《跟随廖承志开展对日工作》，《中共党史资料》第 98 辑，第 96 页。

［12］参见吴学文、王俊彦对王效贤的采访，《廖承志与日本》，北京：中共党史出版社 2007 年版，第 482 页。孙平化：《中日友好随想录》，北京：世界知识出版社 1986 年版，第 160 页。

［13］刘建平：《战后中日关系之“人民外交”的生成：过程与概念》，《开放时代》，2008 年第 3 期。

［14］廖承志：《廖承志关于日侨回国谈判情况给毛泽东的报告》（1953 年 2 月 24 日），《廖承志文集》上卷，北京：人民出版社 1990 年版，第 213—215 页。《我红十字会代表团与日本代表团就协助日侨回国问题取得一致意见》，《人民日报》，1953 年 3 月 8 日第 4 版。

［15］纪锋：《揭开中日关系史上新篇章的一次访问》，《人民日报》，1992 年 11 月 29 日第 5 版。

［16］日本赤十字社编『日本赤十字社社史稿』（第 6 卷）、304—313 页。纪锋：《揭开中日关系史上新篇章的一次访问》，《人民日报》，1992 年 11 月 29 日第 5 版。

［17］李甫山：《侦讯、起诉与免诉日本战犯经过》；王石麟：《参与侦讯日本战犯工作的回顾》；王濯非：《审判日本战犯采访回忆》，分别参见全国政协文史资料委员会编：《改造战犯纪实》，北京：中国文史出版社 2000 年版，第 175、185、191、215—216 页。

［18］《中华全国总工会同日本工会总评议会的联合声明》（1958 年 10 月 3 日），参见《日本问题文件汇编》第三集，北京：世界知识出版社 1961 年版，第 22 页。

［19］《祝贺中日两国工人阶级友好团结的新发展》，《人民日报》，1958 年 10 月 5 日第 3 版。

［20］笔者对中华全国总工会某老干部的采访，2006 年 10 月 24 日、10 月 26 日、2007 年 3 月 2 日；周恩来接见日本安井郁、岩井章等人的谈话，1959 年 2 月 12 日。

［21］孙平化：《中日友好随想录》，沈阳：辽宁人民出版社 2009 年版，第 10 页。

［22］《中日友协代表团与日本公明党访华代表团联合声明》（1971 年 7 月 2 日），参见田桓主编：《战后中日关系文献集：1971—1995》，北京：中国社会科学出版社 1997 年版，第 21 页。

［23］《周恩来会见日本公明党第二次访华团谈话》（1972 年 5 月 15 日），参见张香山：《通往中日邦交正常化之路》，《日本学刊》，1997 年第 5 期。

［24］「竹入義勝元公明党委員長は語る」、『朝日新聞』1997 年 8 月 27 日。「竹入・周会談 第一回」（1972 年 7 月 27 日）と竹入義勝「歴史の歯車が回った」、石井明等編

『日中国交正常化・日中平和友好条約締結交渉』岩波書店、2003 年、3—18 頁と197—210 頁。正木良明、古井喜実、岡田春夫「平和友好条約へ決断のとき」、『朝日アジアレビュー』1977 年第 3 号、12 頁。张香山:《通往中日邦交正常化之路》,《日本学刊》,1997 年第 5 期。

［25］《中日联合声明要点（草案)》（1972 年 7 月 28 日）；《周恩来年谱（1949—1976)》下卷，北京：中央文献出版社 1997 年版，第 540 页。

［26］「竹入義勝元公明党委員長は語る」、『朝日新聞』1997 年 8 月 27 日。竹入義勝「歴史の歯車が回った」、石井明等編『日中国交正常化・日中平和友好条約締結交渉』岩波書店、2003 年、205—206 頁。

［27］孙平化:《中日友好随想录》，沈阳：辽宁人民出版社 2009 年版，第 65—66 页。

论著述要

宋振凌

《廖承志——一个伟大的爱国者革命家》述要

《中国建设》杂志中文编辑的《廖承志——一个伟大的爱国者革命家》，由《中国建设》杂志于1983年出版。全书选编了廖承志的家人和友人怀念廖承志的文章，还选取了一些珍贵的照片，图文并茂地记载了生者对逝者的敬仰、爱戴、思念和缅怀。

时任国家主席的李先念在廖承志追悼会上所致的悼词被置于正文第一部分，有提纲挈领的作用。悼词高屋建瓴地追溯了廖承志革命的一生，高度赞扬了廖承志"在社会主义建设事业中，在巩固和发展爱国统一战线，实现祖国的大团结大统一事业中，在加强同世界各国人民的友好关系和争取世界和平的斗争中"，所建立的"不可磨灭的功绩"。指出廖承志的逝世，"是党和国家的重大损失"，号召生者要"化悲痛为力量，学习他的革命精神和优秀品质，并且努力完成他所留下的工作"。

《终生为国　声誉四海》是朱学范所著的纪念文章。文章讲述了朱学范与廖承志的交往和友谊。二人在解放前曾见过两次见面，廖承志的谦虚、热情、平易近人的作风令朱学范深受教益。解放后，朱学范也得到廖承志的很多帮助。在国外，朱学范也感受到海外华侨对廖承志的信赖、尊敬和热爱。

《爱国侨胞的忠实代言人》是庄希泉所著的纪念文章。文章回忆了廖承志为侨务工作所作出的贡献，评价廖承志待人赤诚，从不摆架子，善于团结各方人士，在归侨、侨眷和海外侨胞中深孚众望。同时，也表达了作者对廖承志的敬仰和怀念。

夏衍以《哭承志同志》一文表达了对廖承志深切的追思。文章回忆了作者在廖承志逝世前有关廖承志言行的一些记忆片段，回忆作者与廖承志在日本的初次相识。然后作者回忆了一生中与廖承志交往的一些感人事迹。作者是位著名作家，文章写得非常感人，通过几个精致的回忆场景，流畅而富有节奏感地写出了对廖承志的情谊和怀念，在文章的结尾达到高潮，没有任何斧凿的痕迹。

马海德所著的《廖公对我的关怀和帮助》一文回忆了廖承志帮助作者学习中文，关心作者在前线生活时的饮食等个人交往的感人细节，也讲述了廖承志不辞劳苦、努力工作的情景。文章高度评价了廖承志，称其有着渊博的学识，坚忍不拔的毅力，乐观向上的精神。

宫崎世民在《他永远活在日本人民的心中》首先回忆了作者的父亲与廖仲恺的友谊，接着回忆作者本人与廖承志的亲密往来。自 1953 年起，作者访问中国达 21 次之多。每次到北京，作者都要以朋友的身份去看望廖承志。而廖梦醒和作者的夫人宫崎千代的交往也很密切。从 1963 年开始，作者担任日中友好协会理事长后，与廖承志在工作上的联系和交往也更多了。于公于私，作者都强烈感受到廖承志的人格魅力，感受到他坚定的原则性，他的诚恳、坦率和风趣幽默。

《难得的伟人》是陈香梅发表的悼词。悼词评价廖承志一生为国操劳，卓有功勋，德高望重，学贯中西，作风淳朴，平易近人，“实为难得的伟人”。

林一心、林修德、连贯、彭光涵、庄炎林所写的《努力完成廖公未竟的事业》一文，总结了廖承志献身侨务工作的历程，为侨务工作作出的贡献，重点回忆了廖承志热爱华侨，关心和保护华侨的一些感人事迹。

《革命战士的楷模》一文为洪丝丝所著。文章饱含感情，为读者描述了廖承志的风采。廖承志在“文革”那风雨如晦的岁月里保持着对真理和光明的坚定信念，对待工作他认真负责，全力以赴。文章还回忆了廖承志将原则性和灵活性相结合的工作方法，以及对侨务工作的贡献。文章也高度评价廖承志实事求是，勇于自我批评，爱憎分明的高尚品格。

林丽韫的《他心里装着我们台湾同胞》一文，向读者讲述了廖承志多次在人民大会堂内亲切地和与会的台湾同胞谈心的往事。廖承志循循善诱，帮助他们提高对祖国和平统一的大政方针的认识，勉励他们在台湾回归祖国完成统一大业伟大历史进程中发挥桥梁和纽带的作用。文章还回忆了廖承志致力于台湾回归祖国的工作，为了实现祖国的统一大业，奋不顾身，日夜操劳的感人往事。

《台湾同胞的贴心人》一文为苏子蘅所著的纪念文章。文章讲到，作者与廖承志相识时廖承志已身为新中国的高级官员，负责领导对日工作、侨务工作、港澳工作和对台工作，他蜚声海外，朋遍天下，却没有任何官架子，性格豪爽、直率，言谈风趣幽默。廖承志和台湾同胞有着深厚的感情，他非常了解台湾同胞的想法和心理，十分关心他们，是台湾同胞的贴心人。

连贯著文《怀念同廖公在一起的日子》回忆了和廖承志多年工作的经历，为读者讲述了一些珍贵的往事：在紧张的战争岁月里，廖承志与国内外朋友同生死，共患难，对待同志亲如兄弟；在逝世之前，廖承志还与原中共中央南方局在京同志在中南海开了一个大会，作者有机会与廖承志欢聚。文章寄托了作者对廖承志的同志情谊。

全书是以《中国建设》杂志特刊的形式出版的。文章的作者们讲述他们与廖承志的交往，一幕幕往事让读者浸润其中，品读廖承志性格的不同侧面。作者们又为读者描述他们对廖承志的印象，引领读者去感受那个真实、生动，有着一颗赤子之心的廖承志。作者们也给出了他们各自对廖承志的评价，评价均很高，但角度各不相同，这又给了读者足够的空间和启发，让读者独立地去体会，去判断。最后，每个读者都有了各自心中那个独特、饱满的廖承志形象。

《廖公在人间》述要

由中国新闻社编的《廖公在人间》由生活·读书·新知三联书店于 1984 年出版。赵朴初为该书题写了书名。该书是为缅怀廖承志这位中国共产党优秀党员、无产阶级革命家、杰出的社会活动家、党和国家的优秀领导人而出版发行的。全书精选了廖承志的同志、战友、同事、部下、国际友人、家人等缅怀他的文章，其中的多数选自国内外报纸杂志，按文章中涉及的有关廖承志生平事迹的年月分四个部分分类排列。

李先念在廖承志追悼会上致的悼词，对廖承志革命的一生，作出了实事求是的全面的评价。出版社特意将该文排在卷首，“以代序言”。李先念的悼词追溯了廖承志革命的一生，高度赞扬了廖承志“在社会主义建设事业中，在巩固和发展爱国统一战线，实现祖国的大团结大统一事业中，在加强同世界各国人民的友好关系和争取世界和平的斗争中”所建立的“不可磨灭的功绩”。指出廖承志的逝世，“是党和国家的重大损失”，号召生者要“化悲痛为力量，学习他的革命精神和优秀品质，并且努力完成他所留下的工作”。

《模范党员　一门忠烈》记载了陆定一与廖承志的交往及战友情谊，及其对廖承志的印象。文章对廖承志作出了高度评价：“他对党对人民无限忠诚，对党推心置腹，不说假话，不谋私利。他对同志对朋友坦白诚恳，平等相待，从不疾言厉色、仗势欺人，从不朝三暮四、说了话不算数。他对革命的事业兢兢业业，有错就改，严肃认真，绝不苟且。”

《承志永在心中》是童小鹏缅怀廖承志的文章。童小鹏在文中追忆了他与廖承志46年的个人交往和工作关系，高度赞扬了廖承志“历尽艰险坚韧不拔的革命意志，全心全意为人民服务的高贵品质，平易近人，热心关怀别人的真情实意，以及乐观主义的宽广胸怀”。

方实所著的文章《平易近人的老社长》，记载了在廖承志从1946年7月到1949年3月担任新华社社长期间，他作为新华社工作人员，所见证的廖承志任凭外界环境艰苦、复杂和多变而“不慌不乱，镇静自如，将每项工作都处理十分得当，有条不紊”的才华和工作作风。文章还用实例描述了廖承志勇于负责，勇于承担责任，平易近人，虚怀若谷的高尚品格。

《中日友好事业的奠基人》是孙平化所著。回忆了廖承志从1952年中日两国民间开始正式来往的时候起，负责领导对日工作，在周恩来总理直接领导下，站在中日友好的第一线，废寝忘食，不辞辛劳的感人事迹。作者作为这期间对日外交的直接参与者，其所回忆的廖承志的工作场景和细节使得文章有了难得的现场感。

庄希泉所著的《爱国侨胞的忠实代言人》一文，以真实感人的笔触回忆了作者与廖承志的工作关系和个人交往，回忆了廖承志为侨务工作所作出的重大贡献。

翁惠玲的《从不摆官架子》一文深情回忆了廖承志平易近人，从不摆官架子的亲切形象。

陈舜臣的《富有魅力的幽默》一文回忆了作者亲身经历的体现廖承志风趣幽默、才思敏捷的个人风格的交往事迹。

海伦·斯诺在《多才多艺的廖承志》一文中记录了廖承志的出众才华，他在表演、绘画、写作、语言方面都有杰出的天赋和能力，而且有才华又不自恃其才，他的才华都是以一种非常朴实、谦逊的方式在工作和生活中显露出来，“光矣而不耀”。

《献身中日友好事业的卓越人物》的作者铃木善幸系日本前首相，作者作为日本政要，以高屋建瓴的角度充分赞扬了廖承志先生对于中日友好事业作出的杰出贡献，表达了日本国民对于他的深厚情谊和衷心的谢意。

经普椿的纪念文章回忆了她与廖承志50年间的夫妻恩爱情谊，20世纪30年代二人在上海相识，经普椿爱上了“多才多艺，会唱歌，会绘画，懂外文”的廖承志。廖承志由于革命需要离开上海，经普椿不顾兄长反对，苦等廖承志四年，1938年，二人在香港结婚。婚后“廖承志身负革命重任，二人聚少离多”，然而“感情甚笃”。文章还回忆了廖承志为了新中国的建设不辞辛劳，鞠躬尽瘁，而且廉洁奉公的感人事迹。作为廖承志的妻子，经普椿与廖承志至为亲近的关系使得本文具有其他回忆文章所不可能具有的亲近而感性的生活视角，可以让我们从廖承志作为“普通人”的平凡生活细节来感受他的伟大。

题名为《爸爸呀爸爸》、《爸爸还在我们身边》、《爸爸送我两幅画》的文章是廖承志的儿女怀念父亲之作，文章既包含着儿女对父亲的思念和缅怀，也记载着父亲对子女严格而又温情的教育，也通过珍贵的生活场景映衬出廖承志为国辛劳、不趋炎附势的光辉形象。

从整体来看，全书的各篇文章都饱含着对廖承志的崇敬、爱戴、怀念等真挚美好的情感。由于本书的各位作者与廖承志关系密切，与其他类型的廖承志的研究文章相比较，本书为读者学习、研究廖承志提供了一种难得的感性而直观的视角：让读者不仅能从作者讲述的与廖承志交往的往事中体会廖承志的工作风格、能力等方面，还能通过各位作者的回忆，看到真实而生动的廖承志作为普通人的平凡而快乐的生活剪影；不仅能看到他作为杰出的社会活动家在公众的视野中、在外交大舞台上的折冲樽俎，还能看到他浩然坦荡、成熟睿智的伟大人格，以及坦率真诚、毫不掩饰的赤子之心。

《廖承志的一生》述要

《廖承志的一生》是由新华通讯社摄影部于1984年汇集并出版的。这本书是一本十二开本的历史画册，全书共搜集了325幅廖承志及其母亲何香凝的照片和画作，以一种非常感性而生动的方式，深入地表现出人物的个性特点和当时的历史事件。画册还辅以文字，对照片拍摄经过或历史背景或照片所代表的历史事件进行了画龙点睛的描述，使得整个画册图文并茂。以时间为轴，以历史事件为点，以照片为景，向读者展示出传主波澜壮阔而又丰富多彩的传奇人生。本书还通过很多极富生活气息的照片，使读者看到传主作为普通人多才多艺、风趣幽默，感情丰富、内心细腻的方面。

本书记述的时间跨度很大，从1908年廖承志的出生到他1983年离开人世，都附有图片和与背景相关的描述。在廖承志去世后，邓颖超曾为他亲笔题词：廖承志同志在中国长期的革命斗争和建设事业中作出了重要贡献，也经历了严峻的考验，他始终是一个革命的乐观主义者。斗志不衰，工作不懈，是一个为共产主义奋斗的坚定的伟大战士。廖承志同志固然是靠自己的卓越才干和不懈努力，赢得了人们的尊重，由此也为自己构筑起一座巍巍丰碑；更应该注意到的是，在这丰碑的另一面，也记录着他那独具特色的人格魅力。

本书由廖承志的夫人经普椿作序，文中讲述了她与廖承志从相识、相知到相恋的往事，也写到廖承志参加革命以来，辗转漂泊日本、广州、上海、东江等地，并多次遭到反动势力的逮捕，后来又奇迹般地获得释放的传奇经历。

1908—1927 年

廖承志 1908 年 9 月 25 日出生于日本东京大久保，图 2 是廖承志刚出生不久与父亲廖仲恺、母亲何香凝、姐姐廖梦醒的合影。廖承志是名门之后，其父母都是中国同盟会最早的会员，与孙中山先生共事多年。父母的人生理想也影响了廖承志，正如父母所愿，廖承志在后来的人生道路上，继承了先辈的遗志，为人民大众的幸福、安居乐业作出了巨大的努力和无私的奉献。

图 14 是廖承志的父亲廖仲恺在广州被国民党右派暗杀后，一家人守护在父亲的遗体旁的照片。照片中看得出全家人都还沉浸在悲伤之中，母亲和姐姐的眼睛都哭得肿了起来，廖承志眼里也满是悲痛和对国民党暗杀行径的强烈谴责。

图 15、16 反映出国民党右派发动“四一二”反革命政变后，廖承志愤而脱离国民党，再次东渡日本留学，在日本他多次参加中国留学生召开的反对日本侵略行径的集会，遭到日本政府拘捕并被驱逐出境的心境。

1928—1948 年

1928 年 8 月，廖承志在上海加入中国共产党，之后被派往德国、莫斯科工作、学习，1932 年回到上海从事工人运动。

图 20 为廖承志的革命伴侣经普椿女士，是 1933 年 4 月廖承志在上海为经普椿画的油画肖像，画面人物刻画精致，表现出廖承志对所画人物的细致观察，对经普椿女士的喜爱之情溢于言表。这幅画像经女士一直珍藏，挂在她的卧室中。

图 21 为廖承志去川陕革命根据地之前写给柳亚子先生的信，信里表达了对年迈体弱的母亲的担心之情，但因“忠孝不能两全”，请柳亚子先生代为照顾他的母亲。

图 22、23、24 为廖承志在长征途中所作的漫画，真实记录了长征路上的艰苦生活与战友们大无畏的革命精神。

图 34、40—47 为 1942 廖承志在广东乐昌坪石镇被国民党逮捕后，在狱中的自画像，体现了他的革命乐观主义精神和不屈不挠的革命斗志。

1949—1966 年

图 58 为 1949 年 5 月，廖承志当选为中华全国民主青年联合总会主席，会议期间，他陪毛泽东主席会见与会代表。

图 62、63 为 1951—1952 年廖承志率领考察团赴朝鲜的情形。

图 66、67、68 为廖承志担任中国青年艺术剧院院长时，观看话剧《保尔·柯察金》并与演员们合影留念。他在观看完这部话剧之后，还画了一幅剧中人物的漫画，这充分反映了他的才华横溢、对戏剧的热爱以及对戏剧精髓深入的理解。

图 72 为廖承志一家在青岛海滨休息，廖承志对革命战争时期的战友怀有深厚的感情，尽管他的子女较多，但是他仍收留照顾过几位烈士的遗孤，该图就是全家人与叶挺将军的女儿叶健梅一起在海边游玩的情形。

图 73 为廖承志与夫人经普椿和儿子的合照，照片上一家人都面带微笑，儿子骑在父亲的背上，一幅家人之间其乐融融的景象跃然图片上。

图 76 反映的是自新中国成立以后，廖承志逐步走上国家和党的领导人的岗位，成为历届全国人民代表大会代表，第一、四届全国人大常委会委员，第五届全国人大常委会副委员长的历史情景。

图 83 为廖承志于 1956 年 9 月参加中国共产党第八次全国代表大会，并当选中央委员时的情景。

图 89 为 1956 年 5 月，时任华侨事务委员会副主任的廖承志陪同周恩来总理与香港电影界人士亲切交谈。廖承志曾多次在香港工作和居住，因而他和港澳同胞、海外侨胞有着深入和广泛的交往。

图 108 反映的是 1963 年 10 月 4 日，以郭沫若为名誉会长，廖承志为会长的中日友好协会在北京成立的历史情景。《人民日报》为此发表社论，称这是中日友好的里程碑。

图 117 为廖承志与母亲合作作画。廖承志的父亲廖仲恺长于中国古典诗词，母亲何香凝善于绘画。他自幼受父母熏陶，书画诗词样样皆能，几十年来，他常在闲暇时与母亲合作画山水人物画。

1967—1971 年

图 132 反映的是廖承志在 1966 年开始的文化大革命中，受到林彪、江青反革命集团的迫害，被迫中止了工作，直到 1971 年重新恢复工作。在此期间，他受到周恩来总理的保护。1970 年 8 月，何香凝因脚伤住医院治疗，周恩来总理闻讯后，立即派汽车接送廖承志到医院探望母亲，随后周恩来也赶到医院看望何香凝。该照片是廖承志当时与儿女们团聚的合影。

图 135、136 为廖承志给母亲和外孙的画像，体现出温馨的家庭氛围和他晚年的天伦之乐。

1972—1983 年

十年“文革”之后，中日友好事业在廖承志的推动下迈出了很大的步伐，以至于在1983年廖承志逝世后，宫崎世民说：“如谈论中日友好关系的发展，离开廖公是无法谈的。因为他能够用日本人的思维方法来理解日本人的观点，熟知日本的表里。”

图138为1972年9月27日，廖承志陪同中共中央主席毛泽东在北京中南海会见日本首相田中角荣等。由此，促成中日两国政府于9月29日发表建立大使级外交关系的联合声明。

图139反映的是1972年4月20日，廖承志以中日友协会长身份陪同周恩来总理会见来华访问之日本自民党顾问、众议员、前外相三木武夫。

图250为自幼喜欢体育运动的廖承志在1982年5月到中国女子垒球队训练场看望运动员和教练员，并和他们一起切磋球艺。

图310是1983年6月6日，廖承志从医院赶到人民大会堂，带病出席第六届全国人民代表大会第一次会议开幕式。他让工作人员用轮椅把他推上主席台，坚持听完赵紫阳总理的政府工作报告。正当全国人民期望他担负国家重任的时候，不料四天后的6月10日，廖承志因心脏病突发，与世长辞。这张照片，成为廖承志生前最后一张照片。

《廖承志和他的一家》述要

李荣德著《廖承志和他的一家》由春风文艺出版社于1998年出版。本书重点讲述了廖承志这个革命家庭的历史，这个家庭的光荣。在革命战争时代，为了追求民主自由，为了中国人民的解放，为了新中国的诞生，这个家庭的成员们前仆后继、视死如归，以坚定的革命意志、伟大的献身精神贡献出了杰出的智慧和才华乃至生命。新中国成立后，以廖承志为代表的廖家成员又继续为了国家的繁荣富强忘我工作，终生奉献。《廖承志和他的一家》在讲述廖承志革命家庭家族史的同时，从一个侧面反映出中华民族革命史和奋斗史的缩影。

作者李荣德，曾用笔名江上鸥、阡陌。中国作家协会会员，中国戏剧家协会会员，中国传记文学学会理事，中国武侠文学学会副会长，出版有长篇传记《廖承志》、《罗荣桓》、《齐鲁飞将军》、《王尽美》，长篇小说《征服者》、《苍狼啼乌》、《海王剑劫案》、《大雁山》（与王颖合著），中篇小说《折戟沉沙》、《铸造神剑的人们》、《水龙宫逸事》，长篇武侠小说《赤龙金戟令》、《泰山屠龙令》、《血色樱花令》、《斩情骊珠令》，戏剧、电视剧作品《历史的审判》、《将军的求索》等。

《廖承志和他的一家》全文共计38章，主要内容分述如下：

第一章“碧血惊魂”：从廖仲恺被害案开始讲起，一方面讲述了廖仲恺被国民党右派暗杀的历史经过，另一方面讲述童年的廖承志惨遭丧父之痛，在痛苦中坚强成长，矢志继承父亲的遗志，坚持革命的理想，反对帝国主义，推动革命运动，推动农工运动。

第二章“扶桑春残”：该章采用倒叙手法，再现了廖承志在日本的童年岁月中，父亲廖仲恺对他的言传身教，廖承志对廖仲恺革命活动的耳濡目染，以及童年廖承志的不平凡的抱负和胸襟。也讲述了廖承志在廖仲恺遇害后不久东渡日本，到东京早稻田大学第一高等学院留学，并在国民党右派发动“四一二”反革命政变后脱离国民党的经过。

第三章“笑傲倭警”：廖承志因参加反日大同盟，在日本两次被捕。出狱后又继续从事革命活动，被日本政府驱逐出境，然后回到了上海。在上海加入了中国共产党，在法南区委宣传部从事革命工作。

第四章“击浪西欧”：1928年在革命陷入低潮的时期，党组织安排廖承志转移，被派往德国，并转入了德国共产党。他在汉堡领导了中国海员的罢工，并取得胜利。参加了反帝大同盟，在汉堡、荷兰均被捕，在汉堡入狱六个月，被驱逐出汉堡。后被国际海员工会派往莫斯科，在莫斯科中山大学学习。

第五章“蒙难上海滩”：讲述廖承志回到上海，担任中国海员工会中共党团书记、中华全国总工会宣传部长，领导工人运动，以及他被国民党逮捕后，何香凝及经亨颐、柳亚子等人士多方营救的过程。

第六章“爱的小屋”：主要讲述廖承志与经普椿由相知到相爱的爱情故事。

第七章“巴中历险”：主要讲述廖承志前往川陕苏区的旅程，及到达川陕苏区后开展革命工作的情形。

第八章“被捕在苏区”：主要讲述廖承志由于对张国焘的“左倾”错误直言不讳为张国焘所忌恨而被逮捕，定性为“反革命”，被开除党籍，但由于其绘画的技能而保住了性命。

第九章“带镣万里行”：主要讲述廖承志以“反革命”的身份，戴着镣铐随红四方面军参加长征的艰难与坎坷。

第十章、第十一章、第十二章“炼狱”之一、之二、之三：主要讲述太平洋战争爆发后，廖承志与连贯、乔冠华等组织营救被困香港的民主人士，将其转移至东江地区；廖承志被国民党反动派逮捕，在狱中不屈不挠，与敌人英勇斗争；同时，党组织、何香凝等多方设法营救。

第十三章“飞出樊笼”：主要讲述重庆谈判后，根据《双十协议》中有关释放政治犯的条款，廖承志被营救出狱，与周恩来及经普椿相见的情景。

第十四章“遥祭叶挺”：主要讲述叶挺等遇难后，廖承志和经普椿悼念同志的情形。

第十五章“广州行”：主要讲述廖承志与国民政府代表皮宗阚、美国代表柯夷到广州，与广州行辕主任张发奎谈判粤境中共军队北撤山东的问题，在谈判过程中与对方斗智斗勇的情景。

第十六章“泣血忆故人”：主要倒叙李少石遇难的经过，描述了廖承志安慰廖梦醒和李湄的情景。

第十七章“新华社长”：主要讲述廖承志就任新华社社长，卓有成效地领导和组织新华社工作的情景。

第十八章“连心锁”：主要讲述廖承志奉中共中央命令，率昆仑支队向东经清涧方向渡过黄河，撤向晋绥途中的情形。描述了廖承志对小生命的挚爱，对战友生命的深切关怀。

第十九章“前夜与黎明”：主要讲述在革命胜利的前夜，廖承志领导新华社工作取得的成绩和接受中央的指导，改进新华社工作中某些“左倾”做法的情形。新中国成立后，廖承志接受了党交付的新的重担，踏向了新的征程。

第二十章“心里美和橄榄果”、第二十一章“侨汇风波”及第二十二章“绝不是个哈哈公”：此三章主要讲述新中国成立初期，廖承志领导侨务工作的情形，及处理一起侨汇事件的始末。

第二十三章“中日关系第一人”：主要讲述廖承志在对日外交工作中的杰出贡献。

第二十四章“日侨大回归”：抗战中，许多日本人涌进中国参与控制铁路、公路、矿山、航运等战略、资源部门。后来为减轻国内负担，又大量运送组成“满蒙开拓团”的贫苦人民进入中国东北，进行殖民性垦屯。战后由于在华日本人太多，太分散，所以遣返工作十分缓慢。本章主要讲述新中国成立后廖承志领导组织在华日侨返回日本的工作。

第二十五章“桥梁”：主要讲述 1954 年廖承志访日，以其杰出的外交才华和对日本人民的热忱，在日本刮起“廖旋风”；也讲述了在中日未建交的情形下，廖承志不断推动中日民间团体的交往所作的努力，从而被誉为中日友好往来的“桥梁”。

第二十六章“维系游丝一般的中日关系”：1958 年在日本长崎，两名暴徒闯入浜屋四楼展览会会场，扯下并撕毁中国国旗，引发了“国旗事件”，中日关系降到最低点。廖承志在周恩来的领导下，通过维系中日民间贸易，维系住了游丝一线的中日外交关系。

第二十七章“围棋外交和LT贸易”：主要讲述廖承志以围棋外交推动中日关系解冻，促成松村谦三和高碕达之助访华；廖承志与高碕达之助先生缔结了中日备忘录贸易协定，取他们两人姓氏的第一个字母而成的“LT”贸易宣告开始。

第二十八章“兰花与友谊”：1963年，应松村谦三先生之邀请，根据周恩来的批示，廖承志派出孙平化、王晓云、王效贤等组成“兰花代表团”到日本去访问，沟通LT贸易中的问题。

第二十九章“风云突变”：主要讲述“文革”开始后，廖承志一家受到冲击以及被周恩来保护的过程，也讲述了廖家收留保护处于患难中的贺龙的子女的情景。

第三十章“困居中南海”：主要讲述廖承志困居中南海时，以幽默、达观的精神度过艰难岁月；也讲述了患难中的廖承志和经普椿之间相濡以沫的夫妻之情。

第三十一章“泣血娱亲和解放证书”：主要讲述廖承志和年迈母亲之间细腻感人的母子之情；也讲述了廖承志被“解放”后，为中日建交作出贡献的情形。

第三十二章“救命恩公”：廖承志心脏病发作，由于周恩来亲自施压才在北京医院得到有效治疗，从而脱离了生命危险。在周恩来亲往医院探望时，廖承志感动地称其为“恩公”；本章还讲述了廖承志和王稼祥之间的老友情谊。

第三十三章“家事几则”：讲述了廖承志家的几件感人的家事，从中反映出廖承志的高尚情操和对家人的温情；也讲述了何香凝逝世的情形。

第三十四章“重振旗鼓”：主要讲述中共十一届三中全会召开，全国拨乱反正，廖承志受命重振侨务战线，以其极大的热情投入工作中，以其杰出的才华作出了卓越的贡献。

第三十五章“降大任于斯人”：主要讲述廖承志受命开展对台、港工作，呕心沥血，累倒入院，但是仍然以乐观主义精神和历史的使命感、责任感带病坚持工作。协助中共中央制定一系列对台、港的方针、原则，绘制了“一国两制”的蓝图。

第三十六章“秘密赴美”：主要讲述廖承志秘密赴美，进行心脏手术并成功的经过。

第三十七章“隔着海峡对话”：主要讲述廖承志致力于两岸统一大业的情形；同时讲述了廖承志会见陈香梅，推动两岸关系的发展以及发表对蒋经国公开信的始末。

第三十八章“最后岁月”：主要讲述廖承志在生命的最后岁月中所表现出的人格风范和工作精神，高度评价了廖承志可歌可泣的传奇一生，他所留下的不可磨灭的丰功伟绩，留下的勇敢、机智、诚挚、宽厚的美德，留下的幽默、诙谐、乐观、坚强的品格。

全书以廖承志的一生为主线，通过倒叙、回忆、插叙等手法穿针引线，纵横交织，既对廖承志波澜壮阔的革命人生娓娓道来，又以立体的图景缜密铺陈了廖家两代人的革命经历、贡献，独特的个性方面乃至生活喜好。并为读者解析了这个家族和孙中山、宋庆龄、柳亚子乃至蒋介石等中国近现代史上著名人物的渊源，叙述了他们之间的交往事迹。全书表现出了丰富的层次感、现场感和可读性。该书如能对重要史料引述并作出规范化注释，其学术性和真实性则会更强。

《廖承志传》述要

由铁竹伟女士著，人民出版社于1998年出版的《廖承志传》为读者展现了廖承志先生波澜壮阔、光明磊落、献身革命的传奇人生。铁竹伟受国务院侨办之托撰写该书。为了完成该书，作者历时八年，先后去了日本和香港、澳门等国家和地区，采访了海内外200多位有关的知情人士，并查阅了数百万字的资料，数易其稿，方成此书。1999年，美国纽约国际文化艺术中心授予铁竹伟“传记文学成就奖”。

作者铁竹伟，1986年毕业于南京大学中文系，1971年开始发表作品，1988年加入中国作家协会。著有传记文学《一个人和一个城市》（合作）、《从沙场到十里洋场》（合作）、《陈毅传》（合作）、《霜重色愈浓》、《廖承志传》、《穿过硝烟的握手》（合作）、《农民企业家》（合作），大型纪录片撰稿《周恩来》，艺术专题片撰稿《百年恩来》（20集），纪录片撰稿《雨花魂》等。

《廖承志传》全文共计18章，其主要内容分述如下：

第一章“异国童年”：重点讲述廖承志出生于日本的大久保，三岁时，廖承志的父母应孙中山之请，回广州工作，廖承志也跟随父母回到广州，孙中山领导的“二次革命”失败后，父母带廖承志和姐姐廖梦醒又一次亡命日本的童年经历。同时，该章也介绍了廖承志一家与孙中山的家世渊源和童年时廖承志在父母和孙中山等革命家处所受到的革命信念的启蒙。

第二章“子承父业”：重点讲述了廖承志因父母参加“护法运动”而再次举家迁回中国到廖仲恺遇害期间，廖承志在血与火的洗礼中告别童年，坚强成长，继承父亲未竟的事业，立誓继续为了革命理想而奋斗。

第三章“浪迹天涯”：重点讲述廖仲恺遇害后，廖承志为继承父亲遗志，先在日本，后受党组织派驻德国的坎坷的留学经历和早期的革命活动。其中，穿插回忆了廖仲恺生前的革命历程。

第四章“因祸得福”：重点讲述廖承志因其在德国的革命活动而被当局驱逐回到上海后，任中华全国总工会宣传部部长、全国海员党团书记，在上海从事地下革命活动的奋斗历程，并穿插讲述了与夫人经普椿从相知到相爱的恋爱经历。

第五章“戴枷北行”：重点讲述廖承志于 1933 年 3 月被国民党逮捕，经营救获释后参加中国工农红军，1934 年 12 月因反对张国焘的错误路线被张关押并开除党籍，后被押解参加长征的过程。1936 年冬，红军第一、二、四方面军在甘肃会宁会师后，经周恩来同志解救获释，恢复党籍。

第六章“香港风云”和第七章“再落虎口”主要内容为：廖承志 1937 年 4 月在延安任党报委员会秘书，参加筹备出版中共中央政治理论刊物《解放》杂志，为党报、党刊和通讯社做了大量工作，而后到南京八路军办事处工作。1938 年 1 月任八路军驻香港办事处负责人，负责领导南方各省的工作及八路军驻广州办事处事务，兼任“保卫中国同盟”秘书长。1938 年 1 月 11 日，廖承志和经普椿在香港结婚。是年 4 月，廖承志任中共广东省委委员，为协助宋庆龄领导的“保卫中国同盟”开展国际反法西斯统一战线工作，作了积极的努力。是年 10 月召开省港地下党会议，决定建立广东人民抗日武装，开展敌后游击战争。1941 年皖南事变后，创办和领导香港《华商报》。太平洋战争爆发后，1942 年 1 月到粤北参加领导中共南方工委的工作，奉党中央指示，组织领导秘密大营救，在广东人民抗日游击队总队惠阳大队护送下，与连贯、乔冠华等由香港九龙潜入惠阳县田头山、淡水、茶园、惠州等地沿途交通接待站，部署营救困留香港的文化界人士和民主人士，把他们安全转移到东江后方地区。是年 5 月廖承志被国民党逮捕，在狱中进行了英勇斗争。1946 年 1 月，经中共中央营救出狱。

第八章“似官非官”：主要讲述了廖承志任新华社社长，领导新华社工作时的平易近人、幽默风趣的领导风格和举重若轻的领导方法；也具体讲述了廖承志组织新华社撤离延安的经过和廖承志领导新华社太行时期工作的事迹。

第九章“十指弹琴”：主要讲述新中国成立后，廖承志担任新民主主义青年团中央副书记、中国青年艺术剧院院长时，以及率领中国人民赴朝慰问团时的工作事迹和趣事；也较具体地讲述了廖承志任中国人民保卫世界和平委员会副主席，世界和平理事会常委，中国亚非团结委员会主席，政务院华侨事务委员会副主任委员时的工作情况。彼时，廖承志兼任很多重要职务，异常忙碌，好比“十指弹琴”。

第十章“最知侨心”：该章以生动的事例讲述了廖承志为侨务工作所作出的重要贡献。

第十一章“民间暖流”：该章重点讲述廖承志在中日建交前的日子里，以其对日本的特殊了解，流利的日语和卓越的外交才华，推动中日民间外交的开展情况及为此作出的重要贡献。也借日本友好人士之口，道出了廖承志博大的心胸，伟大的人格，以及日本人民对廖承志的敬爱之情。

第十二章“魂系香港”：廖承志在周恩来的领导下，具体负责对香港和澳门的统战工作。他将原则性和灵活性相结合，讲立场也讲人情，对爱国人士以诚相待，热情周到，广交朋友，赢得了他们的普遍爱戴，为对香港和澳门的统战事业作出了杰出的贡献。

第十三章“朋遍五洲”：该章通过廖承志在外交工作中的一些典型案例，展现了他潇洒、风趣的外交风度和魅力以及机智灵活、有理有利有节的外交斗争的技巧。

第十四章“慢火焖鱼”：主要讲述“文革”开始后，廖承志受到的冲击，艰难的心路历程和被周恩来总理保护住进中南海的情由。

第十五章“囚者独吟”：主要讲述廖承志住进中南海后，和家人在艰难岁月里相互的关心照应，体现了浓浓的亲情；还讲述了和余秋里、王震等人同困中南海期间的战友情谊，以及廖承志对国家前途的忧虑和思考。

第十六章“重见天日”：主要讲述1972年廖承志被“解放”后，率中日友协代表团出访日本，开展“民间外交”；其中以廖承志回忆的形式插叙了廖承志母亲何香凝女士辞世的情景；也讲述了1979年廖承志率“中日友好之船”代表团赴日本访问的基本过程。

第十七章“拨乱反正”：主要讲述拨乱反正后，为挽回“文革”对港澳工作造成的损失，廖承志领导国务院港澳办公室，为解决港澳工作中存在的问题努力工作的情景；其中重点讲述了廖承志为促成香港经济特区设立所作出的贡献。

第十八章“拼死一搏”：主要讲述了廖承志赴美做心脏手术的经过以及手术后继续为祖国的统一大业忘我工作的情景。

尾声“隔世情未了”：主要讲述廖承志在最后的岁月里，仍然坚持工作，关心同志，总结了一个伟大的无产阶级革命家传奇的一生。

全书叙事生动，常用场景式的对话复原历史的传主生活的细节，叙事丰富细腻，读来有身临其境之感。这本书的表现形式虽然是传记文学，却融入了大量翔实的史料，有厚重的历史感。作者在展现传主性格方面不惜笔墨，常常用当事人回忆的一些独特而细致的事例和场景，以小见大，来展现传主或幽默、或机智、或率性、或凛然的个性。然而，如能增加一些重要史料的注释，学术性、真实性就会更强。

《廖家两代人》述要

蒙光励所著《廖家两代人》一书，于2001年4月由广州暨南大学出版社出版。该书共32章，39余万字，是学界在廖家两代人研究方面所取得的优秀成果。

全书讲述的是廖家两代人的家族史，作为一部传记，传主就有四位，而每一位都有着杰出的事迹和贡献。写这样一部卓越人物的“群体传记”，要比写一部单一人物的传记难得多。而这部著作中的传主们由于密切的亲缘关系，他们的人生轨迹时而平行，时而交汇，时而交错。既要以纵向的叙事顺序，以时间为轴，铺陈好各个家庭成员的人生轨迹，又要按照传记的特定要求，在叙事中呈现出传主的性格以及性格成长和超越的线索，更是不易，而本书的作者做到了这一点。尽管有四位传主，线索复杂，但本书的叙事线索却是非常清晰分明而又不显冗余。把在每一个时间段内各位传主的主要活动，思想的转变或成长，个性的形成或超越，相互的关系的发展和影响，都交代得清爽干脆而又丝丝入扣。

《廖家两代人》全文共计32章，其主要内容分述如下：

第一章“少年时代”：廖仲恺少年时代由于在海外目睹和感受了华人的悲惨遭遇和低下社会地位，抱定“使中国富强起来的愿望”而发奋学习；何香凝自幼聪颖好学且顽强勇敢；何香凝的“大脚”恰恰成就了廖何两人的美好姻缘。

第二章“东渡扶桑”：廖何二人婚后生活甜蜜。二人为了祖国的前途命运舍弃小家庭的温馨的生活，赴日留学。二人结识孙中山先生后，边求学边从事革命活动，并先后加入同盟会。在此期间，廖梦醒和廖承志先后出生。

第三章“战云荡漾”：廖仲恺回国从事革命活动而何香凝及子女留东京。本章既渲染了廖何两人的两地相思情，也表现了廖仲恺舍小家为大家，壮怀激烈的革命信念和热忱；辛亥革命以后，廖仲恺先后任广东军政府财政部副部长和财政司司长期间，表现出出众的理财才华，成绩斐然。

第四章“讨袁斗争”：廖仲恺追随孙中山投身讨袁的“二次革命”，失败后举家赴日，廖何二人又加入“中华革命党”；廖仲恺为推动中华革命党的健康发展做了不少工作，而何香凝也在留日学生中宣传革命道理。本章也讲述了廖仲恺夫妇对廖梦醒和廖承志的教育。同时借廖梦醒多年后的回忆，佐证了廖承志成年后“活跃、好动、爱开玩笑”的个性特点，其实是可以从其童年时的“调皮”中找到性格起源的。

第五章“护法风云”：本章讲述了廖仲恺在两次护法运动中的经历和贡献，也讲述了第二次护法运动失败后，廖仲恺被陈炯明囚禁，何香凝英勇而机智地冒着生命危险当面质问陈炯明，从而救出廖仲恺的过程。

第六章“激流勇进”：为了“联俄”，廖仲恺代表孙中山赴日与苏俄驻北京使团团长越飞谈判，并取得很大成功；回国后又受孙中山之托，承担起了改组国民党的工作，为第一次国共合作作出了很大的贡献。

第七章“黄埔慈母”：黄埔军校创办期间，廖仲恺先以本营参议的身份协助军校的筹备事宜，后又在蒋介石离职期间，兼任军校筹备委员会代理委员长，为创办黄埔军校作出贡献；黄埔军校成立后，廖任黄埔军校党代表，注重军校的政治思想建设，致力于使军校成为“有主义武装的军队”，并与共产党真诚合作。

第八章“妇女部长”：何香凝热爱妇女工作，代理国民党中央妇女部部长后，为从法律上确定男女平等的权利作出不懈努力，并热心于妇女的公共福利事业，且注重开办各类女子学校。

第九章“平定商团”：商团叛乱爆发，廖仲恺协助孙中山平定商团叛乱。

第十章“扶助农工”：本章主要讲述廖仲恺支持工农运动的典型事例，并重点解析了廖仲恺重视农工的思想内容及其思想的形成。

第十一章“粉碎叛乱”：孙中山受冯玉祥之邀北上，陈炯明以为有机可乘，重整残部、兵锋直指广州，廖仲恺作为主要决策人和领导人，领导和组织第一次东征取得胜利，将陈炯明残部逐出东江境内；孙中山逝世后，杨希闵、刘震寰在唐继尧的鼓动下发动叛乱，廖仲恺力主武力平叛，坚决而巧妙地克服了内部的妥协倾向，领导军队并依靠农民组织的力量，取得了平叛的胜利。

第十二章“仲恺遇刺”：由于廖仲恺坚定的反帝立场和对共产党的友好态度以及执行三大政策的坚决行动，引起了国民党右派的极端仇视，针对廖仲恺的刺杀行动由酝酿到实施，廖仲恺不幸遇刺。

第十三章“继承遗志”：廖仲恺遇刺后，何香凝继承遗志，继续从事革命活动；而当第一次国共合作破裂后，革命陷入低潮，这期间何香凝有过困惑、彷徨和苦闷，也有过深刻的反思，而后认清了蒋、汪等人的真实面貌，与国民党右派彻底决裂。

第十四章“雏鹰展翅”：廖仲恺遇刺后，廖承志姐弟决心继父遗志，赴日留学。廖梦醒因经常参加“关东妇女同盟”组织的座谈会，宣传革命主张，被逮捕监禁后驱逐出境；而廖承志在日本两次被捕，后回国加入中国共产党。1928年冬，廖梦醒去法国，而廖承志受党组织派遣，到德国转入德国共产党。

第十五章“弃职出国”：何香凝出国远游，卖画为筹募仲恺农工学校基金，并在途经的各国宣传祖国文化和革命道理。本章细腻地描述了何香凝旅欧期间，与宋庆龄等亲密朋友的小聚，以及廖承志母子间温馨的家庭场景。她身在异国，却时刻关注祖国局势，“九一八”事变爆发后，她立即动身回国与全国人民共赴国难。

第十六章“万里遄归”：何香凝回国，支援淞沪抗战，竭尽全力，联络各界，捐款捐物，并亲历战场，鼓舞士气，救治伤员。

第十七章“新的考验”：廖承志在汉堡和鹿特丹从事海员工人运动。两年的国外革命实践的锤炼使得廖承志的革命意志更加坚强，斗争艺术也更加成熟；在汉堡遭驱逐后自苏联回上海，积极领导工人运动，后因被叛徒出卖被捕。何香凝、宋庆龄、蔡元培和各界人士积极营救，与廖承志等内外呼应，廖承志终于获释。

第十八章“长征路上”：廖承志获释后，在短暂而温馨地与母亲何香凝和恋人经普椿相聚以后，又奔赴川陕苏区，革命工作做得有声有色，却由于对张国焘的“左”的做法有不同意见而为张所迫害，由此有了“戴镣长征”的传奇。长征到达陕北后，又发挥其特长，从事翻译、刻版、写作宣传等工作，成绩斐然。

第十九章“苦斗不屈”：李少石、廖梦醒夫妇先后加入中国共产党；李廖夫妇的女儿李湄出生，给他们的小家庭带来欢乐和温馨；中国工人通讯社成立后，李少石任负责人，廖梦醒也在该社从事中译英的工作。三口之家度过了一段紧张、危险、清贫而又其乐融融的时光。然而李少石的被捕打破了这段美好时光，他入狱三年，直到抗战爆发后国共谈判释放政治犯时才获释。何香凝继续致力于抗战救亡运动，推动国共第二次合作的实现。

第二十章“香江岁月”：第二次国共合作实现后，廖承志在八路军驻南京办事处工作，日军进攻南京，廖承志又辗转至香港，奉中央之命组织八路军驻香港办事处。这期间，廖承志和经普椿在香港结婚。办事处成立后，廖承志领导办事处的工作，支援前线抗战。同期，何香凝、廖梦醒也在香港，竭尽全力，以各种方式支援抗战。香港沦陷后，廖承志成功组织了对在港的民主人士和文化工作者的营救工作。

第二十一章“缧绁生涯”：廖承志自香港撤退的北上途中，在广东乐昌被捕。他任凭敌人威逼利诱，英勇不屈，坚持对敌斗争，后经中共中央营救出狱。

第二十二章“流亡广西”：何香凝自香港撤退，辗转至海丰县、兴宁县、韶关，在韶关住了将近一年，后与儿媳和孙子孙女前往广西桂林。日寇进犯桂林，何香凝举家赴广西昭平县，后又至广西八步。所到之地，何香凝都播散抗日的火种，积极投身抗日救亡活动。

第二十三章“红色交通”：李少石留港澳工作，廖梦醒带着女儿赴重庆。至重庆后，以宋庆龄秘书、“保卫中国同盟”办公室主任、财务主任等身份工作，还担任了宋庆龄和周恩来之间的联络员，作出了重要贡献。这期间，李少石不幸遇难。

第二十四章“驰骋疆场”：廖承志以军调部重庆三人小组中共代表的身份，与国民党代表张发奎谈判，保证了东江纵队主力胜利北撤至山东烟台，这期间与家人团聚；后赴南京，任南京中共代表团发言人、中共南方局外事委员会副书记；后赴延安任中共中央宣传部副部长、新华通讯社社长等职务。本章浓墨书写了廖承志在解放战争期间，任新华社长，为革命宣传工作作出的突出贡献。

第二十五章“创立‘民革’”：本章主要讲述了何香凝与李济深等人创立中国国民党革命委员会的经过。

第二十六章“和平使者”：何香凝在新中国成立后，为保卫世界和平，反对帝国主义的侵略而继续奋斗；廖承志协助周恩来、陈毅在外交领域辛勤工作，深受外国友好人士爱戴。

第二十七章“致力侨务”：何香凝和廖承志共同致力于侨务工作，为坚决捍卫华侨利益，同时使党的路线、方针和政策落到实处作出了巨大努力；关心、保护归侨、侨眷的利益；与“左”的干扰侨务政策的错误倾向进行坚决的斗争。

第二十八章“‘文革’劫难”：廖承志在“文革”期间虽遭受劫难，仍然坚信党，坚信光明的到来，保持革命乐观主义精神；并关心同志、帮助同志、鼓励同志；何香凝逝世后，廖承志被解除监护，协助周恩来从事外交工作。

第二十九章“友谊桥梁”：廖承志在充满崎岖坎坷的中日两国交往道路上披荆斩棘，奋力前行，为中日两国人民架起一座友谊之桥。

第三十章“港澳情深”：新中国成立初期，廖承志任中共中央统战部副部长；1958 年任国务院外事办公室副主任，长期主管港澳工作；粉碎“四人帮”后，兼任国务院港澳事务办公室主任。廖承志在主持港澳工作期间，坚决执行中央政策，深得港澳同胞拥护；关于香港前途问题，廖承志为邓小平“一国两制”理论的形成付出了心血，为党中央对港政策奠定了理性、健康的基础。

第三十一章“遥念台湾”：何香凝十分关心祖国的统一大业，经常利用纪念孙中山诞辰、忌辰和春节等时机，赋诗、著文或发表讲话，号召在台湾的国民党军政人员以民族大义为重，为完成祖国统一大业作出贡献。廖承志在1979年后进入中央对台工作领导小组，作为邓小平和邓颖超的得力助手，为加速海峡两岸的统一进程而废寝忘食地工作，成绩卓著，影响深远。

第三十二章“鞠躬尽瘁”：廖承志在人生的最后岁月中，仍然不顾病体，为国操劳，鞠躬尽瘁；廖承志逝世，四海同悲，党内外各界以各种形式缅怀廖承志伟大的革命人生和不朽的革命功绩。

本书兼顾了学术性和易读性。全书传主所经历的背景性历史事件采通说，叙事简洁清晰、不纠缠；涉及传主自身的独特的重要史实则注重考证，有引文有出处，体现出著作严谨的学术属性。而全书的行文风格并无“匠气”，流畅而有亲和力。

《一门忠烈——廖氏家族》述要

吴学文、王俊彦著《一门忠烈——廖氏家族》由中共党史出版社于2004年出版。本书以廖氏家族为传主，以重大历史事件为版块，为读者展现了从1903年廖仲恺、何香凝追随孙中山投身革命，到1983年廖承志逝世，在长达80年的岁月里，廖仲恺、何香凝夫妇及其子女廖承志、廖梦醒为国献身，为民奋斗的感人往事。

《一门忠烈——廖氏家族》全文共计19章，其主要内容分述如下：

第一章“天足姻缘”：少年廖仲恺满怀壮志，从美国回到中国；思想独立的何香凝倔强地拒绝缠脚，成就一双天足；廖仲恺与何香凝相互爱慕，结为百年之好；二人情投意合，互敬互爱，在双清楼过着幸福甜蜜的新婚生活；为拯救中国，二人决定向日本学习救国之道，赴日留学；何香凝为支持丈夫留学，变卖了嫁妆，拿出了私房钱；二人先后东渡赴日。

第二章“同盟会骨干”：廖仲恺与何香凝虽然分别在早稻田大学经济预科和东京女子师范学习，但都受到孙中山领导的革命运动的影响和感召，开始参加中国留学生的爱国活动。第一次与孙中山见面时，二人深受鼓舞；为避免日本警察和清廷密探的干扰破坏，廖仲恺、何香凝夫妇在东京的寓所成为孙中山组织革命活动的场所；何香凝热情周到，任劳任怨，克己奉公，为孙中山和同盟会总部机关收转信函、保管文件，看守门户、烧水做饭，被孙中山和革命党人称为好管家；何香凝加入同盟会，成为同盟会第一个女会员。

第三章“投身辛亥革命的洪流”：为推翻清廷，廖仲恺夫妇参与了武装起义的组织和发动；孙中山派廖仲恺到吉林，与林祖涵一起发动东三省的革命运动；廖林二人密切合作，建立了同盟会吉林分部，创办了机关报《民报》；由于清廷追捕，廖仲恺逃离吉林回到日本，入中央大学学习；廖承志出生；廖仲恺自中央大学政治经济科毕业，回国参加科举考试，考取法政科举人；廖仲恺在吉林巡抚公署先后任日语翻译、机要秘书，暗中进行革命活动；廖仲恺赴广州任广州军政府财政部副部长；廖仲恺改任财政司司长，为扭转广东财政的困境，积极推行纸币，严厉查处伪币，坚持实施平均地权议案。

第四章“中华革命党顶梁柱”：“二次革命”失败后，廖仲恺一家重回日本；孙中山看着何香凝为黄兴所作的《猛虎咆哮图》，牵挂生死未明的黄兴；孙中山策划营救黄兴的方案，众人依计而行，将黄兴救出；廖仲恺、何香凝加入中华革命党；廖仲恺夫妇支持孙中山和宋庆龄的结合，为他们的婚礼忙碌；廖仲恺夫妇支持孙中山发起讨伐袁世凯的斗争；作为中华革命党财政部副部长，廖仲恺挑起为中华革命党理财的重担；廖仲恺为讨袁斗争从世界各地筹集捐款；廖仲恺协助孙中山组织中华革命军，并筹集、运送武器弹药；廖仲恺积极协助孙中山从事护法斗争。

第五章“冒死解救孙中山”：廖仲恺夫妇热情投入新文化运动中；作为孙中山的得力助手，廖仲恺协助孙中山与苏俄和共产国际的代表秘密接触，为其后与苏俄的合作打下了基础；廖仲恺协助孙中山恢复军政府；陈炯明炮轰总统府，孙中山被困永丰舰，廖仲恺被囚，宋庆龄小产，何香凝冒死在孙中山和宋庆龄之间传递消息；何香凝大义凛然，面斥陈炯明，斗智斗勇，救出廖仲恺。

第六章“鼎力促成国共合作”：廖仲恺协助孙中山，与苏联代表越飞会谈，推动了孙中山的联俄政策；廖仲恺与沈鸿英、陈炯明等反叛势力作斗争，英勇保卫广州根据地。

第七章“廖仲恺与国民党一大”：林伯渠陪同李大钊会见孙中山，加入国民党；陈独秀、张国焘、张太雷、蔡和森等人在廖仲恺的帮助下也相继加入国民党，国共合作之路打通。廖仲恺与共产党人真诚合作，大刀阔斧改组国民党，与国民党右派作斗争；国民党一大历经三个高潮，廖仲恺以其特殊身份、卓越才华，起到了中流砥柱的作用。

第八章“国民革命的中坚楷模”：廖仲恺支持沙面罢工斗争并取得胜利；廖仲恺设立国际联络委员会，与各国平民革命运动、各国被压迫民族、第三国际等进行联络，共同开展反帝运动；廖仲恺支持省港大罢工；廖仲恺为草创中的黄埔军校不辞辛劳，千方百计办学；廖仲恺根据孙中山指示，以苏联红军为榜样，组建国民党党军即国民革命军；廖仲恺与共产党人亲密合作，与反动商团作斗争，果断镇压商团叛乱并取得胜利，巩固了革命策源地，为广东统一和开展北伐创造了条件。

第九章“壮烈殉国”：第一次国共合作期间，廖仲恺执行孙中山的联共政策，与共产党人以诚相待，密切合作，是共产党人的亲密朋友。陈炯明叛军卷土重来，廖仲恺成为第一次东征主要策划者和组织者；在廖仲恺的组织领导下，国共两党紧密合作，将陈炯明叛军驱逐出东江地区；廖仲恺参与指挥讨伐杨希闵、刘震寰叛乱。何香凝见证了孙中山的遗嘱；孙中山逝世，举国哀悼；廖仲恺主持广州各界追悼孙中山大会并发表演说；何香凝陪同宋庆龄来到南京勘察孙中山的墓地，还出席南京各界追悼孙中山大会，发表鼓舞人心的演说。廖仲恺被国民党右派暗杀，壮烈殉国。

第十一章“廖承志白区斗争显身手”：廖承志与廖梦醒在东京与审讯他们的警察斗智斗勇；廖承志从日本回到上海，参加反日大同盟上海分会的工作，并秘密加入中国共产党；党组织派廖承志赴欧洲工作；廖承志和廖梦醒协助宋庆龄，为世界反帝国主义大同盟第二次会议的成功召开作出了贡献；廖承志发动德国汉堡等地中国海员从事反帝斗争，多次组织海员罢工；廖承志因其革命活动被逮捕、入狱、驱逐出境。廖承志、廖梦醒和何香凝在欧洲重聚。廖承志经苏联回国，在上海因领导工人运动被叛徒出卖被捕；廖承志在狱中坚决对敌斗争，何香凝联合宋庆龄、蔡元培等各界人士积极营救，与廖承志等内外呼应，廖承志终于获释。

第十一章“投身抗日洪流”：廖承志获释后，又告别母亲，奔赴川陕苏区，因反对张国焘的极左做法被错误关押，带着镣铐参加长征。长征后期，廖承志被周恩来巧妙解救，到达陕北后，他将党交付的翻译、刻版、写作宣传等工作做得有声有色。何香凝发来电报，激励廖承志继承父亲遗志，奋勇抗日。廖承志奉命组织八路军驻香港办事处。廖承志领导办事处的工作，支援前线抗战，得到宋庆龄、何香凝的支持与配合。何香凝、廖承志、廖梦醒共同努力做好保卫中国同盟的工作；宋庆龄、何香凝、廖承志和国际友人齐心协力，为中国工业合作运动的开展而奋斗。为进一步向中外人士宣传“保盟”和“工合”运动并筹集捐款，救济伤兵难民，夺取抗战胜利，宋庆龄在何香凝、廖承志的大力支持下，发起“一碗饭运动”；廖承志主持创办《华商报》；廖家与全国人民一起投入口诛笔伐汪精卫的斗争；何香凝、廖承志著文揭露皖南事变的真相，痛斥蒋介石的倒行逆施，为维护抗日统一战线而斗争；廖承志指导和支持在东江地区开展的敌后游击战争，组织建立敌后人民抗日武装力量；香港八路军办事处会议室，廖承志与英国远东军司令部驻香港人员进行紧张的谈判，与英国方面协商合作抗日问题。香港沦陷之际，廖承志成功组织了对在港的民主人士和文化工作者的营救工作，在北上韶关面见母亲途中，于广东乐昌被捕入狱；何香凝在积极从事抗日救亡活动的同时，全力设法营救廖承志。1946 年 1 月，廖承志获释于重庆，周恩来亲往迎接。

第十二章“携手埋葬蒋家王朝”：叶、廖两家三代人有深厚的交情，叶挺等遇难，廖家沉痛悼念。廖承志以军调部重庆三人小组中共代表身份，赴广州处理东江纵队北撤问题；廖家举家重聚，沉浸在亲人久别重逢的喜悦中；廖承志与张发奎巧妙周旋，取得了谈判的成功。廖承志结束与张发奎的谈判后回到重庆，对外是中共代表团的发言人之一，在内部则担任《新华日报》南京分社社长。作为周恩来的助手，日夜忙于掌握敌人动向，密报延安党中央，同时及时揭露蒋介石发动内战的阴谋。何香凝为民请命，多次揭露蒋介石挑起内战的罪行，要求他停止内战。何香凝等组织成立中国国民党革命委员会，领导“民革”坚定地与中国共产党人合作，为建立新中国并肩战斗。廖承志在解放战争期间，任新华社社长，为革命宣传工作作出了突出贡献。何香凝、廖承志、廖梦醒为新中国政治协商会议的胜利召开而努力工作。何香凝、廖承志、廖梦醒一家三人都以不平凡贡献获得参加开国盛典的殊荣，跻身于当时的最高权力机构——政治协商会议之中，参与制定起临时宪法作用的《共同纲领》。

第十三章“华侨之家”：何香凝被任命为华侨事务委员会主任，廖承志任副主任。母子二人上任之后，制定了一系列适合侨胞、侨眷特殊情况的政策和法令，报请中共中央、政务院批准，再组织侨委认真贯彻落实。廖承志接替 81 岁的母亲出任华侨事务委员会主任，廖承志去世后，其子廖晖继任此职，一家三代出任华侨事务委员会主任，被传为美谈。廖承志、何香凝致力于建立爱国华侨统一战线，推动其顺利发展；何香凝、廖承志积极推动解决华侨的双重国籍问题；母子携手解决侨汇风波，狠抓落实侨汇政策，受到华侨欢迎；何香凝、廖承志纠正侨区土改的“左倾”现象，保护华侨和侨属的合法利益。针对印度尼西亚、菲律宾、泰国、新加坡、缅甸、柬埔寨等国对华侨的迫害活动，何香凝、廖承志沉着应对，坚决反击，保护华侨的合法权益。何香凝、廖承志为办好华侨学校和农场作出巨大努力，发动海外华侨支援祖国的社会主义建设事业，反对对“海外关系”的不正确提法，为“海外关系”正名。

第十四章“献身世界和平”：廖承志任中国保卫世界和平大会副主席，为世界和平而奔走，宣传中国爱好和平、保卫世界和平的主张；他为亚太和平会议的成功举办作出了重要贡献；他受中国保卫世界和平大会的委托，率领中国人民赴朝慰问团，代表全中国人民前往朝鲜慰问中国人民志愿军和朝鲜北方军民。

第十五章“推动发展中日关系”：廖承志领导一个研究日本问题的小组，协助周恩来处理新中国面对的审判日本战犯、帮助日侨回国、对日和约等一系列对日问题。在对日工作的进展过程中，逐步形成了一个行之有效的对日工作机制。廖承志直接负责推动中日贸易的进展，冲破帝国主义对新中国的经济封锁。廖承志协调组织安排在华日侨归国，增进中日人民的友好往来。新中国首个访日代表团——由李德全、廖承志率领的中国红十字会访日代表团访日，取得了圆满成功；廖承志推动签署中日渔业协定；廖承志领导对日工作，推动民间外交，增进中日友谊，开展中日贸易，落实党中央“以民促官”的指示。日本岸信介政府执行敌视中国的政策，中日关系恶化，廖承志在周恩来总理的直接领导下，提出了中日关系政治三原则，还组织安排向日本友好团体解释中日关系政治三原则，获得了他们对原则的支持。岸信介政府的反华政策使中日贸易陷于停顿状态，周恩来总理提出中日贸易三原则，打开了中日关系僵局，廖承志为形成和贯彻这项原则都进行了卓有成效的工作。廖承志、高碕达之助备忘录贸易协议达成，中日关系有了新的突破，中日贸易也进入良性发展的新阶段。在中日邦交正常化问题提上议事日程的背景下，周恩来因势利导，推动了廖承志被“解放”。被“解放”的廖承志投入到了实现中日邦交正常化的各项工作中，率领中日友好协会代表团访问日本。这是一次日本朝野期待已久的访问，因此受到日本各界的热烈欢迎。签订《中日和平友好条约》是完成中日建交的正式法律手续，中日两国外交当局都为缔结这项条约不断努力，而廖承志则以特殊身份作出了特殊贡献。廖承志陪同邓小平访日，为此次出访的圆满成功作出了重要贡献。廖承志率领“中日友好之船”代表团访问了日本，此次访问对促进两国人民的友谊与合作的进一步发展具有重要意义。

第十六章“推进祖国统一大业”：何香凝、廖承志母子不计家仇，提倡国共第三次合作，推进祖国和平统一。廖承志悉心谋划、多方探索解决台湾问题的新思路，为推进祖国的和平统一大业，亲笔写了一封致蒋经国的公开信，晓以大义，在海内外引起强烈反响。廖承志还通过外甥女陈香梅为祖国的和平统一做工作。

第十七章“致力青年运动”：在廖承志的大力推动下，中国青年与各国青年的友好联欢活动蓬勃发展，安排、部署中日青年大联欢，使其取得圆满成功，加深了中日青年的相互了解，增进了友谊。廖承志当选新民主主义青年团中央副书记，在中华全国青年第一次和第二次代表大会中作报告，强调应改进青年工作的方法，注意适应青年的特点，采取青年喜爱的各种方式组织青年活动，达到教育和培养青年的目的。廖承志任青年艺术剧院院长，邀请一流的艺术家和人才参与剧院的建设，艺术家们也在廖承志的领导下为剧院的建设贡献智慧和汗水。

第十八章“港澳工作的主管人”：廖承志受命主管港澳工作，从世界战略、从整个国家的角度去处理港澳问题，充分利用香港、澳门的特殊经济地位，将其作为新中国同国外经济联系的基地。他团结香港、澳门进步人士和广大港澳同胞，与帝国主义的封锁政策、蒋介石集团的破坏行径作斗争，取得巨大成果；他坚决主张收回香港，并为收回香港早作准备，为收回香港的决策、筹备、中英谈判和重大问题的应对作出了巨大努力和重要贡献。廖承志在主管港澳工作期间，以巨大精力紧抓香港进步电影事业的发展，鼓励和指导香港电影工作者拍出更多思想性强、艺术性高的电影；指导香港进步报纸的发展，强调要办成自己的特色，既要求报纸要有爱国主义的舆论导向，防止低级趣味、庸俗化地办报，又批评和制止办报过程中的极左做法，在廖承志的指导下，香港进步报纸越办越好。廖家与澳门爱国华侨马万祺家族多年友好往来，相互关心爱护，亲如家人；廖承志与澳门爱国人士何贤真诚相待，结下了深厚的友谊，何贤全力支持廖承志的工作，为澳门稳定和繁荣作出了贡献。

第十九章“廖承志的晚年奋斗”：廖承志对林彪、“四人帮”制造的冤假错案积极予以平反。以巨大的魄力为“菲律宾华侨抗日游击支队”的吴锦南等百余人平反，为潘汉年、张文彬平反。廖承志大力推动改革开放，深受爱戴，成绩斐然。在接受心脏搭桥手术后，仍然坚持高强度的工作，在改革开放事业，在外交、祖国的和平统一大业、侨务等各个领域奔忙，鞠躬尽瘁，不幸离世。廖承志离世后，其亲朋好友及海内外各界人士纷纷对其表示哀悼、缅怀。

要在一本篇幅不算长的书中讲述廖家四位人物的丰富多彩的人生历程和革命活动，并非易事。正如作者所言，本书没有面面俱到，巨细不分地平铺直叙，而是更多的选取了四位传主人生轨迹中或相互交叉、相互呼应的“出彩”情节给予浓墨重彩的描述，以烘托出人物高尚的精神境界、杰出的才华和卓尔不凡的个性特点；而对于四位传主各自人生的轨迹，则以详略得当的方式在重大事件的描述之间穿针引线，照顾呼应，使读者对四位传主有较为全面的了解。由于是一部“家族史”，本书还用较多的笔墨来描述家庭的亲情。对于四位传主之间，特别是何香凝和廖承志之间浓浓的母子亲情，廖承志和经普椿之间温暖的夫妻之情，本书都有较多的着墨，从而让读者在敬仰革命者的坚强与伟大的同时，也感慨于人物的“平凡”、质朴和赤子之心。

《廖承志传》述要

王俊彦先生著《廖承志传》由人民出版社于2006年出版。本书并没有按一般的人物传记的写法，按传主的人生阶段大体均衡地安排内容和篇幅，而是以廖承志人生中的重要事件为叙事单元，以和廖承志有关的重要人物为表现角度，通过在每个重大事件叙事的间隙穿针引线，承上启下地交代廖承志人生的轨迹，使得读者在适中的篇幅内既对廖承志的人生有了全景式的了解，又留有足够的空间和笔力对能体现廖承志的主要贡献、个性特点、才华能力的重要事件和人物关系进行浓墨重彩的展现，是一部别开生面、富于个性的传记。

《廖承志传》全文共计13章，其主要内容分述如下：

第一章“东瀛少年生活”：廖承志童年时在日本东京大久保的晓星小学读书；他在孙中山、宋庆龄、朱执信和父母亲以及众多革命前辈的关爱下茁壮成长；乳娘阿叶、玩伴小梅和仆人阿鹤给予了少年廖承志关爱与温暖，廖承志深情地称这三位日本妇女为“三朵馥郁小花”；廖承志因参加进步活动三次被捕，也展现了少年英雄的壮怀激烈。

第二章“参加抗日战争”：廖承志从日本回到上海，参加反日大同盟上海分会的工作，卓有成绩；鉴于其迫切的入党要求和积极的表现，廖承志被批准入党。黄鼎臣和关键先后被捕，廖承志处于危险状态，党组织派廖承志赴欧洲工作。廖承志为世界反帝国主义同盟会议的成功召开作出了自己的贡献；发动海员从事反帝斗争，多次组织海员罢工；因其革命活动经历被逮捕、入狱、驱逐出境的遭遇后，赴莫斯科中山大学深造。“九一八”事变后回国参加抗日斗争；因从事工人运动在上海被捕入狱。在狱中，在法庭上，廖承志坚决地对敌斗争。在各方大力营救下，廖承志获释赴苏区，被张国焘错误关押，带镣参加长征；胜利到达陕北后，从事新闻宣传和外文翻译工作，卓有成绩，得到党中央的肯定。廖承志与母亲两地分离，共同为了中华民族而奋斗，通过书信传递思念与母子情谊。廖承志与国际友人马海德、史沫特莱、海伦·福斯特等交往，宣传中国革命，扩大国际影响。廖承志经常参加红军剧社的排练和演出，表现出很高的导演和表演才华。廖承志奉命到香港建立八路军办事处；香港建立工作开展得非常活跃，香港成为中国抗战事业与海外联系的唯一通道。他和八路军驻香港办事处团结爱国进步人士，创办救亡报刊；协助宋庆龄和“保盟”组织“工合运动”、“一碗饭运动”，成绩斐然；指导和支持在东江地区开展敌后游击战争，组织建立敌后人民抗日武装力量；发动海外华侨支援中华民族的抗战事业；和香港“八办”组织海外华侨回国，组成回乡服务团参加抗战。在香港沦陷之前，廖承志和八路军驻香港办事处秘密营救在香港的文化界人士和党的工作人员。

第三章“埋葬蒋家王朝”：廖承志在秘密转移文化界等人士北上的途中，在广东乐昌被捕。他坚持对敌斗争，英勇顽强，威武不屈。重庆谈判后经中共中央营救出狱。以军调部重庆三人小组中共代表身份，到广州处理东江纵队北撤问题，与敌人巧妙周旋，取得了谈判的成功，保证了东江纵队主力顺利北撤山东烟台。后奉命赴南京，任南京中共代表团发言人、中共南方局外事委员会副书记、《新华日报》南京分社社长，作为周恩来的助手，为揭露和挫败蒋介石的内战阴谋而努力工作。不久，赴延安任中共中央宣传部副部长、新华通讯社社长等职务，为解放战争的胜利在舆论宣传战线上奋斗，为政治协商会议的胜利召开作出了贡献，成功地组织安排香港的中国民主党派、著名人士到达大连，再由大连转赴哈尔滨。

第四章“华侨工作呕心沥血”：新中国成立后，廖承志先后任华侨事务委员会副主任，党组书记，竭力当好华侨与祖国沟通的桥梁，全心全意为华侨服务；何香凝、廖承志母子顶着种种压力，对危害华侨利益的“极左路线”的干扰进行了坚决斗争；当在南非、马来西亚、越南发生迫害当地华侨的事件时，廖承志协助中国政府严重抗议，强硬反击，保护当地华侨，接难侨回国，并妥善安置；应广大华侨的迫切要求，廖承志为办好华侨学校和农场作出巨大努力。

第五章“推动和发展中日关系”：在处理新中国成立之初面临的一系列对日问题的过程中，周恩来和廖承志都逐渐感到对日斗争需要加强领导，有建立对日工作机制的必要。中国政府反对日台条约，发展中日民间外交；经过不懈努力，“日中友好协会”成立，对日工作机制应运而生。廖承志正式担负起为毛泽东、周恩来领导的新中国对日民间外交当参谋的重任。他具体部署组织在华日侨归国的工作；积极协助毛泽东、周恩来制定审判、改造日本战犯的独特政策；在严正审判日本战犯的前提下，对罪行较轻的战犯进行宽大处理；参与了审判日本战犯和处理释放战犯的过程，并作出了出色的成绩。作者吴学文作为记者跟随李德全、廖承志率领的中国红十字会代表团两次访日，为读者讲述感人肺腑的故事和场景。在周恩来的直接领导下，廖承志大力开展民间外交，推动中日民间贸易的发展，促进中日文化的交流，为“以民促官”做了大量的工作。日本岸信介政府执行敌视中国的政策，中日关系恶化，廖承志在周恩来总理的直接领导下，提出了中日关系政治三原则，他还组织安排向日本友好团体解释中日关系政治三原则，获得了他们对原则的支持；廖承志推动建立了中日“友好贸易”和中日“备忘录贸易”两个中日贸易的渠道，两个渠道相互促进、平衡发展，成为六十年代中日贸易的两个车轮。在中日邦交正常化问题提上议事日程的背景下，周恩来因势利导，推动了廖承志被“解放”，被“解放”的廖承志投入到了实现中日邦交正常化的各项工作中；签订《中日和平友好条约》是完成中日建交的正式法律手续，廖承志则以特殊身份为促成条约的签订作出了特殊贡献，他抓住邓小平复出之机推进缔约，推动加强经济合作创造缔约环境，请日驻华大使传话促进缔约进程，邀请日在野党首脑访华沟通双方观点，请田园直外相促进早日缔约等，最终实现了《中日和平友好条约》的签订。廖承志还先后率中日友协代表团和“中日友好之船”访日，增进了中日两国人民的情谊。

第六章“献身世界和平”：廖承志在担任中国人民保卫世界和平委员会副主席期间，担负起保卫世界和平的重任。曾与郭沫若率领中国代表团赴华沙参加第二届世界保卫和平大会，反对美国侵略朝鲜和干涉中国内政；接待外国和平代表团，并在各种外交场合表达中国人民爱好和平的愿望，为维护世界和平而努力；亚洲和太平洋地区和平会议是新中国诞生后举办的第一次大型国际会议，廖承志、刘宁一与日本等38国的和平战士团结合作，使其成功召开；廖承志受中国保卫世界和平大会的委托，率领中国人民赴朝慰问团在朝鲜慰问中国人民志愿军，志愿军战士深受鼓舞。

第七章“推进祖国统一大业”：邓小平复出后，廖承志担任中央对台工作指导小组副组长，协助邓小平解决台湾问题，为祖国的统一大业而努力奋斗。《告台湾同胞书》发表后，廖承志就抓住一切时机和一些台湾同胞促膝谈心，解释宣传文告精神。为促进祖国统一大业，廖承志解放思想，大胆采取行动，多次与蒋介石、蒋经国交手过招，斗智斗勇；廖承志还通过外甥女陈香梅为祖国的和平统一做工作。

第八章“支持妇女运动”：何香凝、廖承志母子都热心于妇女工作，母子之间还经常讨论妇女工作的问题。廖承志对“叔婆”宋庆龄有着深厚的感情，何香凝与宋庆龄有着深厚的战友情谊，廖梦醒、廖承志都与宋庆龄有着亲密的关系，他们都热爱、尊敬和无微不至地关心宋庆龄。

第九章“致力青年运动”：在廖承志的大力推动下，中国青年与各国青年的友好联欢活动蓬勃发展。廖承志安排、部署中日青年大联欢，使其取得圆满成功，加深了中日青年的相互了解，增进了友谊。他当选为新民主主义青年团中央副书记，在中华全国青年第一次和第二次代表大会上作报告，强调应改进青年工作的方法，注意适应青年的特点，采取青年喜爱的各种方式组织青年活动，达到教育和培养青年的目的。廖承志在任青年艺术剧院院长期间，邀请一流的艺术家参与剧院的建设，艺术家们也在廖承志的领导下为剧院的建设贡献智慧和汗水。

第十章“主管港澳工作”：廖承志受命主管港澳工作后，从世界战略和整个国家的角度去处理港澳问题，充分利用香港、澳门的特殊经济地位，将其作为新中国同国外经济联系的基地。他注意团结香港、澳门进步人士和广大港澳同胞，与帝国主义的封锁政策、蒋介石集团的破坏行径作斗争，取得巨大成果。他坚决主张收回香港，并为收回香港早作准备，为收回香港的决策、筹备、中英谈判和重大问题的应对作出了巨大努力和重要贡献。他在主管港澳工作期间，以巨大精力紧抓香港进步电影事业的发展，鼓励和指导香港电影工作者拍出更多思想性强、艺术性高的电影；指导香港进步报纸的发展，强调要办成自己的特色，既要求报纸要有爱国主义的舆论导向，防止低级趣味、庸俗化地办报，又批评和制止办报过程中的极左做法，在廖承志的指导下，香港进步报纸越办越好。廖家与澳门爱国华侨马万祺家族多年友好往来，相互关心爱护，亲如家人；廖承志与澳门爱国人士何贤真诚相待，结下了深厚的友谊，何贤全力支持廖承志的工作，为澳门稳定和繁荣作出了贡献。

第十一章“诗画生涯”：何香凝是近代中国以美术为革命服务的先驱和典范，廖承志对母亲何香凝的绘画艺术造诣与艺术发展历程和阶段作出了权威的解读和阐释；廖承志在母亲的熏陶下走上了绘画创作的艺术之路，母子俩经常合作作画，和谐的绘画作品承载了温暖的母子之情；廖承志具有非凡的漫画天才，善于抓住人物的性格和面目特征，以夸张的手法传神幽默地表现出来；漫画是廖承志人生中从事革命事业的有力武器，也是他人格魅力的表现方式之一。

第十二章“骨肉亲情”：廖仲恺对廖承志和廖梦醒谆谆教诲，教育他们热爱学问，引导他们在思想上向革命的方向发展，姐弟俩深爱父亲。何香凝支持廖承志从事革命工作；廖承志每次被捕入狱后何香凝都全力设法解救；廖承志事母至孝，细致入微地关心母亲，总是想办法让母亲开心；母子二人的关系不只体现了浓厚温暖的亲情，更体现了大义和节操。廖承志和经普椿因志趣相投而相互爱慕，因革命斗争的严峻形势二人不能相见，经普椿等待廖承志多年后，有情人终成眷属；经普椿默默而坚定地支持廖承志的革命工作；无论位居高官衣食富足，还是遭受打击困难重重，廖承志对经普椿总是一往情深，经普椿也始终如一地支持、挚爱廖承志。廖承志与廖梦醒在革命的道路上相互支持，相互激励；姐弟二人因进步活动在日本被捕；廖承志以姐姐为榜样继续从事爱国活动；廖承志在欧洲从事海员工作再次被捕，姐姐多次寄钱搭救，终于把弟弟救出；姐夫李少石遇难后，廖承志关心安慰姐姐；新中国成立后，廖承志、廖梦醒在许多工作中密切配合，尤其是在对日工作上成绩卓著。廖承志深爱子女，又对子女严格要求，指导子女的学习和成长；父亲和子女之间相互关心，在困境中相互支持鼓励，留下了很多感人故事；在工作和生活作风上，廖承志对子女要求很严，体现了其无私和坦荡的胸怀。

第十三章“廖承志鞠躬尽瘁”：廖承志对林彪、“四人帮”制造的冤假错案积极予以平反；曾到北京医院探望老战友陆定一，祝贺他重获自由；以巨大的魄力为“菲律宾华侨抗日游击支队”的吴锦南等百余人平反；为潘汉年、张文彬平反。廖承志以其丰富的革命经历和强烈的责任心，积极推进改革开放，成绩斐然。在接受心脏搭桥手术后，廖承志仍然坚持高强度的工作，在为改革开放事业，在外交、祖国的和平统一大业、侨务等各个领域奔忙，鞠躬尽瘁，不幸离世。其亲朋好友及海内外各界人士纷纷对廖承志的逝世表示哀悼、缅怀。

据作者提供的信息，本书是在吴学文先生的指导下完成的。吴学文先生从1952年起跟随廖承志工作多年，主要从事对日外交方面的工作，故而对本书中所讲述许多重大历史事件尤其是新中国成立后中日关系方面的历史事件，吴学文都是作为亲历者或是掌握了第一手的信息的。不只如此，作者还为本书的写作访问了肖向前、刘德有、王效贤、周齐、丁民等在廖承志身边工作多年的亲历者，这些亲历者们为本书的读者讲述了许多生动感人的往事。这种独特的优势增添了本书的“分量”，使得本书一方面有一重“信史”的价值，而另一方面又使得本书的内容生动饱满而感性较强，更具有可读性。

《廖承志与日本》述要

吴学文、王俊彦著《廖承志与日本》一书，于2007年由中共党史出版社出版。全书围绕“廖承志与日本的关系”为关键语展开，以廖承志在新中国建立后，根据毛泽东和周恩来制定的对日方针政策，在周恩来的直接领导下，作为对日工作总负责人，为中日关系所做的出色工作为重点，穿插廖承志少年时期在日本的生活经历，交代了廖承志在新中国成立前所从事的与日本有关的革命工作，展现了廖承志为中日关系所作出的特殊贡献。融贯在书中的精彩之处，则是廖承志对新中国对日外交政策的影响、领会与巧妙的贯彻执行、对日本国情的透彻掌握、对日本政治乃至经济局势的精辟分析以及他与日本新老朋友真诚而热情的交往和情谊。

《廖承志与日本》全文共计21章，其主要内容分述如下：

第一章“东瀛少年生活”：廖承志在东京大九保出生；与日本女孩小梅交往的情谊；在晓星小学求学被日本教官和学生欺侮的经历激发了少年廖承志的爱国情感；孙中山、宋庆龄给予了少年廖承志温暖、关爱和知识、革命的启蒙教育；宫崎家无私支援中国革命，廖家两代人与宫崎家两代人结下了深厚的情谊；廖承志因从事进步活动三次被捕，这更磨炼了他的革命意志，更坚定了他的革命信念。

第二章“参加抗日战争”：廖承志加入反日大同盟上海分会，并由黄鼎臣和关键介绍入党；廖承志参加世界反帝国主义同盟第二次会议，并为这次会议的成功召开作出了贡献；廖承志参加长征，胜利到达陕北后，从事新闻宣传和外文翻译工作，卓有成绩，得到党中央的肯定；廖承志与母亲两地分离，共同为了中华民族而奋斗，通过书信传递思念与母子情谊；廖承志与国际友人马海德、史沫特莱、海伦·福斯特等交往，宣传中国革命，扩大国际影响；廖承志经常参加红军剧社的排练和演出，表现出很高的导演和表演才华；廖承志营救因支援反日大罢工而被捕的“七君子”出狱，并著文声援；在国共二次合作的谈判的关键阶段，廖承志对当前的日本形势作出了深刻分析，供党中央领导人参考；廖承志努力工作，为抗日统一战线的形成作出了贡献；廖承志与母亲和姐姐书信往来，相互激励，为抗日救亡而努力奋斗；为发动海外华侨支援抗战，廖承志奉命到香港建立八路军办事处；廖承志的工作开展得非常活跃，香港成为中国抗战事业与海外联系的唯一通道；廖承志积极支援“保卫中国同盟”的工作；廖承志和八路军驻香港办事处奉中共中央和周恩来指示，团结爱国进步人士，创办救亡报刊；在抗日相持阶段，廖承志指导和支持在东江地区开展敌后游击战争，组织建立敌后人民抗日武装力量；廖承志和八路军驻香港办事处发动海外华侨支援中华民族的抗战事业；在香港沦陷之前，廖承志和八路军驻香港办事处秘密营救在香港的文化界人士和党的工作人员。

第三章“新中国对日‘民间外交’”：为打开中日关系的僵局，在毛泽东和周恩来的领导下，廖承志直接负责新中国的对日“民间外交”活动；中日“民间外交”的工作机制的大政方针由毛泽东、周恩来决定；党中央的涉外工作设外事小组，廖承志任副组长；国务院设外事办公室，廖承志任副主任；外事办公室下设日本组，由廖承志直接领导；廖承志在这一机制中，既参加中央对日政策的制定，又领导日本组和参加对日工作的干部执行中央的对日政策；廖承志有很多日本朋友，他把这些朋友都融入了中日“民间外交”之中。

第四章“推开中日民间往来之门”：在中日关系极其困难的年代，廖承志在毛泽东、周恩来领导下，以巨大的魄力紧抓第一次中日民间贸易协议签订、召开亚洲及太平洋地区和平会议、协助在华日侨回国三件事，打开了新中国对日关系的局面。

第五章“破冰之旅”：由李德全、廖承志率领的中国红十字会代表团，作为新中国派往日本的第一个民间代表团应邀访问日本。本章讲述了访问期间廖承志的许多动人事迹。这次出访，在中日民间外交中具有首创性的重大意义，廖承志率领全团，模范贯彻执行了中央对日政策。

第六章“注意与官方接触”：中日“民间外交”迅速发展，要求恢复中日邦交的呼声日渐高涨。廖承志冷静分析形势，向党中央建言，并认真贯彻执行党中央的对日政策，在继续推进中日“民间外交”的同时，注意保持与日本官方的接触，支持日本参加万隆会议，推动民间贸易，与官方挂钩。

第七章“审判日本战犯”：中国政府本着人道主义的理念和原则，创立了人民司法审判战犯制度，对日本战犯采取了法律和道德相结合、惩办与教育相结合的处理办法，给日本战犯以人道主义待遇，采取坦白、认罪和学习相结合的思想改造方式，通过思想改造，使日本战犯自觉地认识到其从事侵略战争的罪行。在严正审判日本战犯的前提下，对罪行较轻的战犯进行宽大处理，并欢送释放战犯回国，鼓励他们为中日友好作出贡献。廖承志在参与审判日本战犯和处理释放战犯的过程中，作出了出色的成绩。

第八章“大力发展中日民间外交”：由李德全、廖承志率领的中国红十字会访日代表团访日取得了圆满成功，廖承志在党中央的领导下，因势利导，大力推进中日民间外交。本章列举了廖承志作出的一些卓越的工作和贡献：推动和组织松山芭蕾舞团访华演出；周到细致地接待由横田实率领的日本新闻广播代表团作为新中国成立以后来访的第一个新闻界代表团访华；组织接待“恢复日苏日中邦交国民会议”代表团访华；促成全国人大与日本国会首次交往；推动片山哲访华，签订中日文化交流协定；邀请日本旧军人组团访华；帮助郭沫若率领中科院代表团访日；安排梅兰芳赴日演出；组织安排了在东京、大阪举行的中国商品展览会和在北京、上海举行的日本商品展览会；负责中日渔业协定的谈判工作并使得协议成功签署。

第九章“中国对日政治三原则”：日本岸信介政府执行敌视中国的政策，在日本多次发生反华事件，中日关系恶化的严峻形势下，廖承志在周恩来的直接领导下，提出了中日关系政治三原则，即不执行敌视中国的政策、不制造“两个中国”、不妨碍两国关系的正常化。廖承志还组织安排向日本友好团体解释中日关系政治三原则，获得了他们对原则的支持。

第十章“中日贸易三原则”：岸信介政府反华政策使中日贸易陷于停顿状态，周恩来提出以“政府协定、民间合同、个别照顾”为内容的中日贸易三原则，打开了中日关系僵局。廖承志为形成和贯彻这项原则，进行了卓有成效的工作。

第十一章“支持日本人民反美爱国正义斗争”：美国与日本加强军事同盟，日本人民要求撤除驻日美军基地，反对《日美安全条约》，中国政府支持日本人民的反美爱国斗争，廖承志贯彻执行党中央的精神，为此做了大量工作。

第十二章“廖承志、高碕达之助《备忘录》”：廖承志促成石桥湛山访华并在其访华期间参与和陪同；松村谦三访华，廖承志陪同周恩来会见；在高碕达之助访华期间，周恩来、陈毅、廖承志与他进行了几次长时间的会谈，中心议题是如何使中日关系正常化；经过艰辛的沟通和努力，廖承志、高碕达之助备忘录贸易协议即《中日长期综合贸易备忘录》达成，中日关系有了新的突破，中日贸易也进入良性发展的新阶段。

第十三章“中日友好事业日益发展”：几经波折和艰辛，在中日两国人民的推动下，中国日本友好协会成立；廖承志接待日本青年群众团体派团来华联欢，这是中日两国青年之间第一次大规模联欢，联欢加深了中日两国青年的相互理解、增进了友谊。

第十四章“关心对日新闻事业”：新华通讯社是中国的国家通讯社，有关日本的报道在新华社的国际报道中是一项重要工作。作为对日工作的总负责人，新华社的老社长、外办主任，廖承志特别关注并指导新华社对日报道的内容，也关心和支持新华社对日报道的工作。回忆廖承志关心支持日文版《人民中国》杂志的往事，令当事人对廖承志的卓越才华和博大胸怀感怀不已。在中日正式建交的八年前，廖承志为实现两国互派记者这一政策的实现作出了艰辛的努力，而中国首批驻日记者的选拔、组成，工作方案的制订以及他们到东京后的工作、生活都凝聚着廖承志的心血。

第十五章“沉重打击佐藤内阁的反华政策”：对于佐藤内阁的反华行径和伪善面目，廖承志向党中央建言，并执行党中央指示精神，给予彻底揭露和有力回击；佐藤内阁指使自民党干事长保利茂在日中关系上搞政治投机，中国政府拒绝接受所谓的“保利信件”，并对信件隐蔽的欺骗性给予透彻的揭露。

第十六章“实现中日邦交正常化”：在中美关系靠近、尼克松访华的形势下，日本出现积极要求与中国恢复邦交的动向；在中日邦交正常化问题提上议事日程的背景下，周恩来因势利导，推动了廖承志被“解放”，被“解放”的廖承志投入到实现中日邦交正常化的各项工作中。

第十七章“中日友好协会代表团访日”：在中日邦交正常化后的第一个春天，廖承志率领中日友好协会代表团访问日本。本书作者之一吴学文以亲历者的身份，深情回忆了当年作为新华社记者随团采访的情形。这是一次日本朝野期待已久的访问。日本各界热烈欢迎，盛情接待。访问期间，廖承志不忘老朋友，率团看望为中日友好作出了重要贡献的老朋友和他们的家族，并广交新朋友，推进和加深了中日两国人民的友谊。

第十八章“中日缔约及随邓小平访日”：签订《中日和平友好条约》是完成中日建交的正式法律手续，中日两国外交当局都为缔结这项条约不断努力，而廖承志则以特殊身份作出了特殊贡献，包括：抓住邓小平复出之机推进缔约，推动加强经济合作，创造缔约环境，请日驻华大使传话促进缔约进程，邀请日在野党首脑访华沟通双方观点，请田园直外相促进早日缔约等，最终实现了《中日和平友好条约》的签订。条约签订后，廖承志陪同邓小平访日，为此次出访的圆满成功作出了重要贡献。

第十九章“率‘中日友好之船’代表团访问日本”：在中日两国缔结和平友好条约和邓小平、邓颖超相继访日之后，廖承志率领新中国建立以来最大规模的600人代表团——“中日友好之船”代表团访问了日本。代表团受到日本群众的热烈欢迎，掀起了中日友好的新的热潮。此次访问适应了《中日和平友好条约》缔结后的新形势，对促进两国人民的友谊与合作的进一步发展具有重要意义。

第二十章“不幸猝然去世”：廖承志从美国接受心脏搭桥手术后，严重的心脏病有所好转，然而由于工作过度劳累而不幸猝然去世。廖承志的不幸去世引起世界性的反应。各国友人以各种方式深情地缅怀地，并称赞他体现了国际主义精神，是一位世界公民。

第二十一章“身边工作同志忆廖公”：曾在廖承志身边工作的肖向前、王效贤、丁民、周齐和刘智刚等深情回忆了廖承志的高风亮节、坦率真诚的品格，以及出众的才华、过人的智慧，还追忆了他广交日本朋友，成功地开展对日工作的情景，并讲述了廖承志许多风趣感人的事迹。

廖承志在日本出生，早年有很多时光在日本度过；而廖承志之所以在早年就与日本有如此渊源，又是因为其父母廖仲恺、何香凝乃至其父辈孙中山、宋庆龄等人在辛亥革命前后与日本进步人士的密切关系。新中国成立后，廖承志又因为其与日本特殊的联系和对日本情况高度的了解和把握而为中日关系的发展作出了特殊而重要的贡献。所以，正如作者所预期的那样，本书通过铺陈廖承志与日本的关系，实际上讲述了一部以廖承志为中心人物的特殊、生动而又饶有兴味的“近代百年的中日关系史”。

由于作者之一吴学文跟随在廖承志身边工作多年，廖承志的几次访日他都随团访问，对“廖承志与日本”这个论题有着作为亲历者的感性的把握，因而本书对廖承志与日本的关系特别是新中国成立以后各阶段的讲述有着一种很强的“穿透力”，给读者的强烈感受就是讲得很深、很细；对毛泽东主席和周恩来总理对日关系的战略考量和部署、对新中国的对日工作机制等都讲述得很“厚实”；而对新中国成立后，中日从民间外交逐步发展到正式建交，这一进程中错综复杂的线索和关键人物的关系、交往等都交代得条分缕析。对这些论题，作者不停留在一般性的史实叙事上，而是不断地深入史实的细节中，往往都是细节性地展开一个或多个以廖承志为中心的历史场景，来带动对历史进程中的标志性事件的全面铺陈和评价，这是需要作者对论题有高度把握力和自信的，而本书以举重若轻的风格做到了。

《情注香江——廖承志与香港》述要

《情注香江——廖承志与香港》的作者为茆贵鸣，他潜心研究廖承志生平思想多年，在发表《廖承志在香港》等多篇文章的基础上，于2004年8月写成是书初稿，后经2007年4月第二稿，最终于2008年6月定稿，是年8月由作家出版社印行。全书共计16章，43万字。书末附录有主要参考文献目录，书中所引重要资料均详细注明出处，有很高的学术性和可信度。

第一章“沪港姻缘”，用作者的话说“可视为本书的‘序章’”。的确，作者通过梳理大量文献资料和调查所获信息，以廖承志与经普椿在上海相识相恋为切入点，采取“时空切换的手法”，在叙述廖、经二人相识相恋于上海的特殊经历之后，“有选择、有重点地倒叙、插叙或补叙了廖承志的早年生活和早期革命生涯中极具传奇色彩的非凡经历”。从而，为日后廖、经二人于香港结婚，并长期相濡以沫，不离不弃，直到白头偕老的深厚感情的形成作了铺垫和诠释。

第二章至第十四章，作为本书的重点，作者分别用“国门通道”、“保卫中国”、“赤子情怀”、“遣使南洋”、“群贤毕至”、“第二战场”、“战事突发”、“现场办公”、“香港沦陷”、“中英谈判”、“营救行动”、“撤离香港”、“英雄本色”作为各章标题，记述了廖承志在抗日战争进入相持阶段后，他肩负着吸引、团结和指挥广东人民和海外华侨华人爱国爱乡、保家卫国的重要使命，诸如创建香港“八办”、创建“保盟”、从事统战、募资捐款、创办《华商报》、开辟抗日根据地、组织港九秘密大营救等一系列重大事件，都与他的组织、领导密切相关，“展示了他作为党在香港地区主要负责人临危受命、处变不惊、处置裕如、不辱使命的卓越的组织才华”。第十四章作为全书第二大部分向第三大部分过渡的一章，作者颇具匠心地描写了廖承志在1942年5月至1946年1月这近四年中身陷囹圄，面对敌人的威逼利诱，始终没有屈服，用坚定的共产主义信仰支撑着“保持一名真正共产党人的英雄本色”。

第十五章“香江情结”和第十六章“未了情缘”作为《情注香江——廖承志与香港》一书的第三大部分，自1949年新中国成立写到1983年6月廖承志逝世，时间跨度达34年，作者在这两章中紧扣廖承志与香港这个主题，从廖承志这几十年间丰富多彩的思想言行中，梳理出与港澳台事务有关联的“历史资料融入活泼生动的艺术构思之中，着力将廖承志于新中国成立后一直倾心于港澳台事业，情注香江、魂系香港，并为香港回归祖国而呕心沥血的一幕幕动人场景，呈现在广大的读者面前，以展示他那隔世未了的浓浓香江情结。”作者在这两章中，运用诸多可信资料叙述廖承志关心、爱护、尊重海外华侨华人和港澳同胞的动人事例，这些不仅在当时产生了重要影响，引发海外华侨华人和港澳同胞对他的敬仰爱戴，而且给后人留下了一份可供借鉴吸取的历史遗产。从这两章书稿中，读者可以深刻感受到香港和澳门在廖承志去世后相继回归祖国，与廖承志在世时所做的大量工作，所规划的“一国两制”基本方针是分不开的。香港和澳门最终回归祖国怀抱，是与“廖承志”这三个字紧密联系在一起的。人们不会忘记也不能忘记廖承志晚年致力于香港、澳门回归祖国大业所作的贡献。

总之，《情注香江——廖承志与香港》一书，堪称廖承志研究中一部结构严谨、脉络清晰、有论有据，集可读性、学术性于一体的著作。

研究索引

邹永祥　宋振凌

一、廖承志作品目录

1.《收获和教训》（合著），救亡出版社，1939 年。

2.《中国青年为建设美好将来保卫和平不受美国挑拨者的阴谋进攻而斗争》，《世界青年》，1951 年第 21 期。

3.《巩固爱国主义和国际主义的教育，贯彻世界青联的决议》，《中国青年》，1951 年第 59 期。

4.《为保卫祖国和建设祖国而奋斗》，《新华月报》，1953 年第 7 期。

5.《把最伟大的友谊献给埃及人民》，《中国青年报》，1956 年 8 月 10 日。

6.《喜事重重，努力前进！春节联欢会上对归国华侨学生的讲话》，《侨务报》，1957 年第 3 期。

7.《开幕词》，《中国青年报》，1958 年 4 月 10 日。

8.《欢迎日本话剧团》，《戏剧报》，1965 年第 4 期。

9.《遥献》，《羊城晚报》，1966 年 4 月 7 日。

10.《全国青年团结起来，在毛泽东旗帜下前进!》，《红旗》，1978 年第 5 期。

11.《衷心的祝福》，《解放日报》，1978 年 6 月 15 日。

12.《山水人物》（何香凝、廖承志合作）《吉林日报》，1979 年 8 月 5 日。

13.《纪念“四八”烈士殉难三十五周年：邓发同志》，《革命英烈》，1981 年创刊号。

14.《回忆宋庆龄同志：同劳动人民共甘苦》，《解放军画报》，1981 年第 8 期。

15.《亚洲人口和发展会议：中国人大常委会副委员长、中国筹备委员会主任廖承志在亚洲人口和发展会议上的讲话》，《人口研究》，1982 年第 1 期。

16.《廖承志同志接见参加华侨历史研究座谈会全体同志时的讲话（摘录）》，《华侨历史学会通讯》，1982 年第 1 期。

17.《历史问题要说清楚——在廖仲恺何香凝纪念馆揭幕式上的讲话》，《人民日报》，1982 年 8 月 31 日。

18.《廖公谈球（1、2、3）——中国足协前名誉主席廖承志同志看望中国足球队的讲话》，《体育报》，1983 年 8 月 6 日、13 日。

19.《华侨旗帜，民族光辉——悼念爱国老人陈嘉庚先生》，《广东侨报》，1983 年 10 月 28 日。

20.《加强新时期归侨、侨眷知识分子的工作》，《红旗》，1983 年第 15 期。

21.《廖承志文集（上、下卷）》，三联书店（香港），1990 年；人民出版社，1990 年。

二、廖承志研究书目

22.《历史进程之快常常出人所料——廖承志同志谈台湾回归祖国》，《瞭望》，1981 年第 11 期。

23.《中国建设》杂志：《廖承志——一个伟大的爱国者革命家》，中国建设杂志社，1983 年。

24. 中国新闻社：《廖公在人间》，生活·读书·新知三联书店，1984 年。

25. 卢学志：《廖承志的一生》，新华出版社，1984 年。

26.《白发记者话当年》（香港《华商报》创刊四十五周年纪念文集），广东人民出版社，1987 年。

27. 李荣德：《廖承志》，永升书局，1992 年。

28. 李荣德：《廖承志和他的一家》，春风文艺出版社，1998 年。

29. 铁竹伟：《廖承志传》，人民出版社，1998 年。

30. 蒙光励：《廖家两代人——廖仲恺　何香凝和廖梦醒　廖承志》，暨南大学出版社，2001 年。

31. 吴学文、王俊彦：《一门忠烈：廖氏家族（上、中、下）》，中共党史出版社，2004 年。

32. 王俊彦：《廖承志传》，人民出版社，2006 年。

33. 吴学文、王俊彦：《廖承志与日本》，中共文史出版社，2007 年。

34. 茆贵鸣：《情注香江——廖承志与香港》，作家出版社，2008 年。

三、廖承志研究文章及影视作品目录

35. 谦:《廖承志案》,《中华周报》, 1933 年第 71 期。

36. 铭廷:《时事特讯: 为廖承志案访问记》,《社会新闻》, 1993 年第 3 期。

37.《时事: 何香凝电请营救其子廖承志》,《女铎》, 1993 年第 12 期。

38. 少途:《时事特讯: 廖承志与李默农》,《社会新闻》, 1934 年第 24 期。

39.《救国领袖何香凝访问记》,《救亡情报》, 1936 年 5 月 6 日。

40.《廖仲恺殉难 21 周年　周恩来、廖承志等赴烈士墓前致祭》,《新华日报》, 1946 年 8 月 22 日。

41. 爱华:《第一个被释放的政治犯廖承志出狱前后》,《大观园周报》, 1946 年第 8 期。

42. 郭馨:《廖承志克承父志》,《中国人物》, 1949 年第 11 期。

43.《青运消息: 廖承志冯文彬等六同志荣任世界青联理事》,《中国青年》(陕北), 1949 年第 20 期。

44. 周末报编委会:《中央华侨事务委员会副主任委员廖承志》,《新中国人物志》(上), 春秋出版社, 1950 年。

45. 胡公武:《廖承志泰和监狱目击记》,《文艺志》, 1967 年第 3 期。

46. 钟兴:《廖承志三演〈捉放曹〉》,《文艺志》, 1967 年第 22 期。

47. [美] 海伦 · 福斯特 · 斯诺, 江山碧译:《访廖承志》,《中国老一辈革命家(自传)》, 香港万源图书公司, 1978 年。

48.《介绍廖承志同志和艾地谈中国青年运动情况和经验的提纲》,《青运史研究资料》, 1980 年第 1 期。

49. 赵树德:《廖承志主持的"哥伦布"酒家座谈会》,《广州日报》, 1981 年 6 月 23 日。

50.《华侨历史学会在北京成立, 廖承志为名誉会长, 庄希良为会长》,《广东侨报》, 1981 年 12 月 25 日。

51. 汤振养:《把党的关怀送到我宝岛渔家——王震、廖承志同志向新村港渔民贺新春》,《南方日报》, 1982 年 1 月 27 日。

52. 宋旆:《郁达夫之兄与廖承志》,《新晚报》(香港), 1982 年 6 月 3 日。

53. 彭义祥:《谈廖承志致蒋经国信: 统一祖国是正理》,《工人日报》,

1982年8月6日。

54. 师林亮：《谈廖承志致蒋经国信：奉劝蒋先生言而有行》，《工人日报》，1982年8月6日。

55. 叶迪生：《谈廖承志致蒋经国信：顺应民意，和为上计》，《工人日报》，1982年8月6日。

56.《早稻田大学授予廖承志名誉博士学位》，《人民日报》，1982年10月7日。

57.《"菲华人群正义社"在菲律宾〈世界日报〉上刊登〈为廖承志的信函致台湾蒋经国的公开信〉》，《广东侨报》，1982年10月29日。

58. 龚屏：《想起了廖承志的一幅画》，《瞭望》，1982年第11期。

59.《廖承志面告港澳代表说收回主权乃党国决策》，《百姓》（香港），1983年第39期。

60. 华侨历史学通讯编辑组：《继承廖公遗志，写好华侨历史——沉痛悼念廖承志同志》，《华侨历史学会通讯》，1983年第2期。

61. 黎先耀：《想起了廖承志的两幅画》，《人民日报》，1983年3月6日。

62. 黄鼎臣：《怀念廖承志同志》，《致公通讯》，1983年第5期。

63. 林丽韫：《他心中装着我们台湾同胞》，《台声》，1983年第5期。

64. 金运昌：《〈廖承志致蒋经国先生的信〉助读》，《语文知识丛刊》，1983年第5期。

65. 梁上苑：《追忆廖公在香港的时候》，《广东侨报》，1983年6月2日。

66.《党和国家优秀领导人廖承志同志逝世》，《人民日报》，1983年6月11日。

67. 孙东民：《朋友的怀念》，《人民日报》，1983年6月12日。

68.《廖承志逝世是国家和人民的重大损失》，《人民日报》，1983年6月13日。

69.《廖承志逝世是日中两国重大损失》，《文汇报》，1983年6月13日。

70.《深切悼念廖承志　为祖国统一大业作出贡献》，《人民日报》，1983年6月14日。

71. 丁钢等：《他为祖国大团结大统一日夜操劳——六届人大台湾代表团团长林丽韫缅怀廖承志同志》，《中国青年报》，1983年6月14日。

72. 刘田夫：《悼念廖承志同志》，《南方日报》，1983年6月16日。

73.《澳门各界人士深切悼念廖承志副委员长》，《人民日报》，1983年6月16日。

74.《廖承志同志生平》，《人民日报》，1983年6月17日。

75. 连贯：《痛悼廖承志同志》，《人民日报》，1983 年 6 月 17 日。

76. 《省市归侨侨眷侨务干部沉痛悼念廖承志同志》，《广东侨报》，1983 年 6 月 17 日。

77. 荣高棠：《承志同志音容犹在》，《体育报》，1983 年 6 月 17 日。

78. ［新西兰］路易·艾黎：《廖承志——我们时代的英雄》，《人民日报》，1983 年 6 月 18 日。

79. 孙东民：《同窗好友忆当年》，《人民日报》，1983 年 6 月 19 日。

80. 林一心：《沉痛悼念承志同志》，《华声报》，1983 年 6 月 19 日。

81. 朱学范：《终生为国，声誉四海——悼念廖承志同志》，《华声报》，1983 年 6 月 19 日。

82. 《海外华侨社团和个人纷纷来电哀悼廖承志副委员长逝世》，《华声报》，1983 年 6 月 19 日。

83. 《鞠躬尽瘁，当为楷模——敬悼廖承志同志（社论）》，《华声报》，1983 年 6 月 19 日。

84. 《泰国潮州会馆访华团沉痛悼念廖承志》，《华声报》，1983 年 6 月 19 日。

85. 陆定一：《模范党员，一门忠烈——悼廖承志同志》，《人民日报》，1983 年 6 月 19 日。

86. 王培：《真想你啊，老院长！——痛悼廖承志同志》，《北京晚报》，1983 年 6 月 20 日。

87. 姜殿铭：《一片深情寄哀思——记日本各界朋友缅怀廖承志同志》，《光明日报》，1983 年 6 月 20 日。

88. 丁钢等：《廖公虽已乘风云，高风亮节留后人——全国人大常委高荣棠缅怀廖承志同志》，《中国青年报》，1983 年 6 月 21 日。

89. 珠珊：《廖公在人间》，《人民日报》，1983 年 6 月 21 日。

90. 童小鹏：《承志同志永远活在我们心中（附 1946 年 1 月 22 日廖承志出狱后同邓颖超合影）》，《人民日报》，1983 年 6 月 21 日。

91. 朱子奇：《一位心胸似海的人——痛悼廖承志同志》，《文汇报》，1983 年 6 月 21 日。

92. 蚁美厚：《深切的悼念》，《南方日报》，1983 年 6 月 23 日。

93. 关瑞湘：《深切悼念廖承志同志：痛悼廖公——尹林平同志的追思》，《南方日报》，1983 年 6 月 23 日。

94. 廖六薇：《深切悼念廖承志同志：痛悼承志弟》，《南方日报》，1983 年 6 月 23 日。

95. 刘宁一：《痛悼廖公》，《工人日报》，1983年6月23日。

96. ［美］海伦·福斯特·斯诺著，安危译：《多才多艺的廖承志》，《羊城晚报》，1983年6月23日。

97. 许丽华：《廖承志同志与兴隆农场》，《中国农民报》，1983年6月23日。

98. 廖晖等：《爸爸啊，爸爸……》，《文汇报》，1983年6月23日。

99. 周建人：《深切悼念廖承志同志》，《文汇报》，1983年6月23日。

100. 陈沂：《悼念廖承志同志——追忆我们在抗美援朝的一段生活》，《文汇报》，1983年6月23日。

101. 《一些国际友人发来唁电唁函——沉痛哀悼廖承志副委员长逝世》，《人民日报》，1983年6月24日。

102. 侯秀芬：《怀念廖公——访中日友谊副委员长孙平化》，《北京晚报》，1983年6月24日。

103. 胡区区：《痛悼廖公——访朱光同志的夫人余修同志》，《羊城晚报》，1983年6月24日。

104. 《革命胜利来之不易——廖承志同志给他女儿画的两幅画（附一封信）》，《工人日报》，1983年6月24日。

105. 李湄：《他的笑声长在》，《人民日报》，1983年6月24日。

106. 柏生：《难于忘却的记忆》，《人民日报》，1983年6月24日。

107. 庄希泉：《爱国侨胞的忠实代言人——悼念廖承志同志》，《人民日报》，1983年6月24日。

108. 郁风：《不能自已的思念——追忆廖承志同志》，《羊城晚报》，1983年6月24日。

109. 温济泽：《哭廖公》，《北京晚报》，1983年6月24日。

110. 余洪远：《热情满怀　坚贞不屈——深切怀念廖承志同志》，《四川日报》，1983年6月25日。

111. 辛华彬：《忆廖公在津二三事》，《天津日报》，1983年6月25日。

112. 郑理：《努力完成廖副委员长未竟的事业——访人大常委会委员马璧》，《北京日报》，1983年6月25日。

113. 黄长溪等：《学习廖承志同志》，《福建日报》，1983年6月25日。

114. 林江：《廖公是台湾同胞的知心人》，《福建日报》，1983年6月25日。

115. 高杨文：《回忆与痛悼——追念我的良师益友廖承志同志》，《中国青年报》，1983年6月25日。

116. 蚁美厚：《深切的怀念》，《广东侨报》，1983年6月25日。

117. 端木蕻良：《酹江月——痛挽廖承志同志》，《北京日报》，1983年6月25日。

118. 马璧：《永远的怀念——向廖承志副委员长致敬》，《北京日报》，1983年6月25日。

119. 黄长溪：《痛悼廖承志同志》，《福建日报》，1983年6月25日。

120. 司徒慧敏：《我心中不灭的长明灯——悼廖承志同志》，《光明日报》，1983年6月25日。

121. 傅钟：《飒爽英姿，永垂军史——悼念廖承志同志》，《解放军报》，1983年6月25日。

122. 张持平：《沉痛哀悼廖承志同志》，《解放日报》，1983年6月25日。

123. 《学习廖承志同志（社论）》，《经济日报》，1983年6月25日。

124. 《首都隆重举行廖承志同志追悼大会　李先念致悼词》，《人民日报》，1983年6月25日。

125. 廖莾：《爸爸还在我们身边》，《光明日报》，1983年6月25日。

126. 石羽：《告慰廖公笑九泉——悼念廖承志老院长》，《北京晚报》，1983年6月26日。

127. 王崇伦：《痛悼廖承志同志》，《工人日报》，1983年6月26日。

128. 史良：《团结奋斗慰英灵——沉痛悼念廖承志同志》，《华声报》，1983年6月26日。

129. 马海德：《深切悼念廖承志同志：廖公乐观向上精神永远激励我前进》，《健康报》，1983年6月26日。

130. 杨斯德：《深切悼念廖承志同志》，《解放军报》，1983年6月26日。

131. 思慕：《“鞠躬尽瘁，死而后已”——沉痛悼念廖承志同志》，《解放日报》，1983年6月26日。

132. 郭棣活：《深切悼念廖承志同志》，《羊城晚报》，1983年6月26日。

133. 吴恒兴：《承志同志，你永远活在我们心间》，《工人日报》，1983年6月26日。

134. 冰心：《悼念廖公》，《华声报》，1983年6月26日。

135. 钱俊瑞：《胸怀世界，永留人间——痛悼廖公》，《华声报》，1983年6月26日。

136. 张楚琨：《您是友好的旗手——悼廖公》，《华声报》，1983年6月26日。

137. 陈宗基：《怀念敬爱的廖公》，《华声报》，1983年6月26日。

138. 刘良模：《悼念廖公》，《文汇报》，1983年6月26日。

139. 吴雪：《悼念我们的老院长廖承志同志》，《文汇报》，1983年6月26日。

140. 蔡建国：《永恒的纪念》，《文汇报》，1983年6月26日。

141. 龙芳芳等：《亲切的嘱咐鼓舞着我们——追忆廖承志同志两次视察南京金陵饭店》，《新华日报》，1983年6月27日。

142. 中国青年艺术剧院：《他是青艺的奠基人——悼念敬爱的老院长廖承志同志》，《北京日报》，1983年6月27日。

143. 汪大铭：《沉痛悼念我们敬爱的廖承志校长》，《光明日报》，1983年6月27日。

144. 李辰：《深切悼念廖承志副委员长》，《南方日报》，1983年6月27日。

145. 廖德蒙：《沉痛悼念敬爱的承志叔叔》，《南方日报》，1983年6月27日。

146. 刘希正：《继承廖公遗志，为华侨港澳同胞服务》，《南方日报》，1983年6月27日。

147. 杨康华：《追忆往事哭廖公》，《南方日报》，1983年6月27日。

148. 吴凡吾：《像廖承志同志那样对待外国专家工作》，《人民日报》，1983年6月28日。

149. 于砚文：《回忆外公的几件事》，《中国青年报》，1983年6月28日。

150. 张文：《正气凛然　坚贞不屈——忆廖承志先生在中统狱中》，《南京日报》，1983年6月28日。

151. 薛明：《共产党人的崇高品德——怀念廖承志同志》，《人民日报》，1983年6月29日。

152. 孟广森：《他给人以信心和力量——李昌同志深切怀念廖承志同志》，《中国青年报》，1983年6月30日。

153. 廖钺：《牢记廖公的教诲，完成廖公未竟的事业——怀念廖承志同志》，《广东侨报》，1983年7月1日。

154. 钟启南：《沉痛哀悼廖承志同志》，《广东侨报》，1983年7月1日。

155. 何张宁：《为振兴中国尽一份力量——廖承志同志早期的爱国活动》，《长江日报》，1983年7月3日。

156. 林一心：《垂泪怀良师》，《华声报》，1983年7月3日。

157. 李振翩：《回忆廖承志副委员长》，《光明日报》，1983年7月4日。

158. 廖沫沙：《诙谐谈笑间纯真——怀念廖承志同志》，《羊城晚报》，

1983 年 7 月 5 日。

159. 项南：《忆廖公》，《人民日报》，1983 年 7 月 7 日。

160. 张兆汉：《思念廖公》，《光明日报》，1983 年 7 月 16 日。

161. 廖平：《永远的怀念》，《光明日报》，1983 年 7 月 30 日。

162. 施如璋：《音容宛在，精神不朽——和廖公在一起的日子》，《上海政协会讯》，1983 年第 7 期。

163. 蒋齐生、夏宁：《深切怀念我们的老社长廖承志同志——访朱穆之、廖盖隆、温济泽同志》，《新闻业务》，1983 年第 7 期。

164. 新华社新闻研究所社史研究室：《廖承志同志和我们在一起（廖承志同志生前回忆新华社历史的谈话和讲话片段）》，《新闻业务》，1983 年第 7 期。

165. 端木来娣：《陈香梅到廖公家》，《光明日报》，1983 年 8 月 31 日。

166. 《为祖国强盛统一而奋斗一生（照片 10 幅）》，《解放军画报》，1983 年第 8 期。

167. 郑之：《他惦念的是祖国统一——记廖承志同志最后的日子》，《瞭望》，1983 年第 8 期。

168. 《党和国家优秀领导人廖承志逝世（照片 11 幅）》，《人民画报》，1983 年第 8 期。

169. 郭瑄：《廖承志同志与我国的对日广播》，《中国广播电视》，1983 年第 8 期。

170. 阎吾：《廖公给我的教益》，《新闻业务》，1983 年第 8 期。

171. 胡小为：《廖公活在我心中》，《新闻业务》，1983 年第 8 期。

172. 方实：《悼念老社长廖承志同志》，《新闻业务》，1983 年第 8 期。

173. 蒋齐生：《它培育了新闻工作的好作风》，《新闻业务》，1983 年第 8 期。

174. 韦明：《忆廖公二三事》，《新闻业务》，1983 年第 8 期。

175. 经普椿：《承志和我》，《华声报》，1983 年 10 月 9 日；《新华文摘》，1983 年第 11 期。

176. 司徒慧敏：《廖承志同志对艺术事业的关怀》，《新观察》，1983 年第 13 期。

177. 郑森禹：《音容宛在，明灯不熄——痛悼廖承志同志》，《世界知识》，1983 年第 14 期。

178. 孙平化：《发展中日关系的一件大事——悼廖公忆“LT 贸易”》，《世界知识》，1983 年第 15 期。

179. 徐青：《八路军驻粤办事处片断回忆》，《广东党史资料》，1983 年第 15 期。

180. 伍必端：《记廖承志同志出狱第一天》，《新观察》，1983 年第 16 期。

181. 关国煊：《廖承志其人其事》，《传记文学》（台北），1983 年。

182. 晓郑译：《尼姆·韦尔斯笔下的廖承志》，《任务》，1984 年第 1 期。

183. 王文博：《廖承志廖梦醒系国民党资送留学》，《传记文学》（台北），1984 年第 3 期。

184. 严长寿：《廖承志在长征路上》，《星火燎原》，1984 年第 3 期。

185. 刘家泉、肖星：《廖承志与抗日民族统一战线：为纪念廖公逝世一周年作》，《人民日报》，1984 年 5 月。

186. 赵安博：《发展中日友谊的奠基人——纪念廖承志先生逝世一周年》，《华声报》，1984 年 6 月 3 日。

187. 何继宁：《伟大父母的伟大儿子——廖承志革命事迹陈列巡礼》，《南方日报》，1984 年 6 月 8 日。

188. 杨康华：《千古怀斯人，江流无尽了：深切怀念廖承志同志》，《羊城晚报》，1984 年 6 月 10 日。

189. 黄业：《初会——永诀：怀念廖承志同志》，《羊城晚报》，1984 年 6 月 10 日。

190. 《王震同志参观廖承志事迹陈列后在廖仲恺何香凝纪念馆座谈发言纪要（1984 年 6 月 10 日）》，藏廖仲恺何香凝纪念馆。

191. 廖蒹：《爸爸的周年祭：怀念我的父亲廖承志》，《团结报》，1984 年 6 月 16 日。

192. 黄骏：《刻在木板上的“交代”——廖承志在川陕革命根据地的故事》，《华声报》，1984 年 6 月 24 日。

193. 叶夫：《廖公和新闻工作——纪念廖承志同志逝世一周年》，《新闻业务》，1984 年第 6 期。

194. 尚明轩：《忆廖公：纪念廖承志副委员长逝世一周年》，《中国建设》，1984 年第 6 期。

195. 李顺然：《一个诚实的人——忆廖公二三事》，《台声》，1984 年第 6 期。

196. 《新闻界人物介绍：廖承志（1908—1983）》，《中国新闻年鉴（1984 年）》。

197. 《逝世人物：廖承志（1908—1983）》，《中国百科年鉴（1984）》。

198. 吴学文：《忆廖公》，《瞭望》，1984 年第 23 期。

199. 吴之光：《廖承志被关进马家洲集中营以后》，《团结报》，1985年1月5日。

200. 鹿野：《廖承志同志和人民广播》，《新闻纵横》，1985年第2期。

201. 温济泽：《难忘的十个月》，《人民政协报》，1985年5月24日。

202. ［美］D. W. 克莱因著，陆永棣译：《廖承志》，《广东党史通讯》，1985年第6期。

203. 鹿行：《廖承志和人民广播》，《新闻广播电视研究》，1985年第6期。

204. 金凤：《廖承志轶事二则》，《人民日报（海外版）》，1985年7月5日；《人物》，1985年第3期。

205. 金振邦：《千秋功业系于一念之间——〈廖承志致蒋经国先生信〉发表三周年随感》，《华声报》，1985年7月30日。

206. 廖治金：《廖承志在乐昌被国民党逮捕经过》，《乐昌文史（广东）》第1辑，1985年。

207. 解力夫：《廖承志》，《强者之歌》，世界知识出版社，1985年。

208. 《陈云、廖承志、林丽韫关于追认翁泽生为烈士的建议》，《党史通讯》，1986年第1期。

209. 陆铿：《“港人治港”四字的由来》，《百姓》（香港），1986年第113期。

210. 广东侨报编辑部：《廖公的教导激励着我们向前》，《广东侨报》，1986年6月11日。

211. 裘之倬：《廖承志》，《中共党史人名录》，重庆出版社，1986年。

212. 王永均、刘建皋：《廖承志》，《中国现代史人物传》，四川人民出版社，1986年。

213. 俞长江、王英兰：《廖承志》，《名家轶事》，贵州人民出版社，1986年。

214. 何芗：《廖承志同志在阆苍南》，《苍溪文史资料选辑（四川）》第1辑，1986年；《广元市风物资料选辑（四川）》，1988年。

215. 龙顺林：《“生是共产党的人，死是共产党的鬼”——廖承志在江西泰和马家洲集中营的斗争事迹》，《党史资料通讯（北京）》，1987年第2期。

216. 江水：《何香凝、廖承志在香港脱险记》，《华夏》，1987年第5期。

217. 蒙光励：《廖承志上海蒙难记》，《历史大观园》，1987年第11期。

218. 蒙光励、王怀洲：《廖承志传》，《中共党史人物传》（第34卷），陕西人民出版社，1987年。

219. 刘绍唐：《廖承志》，《民国人物小传》（第8册），传记文学出版社，1987年。

220. 京声、溪泉：《廖承志》，《新中国名人录》，江西人民出版社，1987年。

221. 李大林：《缅怀廖承志同志》，《广东党史通讯》，1988年第4期。

222. 莫振山：《廖承志与抗战初期广州的抗日救亡运动》，《广东党史通讯》，1988年第4期。

223. 黄鼎臣：《回忆廖承志》，《革命英烈》，1988年第5期。

224. 温济泽：《永远的思念——纪念廖承志同志诞辰80周年》，《革命英烈》，1988年6月10日。

225. 彭光涵：《华侨的贴心人——悼念廖承志先生逝世五周年》，《华声报》，1988年第5期。

226. 罗修湖：《廖承志同志与广东抗日游击队》，《华声报》，1988年6月10日。

227. 艾新友等：《廖承志在狱中大义凛然》，《长宁文史资料（上海）》第4辑，1988年。

228. 万定：《廖承志在狱中》，《进贤风物（江西）》第9辑，1988年。

229. 但功元：《廖承志在马家洲集中营》，《纵横》，1988年第28期。

230. 黎先耀：《想起了廖承志的两幅画》，《高安文史资料（江西）》第3辑，1988年。

231. 赵锡麟、苏本亮、刘忠琳：《廖承志》，《风范长存》，解放军出版社，1988年。

232. 王健英：《廖承志》，《红军人物志》，解放军出版社，1988年。

233. 蒋洪斌：《廖承志与宋庆龄》，《革命英烈》，1989年第2期。

234. 卢荻：《铮铮铁骨廖承志》，《红岩春秋》，1989年第2期。

235. 艾新友：《廖承志狱中记事》，《联合时报》，1989年3月3日。

236. 吴瑞林：《铁窗关不住赤胆忠心——忆和廖承志同志在一起的难忘岁月》，《地方革命史研究》，1989年第4期。

237. 罗泽民：《廖承志在马家洲集中营作画》，《泰和文史资料（江西）》第4辑，1989年。

238. 李慎明：《坚定、无畏、乐观的共产主义者——电视连续剧〈廖承志在追忆着……〉观感》，《光明日报》，1990年1月16日。

239. 郭美兰：《廖承志与华侨抗战》，《湖北教育学院学报（哲社版）》，1990年第1期。

240．叶永烈：《营救廖承志》，《共鸣》，1990年第2期。

241．蒙光励：《指导侨务工作的珍贵文献——写在〈廖承志文集〉出版之际》，《广东侨报》，1990年9月25日。

242．张帆：《高举爱国主义的旗帜，团结广大海外华侨——廖承志同志关于华侨宣传工作的教诲》，《对外报道》，1990年第5期。

243．倪建电：《廖公轶事》，《侨务工作研究》，1990年第5期。

244．蒙光励：《廖承志在狱中二三事》，《历史大观园》，1990年第6期。

245．蒙光励：《廖公在江西狱中》，《名人传记》，1990年第12期。

246．罗青长：《嬉笑斗逆境　丹心为人民——缅怀廖承志同志》，《人民日报》，1990年12月30日。

247．宋春、朱建华：《廖承志》，《中国政党要人传》，吉林文史出版社，1990年。

248．宁国仕：《廖承志》，《名人之死》（第1卷），辽沈书社，1990年。

249．段跃中：《廖承志》，《邮票上的中国名人》，解放军文艺出版社，1990年。

250．蒙光励：《戴手铐长征的战士：廖承志》，《党史文汇》，1991年第1期。

251．罗修湖：《廖承志与香港的秘密大营救》，《华声报》，1991年2月19日。

252．杨顺仁：《廖承志七闯牢关》，《红岩春秋》，1991年第4期。

253．廖茗：《伤情最是忆旧时》，《华声报》，1991年第4期。

254．连贯：《回忆八路军驻香港办事处》，《广东党史资料》第18辑，广东人民出版社，1991年。

255．庄祖方：《中统秘捕廖承志》，《纵横》，1992年第2期。

256．林林：《廖承志二三事》，《随笔》，1992年第6月7日。

257．《廖承志在侨务工作上的防“左”反“左”思想》，《八桂侨刊》，1993年第1期。

258．郭美兰：《廖承志组织华侨抗日功垂千史》，《华中师范大学学报（哲社版）》，1993年第1期。

259．铁竹伟：《周公廖公，旷世友情》，《河南日报》，1993年3月6日。

260．林一心：《永远的怀念：纪念廖承志先生逝世10周年》，《华声报》，1993年6月10日。

261．蒙光励：《廖公其人其诗——廖承志忌辰十周年祭》，《华声报》，1993年6月10日。

262. 谢一彪：《白发相偕愿已足，荒山野岭共销磨：记廖承志与经普椿》，《名人传记》，1994 年第 1 期。

263. 吴瑞林、曾精明：《和廖承志相识在红军牢房》，《红岩春秋》，1994 年第 1 期。

264. 蒙光励：《廖承志与第一次国共合作》，《岭南文史》，1994 年第 2 期。

265. 李宏：《架设中日友好大桥的人——廖承志》，《北京党史》，1994 年第 4 期。

266. 林晓夏：《廖承志的自画像》，《科技文萃》，1994 年第 6 期。

267. 铁竹伟：《廖承志一生坐牢“七次半”》，《科技文萃》，1994 年第 6 期。

268. 王志俊、王明栋：《风流潇洒廖承志》，《科技文萃》，1994 年第 6 期。

269. 蒙光励：《略论方方与廖承志》，《广东社会科学》，1994 年第 6 期。

270. 蒙光励：《大义为中华——廖承志与第二次国共合作》，《党史纵横》，1994 年第 7 期。

271. 蒙光励：《廖承志与第二次国共合作》，《团结报》，1994 年 7 月 23 日。

272. 蒙光励：《廖承志与国共合作》，《国共关系与两岸关系研究》，湖北人民出版社，1994 年。

273. 凌加杰：《廖承志入川历险记》，《党史博览》，1995 年第 1 期。

274. 宋玉书：《和平统一祖国的里程碑：廖承志〈致蒋经国先生的信〉赏析》，《应用写作》，1995 年第 6 期。

275. 王永宏：《廖承志与水火之灾》，《安徽消防》，1995 年第 7 期。

276. 蒙光励：《试论廖承志对广东抗日民族统一战线的独特贡献》，《广东侨报》，1995 年 8 月 11 日。

277. 丛瑞华：《公务书信中的精品：读〈廖承志致蒋经国先生信〉》，《应用写作》，1995 年第 8 期。

278. 詹福峰：《周恩来巧救廖承志》，《党史博采》，1995 年第 10 期。

279. 李荣德：《世界公民廖承志（上、下）》，《华人时刊》，1995 年第 10、11 期。

280. 谭力浠：《烽火故乡行——抗战中廖承志同志在惠州》，《东江松林（惠州）》，1995 年。

281. 邹金城：《廖承志与抗战》，《岭南文史》，1996 年第 2 期。

282.《廖承志自画像》，《党史博采》，1997年第2期。

283. 黄辛：《烈火真金：廖承志在狱中》，《党史纵横》，1997年第3期。

284. 黄辛：《1942—1946年廖承志在狱中》，《足迹》，1997年第3期；《党史文汇》，1997年第5期。

285. 张宝善：《周恩来、宋庆龄、叶剑英、郭沫若、邓小平——情注香港》，《炎黄春秋》，1997年第4期。

286. 君心：《廖承志与香港》，《炎黄春秋》，1997年第4期。

287. 朱喜来：《眷恋与期待——廖承志的香港情》，《党史纵横》，1997年第4期。

288. 黄昭燧、童舜柱：《营救廖承志出狱始末》，《文史精华》，1997年第5期。

289. 蒙光励：《廖承志与香港回归祖国》，《仲恺农业技术学院校报》，1997年6月10日。

290. 张春英：《廖承志与八路军驻香港办事处》，《党史天地》，1997年第6期。

291. 王志俊：《廖承志的潇洒人生》，《党史博览》，1997年第9期。

292. 霍英华：《周恩来煞费苦心保护廖承志》，《纵横》，1998年第3期。

293. ［美］陈香梅：《我的舅父廖承志》，《炎黄世界》，1998年第5期。

294. 吴跃农：《廖承志与港澳台同胞交往纪事》，《福建统一战线》，1998年第10期。

295.《周恩来智救廖承志》，《光明日报》，1999年2月26日。

296. 李信：《中日友好事业的奠基人廖承志》，《文史精华》，1999年第2期。

297.《智者不畏自嘲：廖冰兄忆廖承志》，《同舟共进》，1999年第2期。

298. 林凌：《论〈廖承志传〉的艺术特色》，《南京政治学院学报》，1999年第3期。

299. 蒙光励：《周恩来与廖承志》，《炎黄春秋》，1999年第4期。

300. 张宗刚：《微笑在人间：读〈廖承志传〉》，《雨花》，1999年第7期。

301. 茆贵鸣：《廖承志与经普椿的沪港情缘》，《传记文学》，1999年第7期。

302. 吴跃农：《廖公情怀——廖承志与海外侨胞、港澳台同胞交往纪事》，《海内与海外》，1999年第11期。

303. 卞妍：《他是廖承志——红军长征轶事》，《党史纵横》，1999年第

11期。

304. 晓雪:《不拘一格廖承志》,《党史天地》,2000年第2期。

305. 倪中立:《廖承志致蒋经国信中引用的一副对联》,《对联·民间对联故事》,2000年第4期。

306. 王旭馗:《周恩来三救廖承志》,《福建党史月刊》,2000年第4期。

307. 艾新友:《援救狱中的廖承志》,《纵横》,2000年第8期。

308. 碧红:《廖承志的漫画》,《武汉文史资料》,2000年第8期;《党史博览》,2000年第10期;《海内与海外》,2000年第10期。

309. 刘大力:《慰问团的故事:兼记廖承志》,《党史纵横》,2000年第10期。

310. 肖诗人、聂志刚:《廖承志在马家洲集中营》,《中国政协》,2000年第12期。

311. 黄子云:《革命精神代代传——廖仲恺、廖承志的诀别诗》,《党史文汇》,2001年第2期。

312. 明红:《廖承志的漫画》,《上海艺术家》,2001年第3期。

313. 闻荟:《爱人者人恒爱人——廖承志平易近人二三事》,《党员之友》,2001年第4期。

314. 王怀洲:《廖承志与广东侨务工作的几件事》,《广州党史研究》,2001年第4期。

315. 郭敬华:《廖承志入狱与梁书探监》,《心桥》,2001年第6期。

316. 何炎牛、马福龙:《廖承志与潘汉年》,《上海党史与党建》,2002年第1期。

317. 廖茗:《父亲廖承志与母亲经普椿的挚爱一生》,《党史博览》,2002年第1期。

318. 杜俊华:《廖承志与香港抗战报纸》,《文史杂志》,2002年第1期。

319. 明红:《廖承志漫画表心志》,《文史杂志》,2002年第2期;《档案与建设》,2002年第3期;《文史月刊》,2002年第3期。

320. 吴跃农:《廖公情怀:廖承志与台湾同胞交往纪略》,《海峡广角》,2002年第3期。

321. 吴彬:《八路军香港办事处在广东抗战中的作用》,《党史天地》,2002年第4期。

322. 冯维铭、李瑞:《廖承志的入党介绍人——关泽恩》,《广东党史》,2002年第5期。

323. 于兴卫、王甬:《度尽劫波兄弟在 相逢一笑泯恩仇——廖承志与台湾问题》，《党史纵横》，2002 年第 7 期。

324. 广东省地方志编纂委员会：《广东省志·人物志·廖承志》，广东人民出版社，2002 年。

325. 茆贵鸣：《廖承志和战时的香港文化》，《百年潮》，2003 年第 2 期。

326. 《廖承志自画像》，《支部建设》，2003 年第 4 期。

327. 曾峥：《世纪回首　翰墨情深——深圳举办何香凝、廖承志母子合作绘画作品陈列展》，《美术观察》，2003 年第 6 期。

328. 铁竹伟：《求真务实说廖公》，《支部生活》，2003 年第 7 期。

329. 谢新农：《廖承志在川陕根据地的峥嵘岁月》，《四川统一战线》，2003 年第 9 期。

330. 高梁：《我认识的廖承志》，《炎黄春秋》，2003 年第 10 期。

331. 吴彬：《廖承志与新华社》，《党史天地》，2004 年第 1 期。

332. 吴彬：《抗战时期的廖承志与统战工作》，《广东省社会主义学院学报》，2004 年第 1 期。

333. 吴彬：《长征路上的廖承志》，《文史精华》，2004 年第 4 期。

334. 李学如、周泉胜：《廖承志与中日民间外交》，《思茅师范高等专科学校学报》，2004 年第 4 期。

335. 吴跃农：《启开海峡两岸和平接触联系之门——廖承志给蒋经国公开信的幕后故事》，《钟山风雨》，2004 年第 3 期；《两岸关系》，2004 年第 5 期。

336. 王俊彦：《廖承志与廖梦醒》，《海内与海外》，2004 年第 6 期。

337. 吴跃农：《廖承志致蒋经国的公开信发表前后》，《党史文汇》，2004 年第 6 期。

338. 茆贵鸣：《沪港姻缘——廖承志与经普椿由相识到相爱》，《党史文汇》，2004 年第 11 期。

339. 何立波：《廖承志与中日关系正常化》，《党史博览》，2005 年第 2 期。

340. 杨奇：《虎穴抢救》，《羊城晚报》，2005 年 6 月 11 日。

341. 王曼、杨永：《秘密大营救》，《南方日报》，2005 年 7 月 2 日。

342. 廖茗：《别梦依稀——父亲廖承志的亲情往事》，《海内与海外》，2005 年第 3 期 。

343. 赵澜：《黄镇磐营救廖承志》，《纵横》，2005 年第 4 期。

344. 童舜柱：《廖承志狱中作画》，《党史文苑》，2005 年第 9 期。

345. 吴泠西：《从延安、太行到西柏坡——回忆廖承志同志领导新华社工作》，未刊稿，原稿藏北京国务院侨务办公室。

346. 王屏：《承志同志永远活在我们心中》，未刊稿，原稿藏廖承志文集传记编辑办公室。

347.《廖承志在追忆着……》（电视剧），严朴勤、丁荫楠编剧，丁荫楠导演。

348. 王正本主编：《廖氏英杰》，江苏省出版总社电子音像出版部，1998年。

349. 唐为首：《〈廖承志致蒋经国先生信〉发表前后》，《文史月刊》，2006第2期。

350. 王效贤：《跟随廖承志开展对日工作》，《中共党史资料》，2006年第2期。

351. 何立波：《廖承志与周恩来的绵绵战友情》，《党史纵览》，2006年第7期。

352. 明红：《廖承志漫画表心态》，《世纪桥》，2006年第4期。

353. 陈国文：《廖承志与中日民间外交》，《中共贵州省委党校学报》，2006年第5期。

354. 谢常青：《马万祺与廖承志的莫逆之交》，《广东党史》，2006年第6期。

355. 陈国文、邓卫红：《廖承志与中日邦交正常化》，《浙江传媒学院学报》，2006年第5期。

356. 陈国文：《廖承志与中日友好事业统一战线的建立》，《贵州大学学报》，2006年第5期。

357. 窦应泰：《廖承志的政治漫画》，《文史春秋》，2006年第8期。

358. 于继增：《廖承志的传奇人生》，《党史博采》，2006年第10期。

359. 林卫国：《廖承志用画笔描绘长征》，《党史文汇》，2006年第10期。

360. 林卫国：《廖承志参加长征》，《文史月刊》，2007年第1期。

361. 熊雄飞、熊宣东：《廖承志致蒋经国原文及两个英译本的对比研究》，《上海翻译》，2007年第1期。

362. 杨建民、周雪梁：《廖承志狱中诗画明志》，《党史博采》，2007年第4期。

363. 唐为首：《廖承志致蒋经国先生信的幕后故事》，《内蒙古统战理论研究》，2007年第4期。

364. 章慕荣：《廖承志和妻子经普椿》，《党史天地》，2007年第7期。

365. 卢振国：《廖承志与一幅“难产”的长征图画》，《党史博览》，2007

年第8期。

366. 倪良端：《廖承志含冤戴枷长征路》，《四川统一战线》，2008年第3期。

367. 杜海怀：《廖承志、池田大作与中日邦交正常化》，《华侨大学学报》，2008年第3期。

368. 陈国文、邓卫红：《廖承志与日侨回归》，《贵州大学学报》，2008年第5期。

369. 于继增：《廖承志：名门之后 精忠报国》，《红岩春秋》，2008年第5期。

370. 杨奇：《廖承志致蒋经国信何以会在发表当日流传台湾》，《纵横》，2008年第7期。

371. 陈淑华：《一封珍藏多年的信——与廖承志的一段交往》，《海内与海外》，2008年第9期。

372. 安美综合：《长征途中他带着镣铐作画——写在廖承志诞辰一百周年》，《新闻天地》，2008年第10期。

373. 石国胜：《吴邦国出席纪念廖承志诞辰100周年座谈会》，《人民日报·海外版》，2008年9月26日。

374. 夏泉、钱广福：《试论新中国华侨高等教育的兴办——廖承志与暨南大学的两度复校》，《高等教育研究》，2008年第11期。

375. 陈永红：《逆境中的铁血男儿——廖承志》，《党史文苑》，2008年第21期。

376. 刘扬：《“肥仔”自画像——廖承志和他的漫画》，《中国档案》，2009年第1期。

377. 朱清河：《简论延安时期廖承志对共产党新闻事业的贡献》，《新闻知识》，2009年第1期。

378. 殷茵：《廖承志的铁窗岁月》，《文史天地》，2009年第2期。

379. 陈昌福：《开创新时期侨务工作新局面的指针——解读廖承志副委员长在全国侨务会议、第二次全国华侨代表大会上的报告》，《上海市社会主义学院学报》，2009年第3期。

380. 资中筠：《廖承志“好玩”个性》，《中国档案》，2009年第5期。

381. 茆贵鸣：《“交友贵在雪中送炭，持之以恒”——廖承志与新中国的侨务工作》，《党史博览》，2009年第7期。

382. 黄华清：《廖承志“雪竹图”赏析》，《南方文物》，2010年第1期。

383. 吴跃农：《开启海峡两岸和平接触之门》，《团结报》，2010年1月

14 日。

384. 峥嵘：《“世界公民”廖承志》，《广东党史》，2010 年第 1 期。

385. 茆贵鸣：《廖承志与香港》，《中国作家》，2010 年第 2 期。

386. 李学如：《廖承志与新中国的侨务事业》，《八桂侨刊》，2010 年第 4 期。

387. 杜少莲：《业余画家廖承志》，《广东党史》，2010 年第 5 期。

388. 瞿独伊：《我心目中的廖承志》，《炎黄春秋》，2010 年第 8 期。

389. 朱良：《周总理与 1973 年廖承志访日团》，《炎黄春秋》，2010 年第 11 期。

390. 高峰：《廖承志七次半坐牢的磨难经历》，《党史纵横》，2010 年第 12 期。

391. 武雁萍：《至情至性廖承志》，《福建党史月刊》，2010 年第 13 期。

392. 高岳仑、蔡立彬：《重视青年和平教育　播散中日友好火种——撰写〈廖承志与池田大作〉中引发的思考》，《学校党建与思想教育》，2010 年第 22 期。

393. 成晓军：《试论廖承志对“仲恺精神”的继承和发展》，《悠悠乡国思——纪念廖仲恺先生逝世 85 周年全国学术研讨会论文集》，暨南大学出版社，2010 年。

394. 彭小舟、周晓丽：《论廖承志的画里人生》，《悠悠乡国思——纪念廖仲恺先生逝世 85 周年全国学术研讨会论文集》，暨南大学出版社，2010 年。

395. 刘肖勇、唐明勇：《仲恺成立廖承志与池田大作研究中心》，《广东科技报》，2010 年 11 月 12 日。

396. 蒙光励：《廖承志在广东逸事》，《红广角》，2011 年第 2 期。

397. 瞿独伊：《我心中的廖承志》，《领导文萃》，2011 年第 3 期。

398. 沈容：《廖承志：戴着手铐走完长征》，《新闻天地》，2011 年第 4 期。

399. 陈海峰、杨玉莲：《廖承志：性格魅力倾世人》，《深圳特区报》，2011 年 7 月 4 日。

400. 成晓军：《从七次被捕看廖承志坚定的共产主义信念》，《东江历史文化初探》，暨南大学出版社，2011 年。

401. 吴彬：《廖承志与新中国的港澳统战》，《福建省社会主义学院学报》，2012 年第 2 期。

402. 刘斌：《论廖承志的侨务工作思想》，《八桂侨刊》，2012 年第 3 期。

403. 霍英华：《周恩来“文革”中力保廖承志》，《党史博采》，2012 年第 4 期。

404. 周斌:《我认识的日本问题专家廖承志》,《档案春秋》,2012 年第 4 期。

405. 宗道一:《周恩来"解放"廖承志的"三步妙棋"》,《百年潮》,2012 年第 5 期。

406. 艾红红、薄璐:《廖承志对我国广播事业的贡献》,《百年潮》,2012 年第 7 期。

407. 刘建平:《理解"廖承志时代":战后中日关系的传播政治学》,《现代传播》,2012 年第 10 期。

408. 蒙光励:《廖承志诗词琐谈》,《红广角》,2012 年第 12 期。

409. 李庆生:《解密:廖承志为啥戴铐长征》,《共产党员》,2012 年第 12 期。

410. 王怀洲:《廖承志致蒋经国先生信的一些历史背景》,《改革与开放》,2013 年第 4 期。

后 记

惠州陈江廖仲恺家族一门三代为中华民族的独立、自由和祖国的繁荣、富强，作出了巨大贡献。这个家族出了三位国家领导人，两位党派领袖，两位中共中央委员（其中一位是政治局委员），三代侨办主任，两代港澳办主任。这种特殊的家族文化史现象，值得我们深入研究。

廖承志是廖仲恺家族中的佼佼者。他是老一辈无产阶级革命家，曾任中共中央政治局委员、全国人大常委会副委员长等重要职务。他是迄今为止惠州籍级别最高的党和国家领导人身份兼而有之的历史名人。

廖承志 1908 年 9 月 25 日（农历九月初一）诞生于日本东京，1983 年 6 月 10 日逝世于北京。几年前，廖承志的骨灰已从北京移葬在惠州红花湖风景区内，他成为廖仲恺家族长眠于家乡惠州的第一人。

今年是廖承志诞辰 105 周年、逝世 30 周年纪念年。回顾总结廖承志的传奇人生经历，继承弘扬廖承志的道德风范、学术与事功，对于促进现今惠州文化建设的深化，对于促进现今惠州人爱国家、爱民族、爱故土、爱家园、爱生活的精神动力生生不息，对于增强现今惠州人的历史责任感和历史使命感，都是一件很有意义的事情。进而，回顾总结近 30 年来，学术界、理论界和社会各界有关廖承志生平思想言行的追忆、阐释和专题研究现状，择要介绍廖承志本人遗存下来的文章、讲话、报告、书信、诗词等第一手资料，不仅有利于我们加深对廖承志思想言行的全面了解，而且可以为学术界和理论界进一步研究廖承志及其所处的那个时代提供便利。鉴于此，中共惠州市委党史研究室与惠州市廖仲恺何香凝研究会精诚合作，编辑出版《廖承志研究备览》这部书稿。

《廖承志研究备览》具有编和著两者兼备的性质，分为上、中、下三编，编与编之间既各自相对独立，又彼此联结在一起。上编分为“家族重要成员简介”、“传奇人生”、“生平大事纪述”三个部分，中编分为“《廖承志文集》上卷篇目提要”、“《廖承志文集》下卷篇目提要”、“重要书信注析”、“诗词注析”四个部分，下编分为“研究综述”、“论文选粹”、“论著述要”、“研究索引”四个部分。本来，打算在中编放一些反映廖承志的书画和重要图片资料，后来考虑到有些书籍已经作了介绍，为节省篇幅便暂付阙如。同时，考虑到已对廖承志诗词作了简要注释和评析，《廖承志文集》下卷中诗词部分也就不再增加“篇目提要”之类的文字了。这是需要向读者说明的。

《廖承志研究备览》一书的编著者分别为：成晓军（上编中“家族重要成员简介”、“传奇人生”、“生平大事纪述”；中编中“重要书信注析”、“诗词注析”），郭平兴（中编中“《廖承志文集》上卷篇目提要”），包国滔（中编中“《廖承志文集》下卷篇目提要”），宋振凌（下编中“论文选粹”、“论著述要”以及“研究索引”中2008年9月以后书文索引的增补），邹永祥（下编中“研究综述”和“研究索引”中2008年9月以前的书文索引）。

《廖承志研究备览》一书为多人合作编著，行文风格存在差异，书中不足之处也在所难免。尽管文责自负，但作为本书编委会主任委员的成晓军、张海燕，尤其是成晓军，理应首先虚心接受读者诸君的批评指正。

编 者

2013年6月